파리에서 도시락을 파는 여자

최정상으로 가는 7가지 부의 시크릿

파리에서 도시락을 파는 여자

켈리 최 지음

내게 건강한 첫 번째 생과 더불어
기적 같은 두 번째 생을 선물해준
사랑하는 나의 엄마,
이막내 여사에게 이 책을 바칩니다.

기적은 한순간에 일어나지 않는다

- 지식생태학자 유영만
(한양대학교 교수, 『부자의 1원칙, 몸에 투자하라』 저자)

돼지는 골격 구조상 15도 이상 목을 들지 못한다고 합니다. 하지만 돼지도 하늘을 볼 수 있는 방법이 있습니다. 걷다가 발을 잘 못 디뎌서 넘어지면 하늘을 볼 수 있는 것이지요. 사람도 마찬가지입니다. 가끔 넘어져봐야 평상시 보지 못했던 새로운 가능성을 볼 수 있습니다. 즉, 실패를 해봐야 겸손한 마음으로 성찰하면서 새로운 가능성을 찾아냅니다.

성공만 거듭한 사람보다 색다른 실패들을 경험한 사람이 변화에 더 잘 대처하고 성공을 오래 유지하는 법입니다. 자세를 낮추고 그 원인을 분석하고 겸허히 자신을 돌아보게 되니까요. 다시 말해, 낯선 미지의 세계에 도전해야만 경험할 수 있는 색다른 실패는 탁월한 실력을 기르는 원동력입니다.

모든 성취의 이면에는 나름의 기쁨뿐 아니라 슬픔과 고통도 씨줄과 날줄처럼 엮어 있는 법입니다. 켈리 최 회장 역시 결과만 놓고 보면 유럽에서 갑자기 성공한 화려한 CEO처럼 보입니다. 그러나 겉보기에 우아하고 아름답기만 한 백조도 물속에서는 안간힘을 씁니다. 켈리 최 회장 역시 수많은 걸림돌에 넘어져 숱한 나날을 절망과 좌절 속에서 보내면서도, 희망과 용기를 잃지 않고 걸림돌을 디딤돌로 바꿔냈습니다. 어떤 시련을 맞이해도 끈질기게 문제의 본질을 파고들며 변신을 거듭한 그의 스토리는 인간 승리의 드라마 그 자체입니다. 하지만 이 성공 스토리는 하루아침에 이루어진 게 아닙니다.

어떤 기적도 한순간에 일어나지 않습니다. 다만 한순간에 일어나는 것처럼 '보일' 뿐이지요. 시행착오를 밥 먹듯이 하고, 우여곡절을 시도 때도 없이 경험하며, 절치부심하며 작은 변화들을 축적해야 합니다. 그것들이 뚜렷한 목적의식을 만나 축적을 거듭할 때, 어느 순간 찬란한 기적이라는 선물로 바뀌는 것입니다. 켈리 최 회장은 자신을 다른 사람과 비교하지 않고 오로지 어제의 자신과 비교하면서 호랑이처럼 앞을 내다보면서도 동시에 소처럼 우직하게 꿈의 목적지를 향해 걸어가는 호시우보(虎視牛步)의 전형을 보여줍니다. 평범한 보행과 작은 실천을 꾸준하게 반복하면, 어느 순간 한 사람의 행보는 혁명적으로 바뀝니다.

정상에 도달하는 사람은 평범한 사람의 당연함에 물음표를 던지고 시비를 겁니다. 당연하다고 생각하는 통념을 신랄하게 부정하고 비판하면서 새로운 신념의 씨앗을 가슴 속에 품습니다. 그들에게 한계는 미리 정해져 있지 않습니다. 남이 정한 정답보다 내가 해석해낸 해답을 좋아합니다. 한계는 한 게 없는 사람의 핑계에 불과합니다. 책상에서 잔머리 굴려가면서 요리조리 생각만 해서는 자신의 한계를 알 수 없습니다. 한계는 오직 몸으로 도전해보는 사람이 몸으로만 알 수 있습니다. 해보지도 않고 안 된다고 생각하는 사람에게 가능성의 문은 항상 닫혀 있습니다. 새로운 길을 모색하면서 이전과 다른 방법으로 도전하는 사람에게는 언제나 지금보다 더 나은 능력의 심화와 확장이 일어납니다. 오로지 도전만이 내 능력을 이전과 다르게 개발시켜주는 자극제이자 촉진제입니다.

『파리에서 도시락을 파는 여자』는 '평범한 대한민국 여자가 유럽에서 일으킨 기적'에 관한 이야기입니다. 절망적인 밑바닥에서도 반드시 일어설 수 있다는 신념과 용기로 그 누구도 쉽게 넘볼 수 없는 곳에 올라선 이야기이지요. 켈리 최 회장은 정해진 규칙과 법을 따르지 않고, 누구도 걸어가지 않은 길에서 새로운 규칙을 만든 규칙 파괴자입니다. 진짜 길은 앞에 있지 않고 뒤로 생깁니다. 이미 있는 길만 쫓는 사람은 영원히 이류에 머물지만 누구도 걷지 않은 위험한 길을 가는 사람은 기적을 만듭니다.

　재미없는 삶을 반복하며 인생의 무의미하다고 생각하는 사람, 좌절과 절망 앞에서 포기를 밥 먹듯이 하는 사람, 도전하고 싶지만 쉽게 용기가 나지 않는 이들에게 이 책을 권합니다. 켈리 최 회장의 실패와 성공의 이야기는 삶의 기적과 희망을 온몸으로 보여주면서, 자기 삶의 주인으로 살아가려는 모든 이의 등불이 되어줄 것입니다.

인생의 위대한 비밀은
잘 보이는 곳에 숨어 있다

나는 지금 남아메리카 동태평양의 갈라파고스 제도에 와 있다. 잔잔한 듯 때로 파도가 넘실대는 바다, 스노쿨링을 즐기는 이들이 바다사자와 함께 헤엄치고, 저녁마다 붉은 석양이 온 세상을 물들이는 곳. 언뜻 평화롭게만 보이지만, 이곳에 도착하기까지 정말 많은 일이 있었다. 카리브해를 지나며 요트 지붕을 날릴 정도의 태풍을 만나기도 했고, 해적의 위협을 피하려 망망대해를 밤새 주시하기도 했다.

어떤 사람은 이렇게 묻곤 한다. "이미 많은 것을 이루셨는데, 대체 왜 사서 고생을 하시나요?" 맞는 말이다. 충분히 안주할 수 있다. 마흔이 넘은 나이에 빚더미에서 벗어나, 지금은 일도 성공하고 사랑하는 남편과 아이도 곁에 있으니까. 하지만 만약 내가 안주하는 성격이었다면, 과연 지금의 행복을 손에 넣을 수 있었을까?

가난해서 고등학교에 진학할 수 없다는 얘기를 듣고 안주했다면, 지금도 시골에서 농사를 지으며 살았을 것이다. 하루 8~10시간씩 공장에서 일할 때 안주했다면, 매일 아침 고된 출근길에 나서는 월급쟁이로 살았을 것이다. 나쁜 삶은 아니지만, 유럽 11개국에 약 5천 400여 개의 일자리를 창출한 연매출 5천 억원의 글로벌 기업가, 2020년 《선데이 타임스》에서 선정한 영국 345위의 부자인, 지금의 켈리 최는 없었을 거다. (이 랭킹에서 베컴 부부는 354위, 엘리자베스 여왕은 372위였다.)

"인간은 노력하는 동안에는 방황하는 법이다." 독일의 대문호 괴테의 위대한 작품 『파우스트』에는 이런 구절이 나온다. 주인공 파우스트는 악마 메피스토펠레스가 안기는 달콤한 유혹들에 굴복하지 않고, 진정한 구원에 이르기까지 끊임없이 노력하고 도전한다.

나도 마찬가지다. 결코 안주하지 않고 죽을 때까지 성장하고 싶다. 사람마다 행복의 기준은 다르겠지만, 나는 성장이 멈춰 있을 때 불행하다고 느낀다. 각 분야에서 성공한 사람은 대개 비슷할 것이다. 단지 남보다 돈이 많거나 잘났다고 느낄 때가 아니라, 스스로 성장한다고 느낄 때 행복을 느낀다. 어린 시절, 뜀틀 넘기를 해본 적이 있는가? 절대 넘을 수 없을 것처럼 보이는 뜀틀도 백 번 시도 끝에 한 번이라도 넘어서게 되면, 더는 불가능한 벽처럼 느껴지지 않는다. 심지어 더 높은 뜀틀도 뛸 수 있게 된다.

그래서 나는 도전이 아주 재미있다. 내가 어디까지 성장할 수 있을지 알아가는 과정이 즐겁다. 성공한 기업가라는 위치에 머물지 않고 어려움을 극복하며 쌓은 노하우를 사람들과 나누고, 다시 한 번 요트 세계 여행을 택한 것도 인간 켈리 최로서 더욱 성장하기 위해서다.

어쩌면 이렇게 말할 수도 있겠다. "그런 이야기는 사실 이미 성공하셨기 때문에 쉽게 하실 수 있는 거 아닌가요?"라고. 하지만 불과 10년 전, 나는 마흔이 넘은 나이에 10억 원의 빚을 진 실패한 사업가였다. 의지할 사람 없이, 파리의 이방인이자 루저로 하루하루를 살아갔다. '난 안 될 거야, 거절당하고 말 거야, 결국 말년에는 가족도 집도 친구도 없이 외롭게 죽어갈 거야'라는 부정적인 생각을 매순간 하면서.

하지만 어느 순간, 나는 달라지기로 결심했다. 그리고 마침내 삶을 바꿨다. 혹시 『시크릿』이라는 책을 읽어본 적이 있는가? 미래를 창조하는 원동력이 내 안에 있다는 삶의 비밀을 전하는 책이다. 얼핏 뜬구름 잡는 말처럼 느낄 수 있지만, 한

번 생각해보라. 부정적인 생각을 가진 사람은 자신의 삶의 현재, 그리고 미래를 부정적인 것으로만 가득 채운다. 기회가 와도 그것을 잡지 못한다. 반대로 자신이 정말 간절히 원하는 것을 언젠가 이룰 수 있다고 확신하는 사람은 하루하루 자신의 삶을 정말로 그렇게 바꿔나간다.

믿기지 않는다고? 그 살아 있는 사례가 바로 여기 있다. 나는 내 삶을 바꾸기로 마음먹은 순간부터, 『시크릿』을 비롯해 역사상 좌절과 시련을 딛고 엄청난 성공을 거둔 이들의 수많은 사례들을 하나하나 분석하기 시작했다. 그리고 그들에게서 일련의 법칙을 발견할 수 있었다. 나는 그 법칙을 실생활과 사업에 실제로 적용해나갔고, 지금의 자리에 이를 수 있었다.

물론 내가 찾은 법칙이 언제 어디서나 모두에게나 적용되는 유일한 정답은 아닐 것이다. 누군가 내 경험과 생각을 절대적으로 숭배하는 것도 바라지 않는다. 인생에는 유일한 정답, 절대적으로 올바른 길은 없기 때문이다. 다만 지극히 평범한, 아니 오히려 철저하게 실패한 경험을 가진 내가 어떻게 삶을 원하는 방식대로 꾸려갈 수 있었는지 그 과정을 솔직하게 보여주고 싶었다. 혹시 나와 비슷한 처지에 있는 이가 있다면 이 책으로 위로와 용기, 삶의 지혜를 얻기를 바란다. 지금 고난과 시련 속에서 삶의 길을 헤매는 이들이 자신만의 길을 찾아가는 데 도움을 얻기를 바란다. 그리고 그렇게 많은 이가 나의 길을 지나가서, 뒤에 있는 또 다른 이들에게 등불이 되어주기를 바란다.

『파리에서 도시락을 파는 여자』를 처음 쓴 지도 벌써 4년이라는 시간이 지났다. 정말 감사하게도, 그 긴 시간이 무색하게 최근까지도 이 책을 읽고 개인적으로 감사 인사를 전해오는 이들이 많다. 나의 개인 SNS와 유튜브 등을 통해 수많은 사람이 책을 읽고 나서 솔직한 고민을 토로하거나 조언을 구하기도 했고, 인생을 바꿔주었다며 고맙다는 인사를 전해왔다. 그런 메시지를 볼 때면 내가 성공한 것만큼, 아니 그보다 더 기쁠 때도 있었다.

이런 관심에 부응하기 위해, 그간 변화된 상황에 발맞춰 거친 부분을 다듬고 새로운 정보들로 업데이트하여 개정판을 다시 세상에 내놓으려 한다. 새로운 주제의 책도 쓰고 있지만, 나의 실패와 성공 경험이 적나라하게 담긴 이 책이 여전히 많은 독자에게 울림을 주고 있다고 느꼈기 때문이다.

4년 전엔 지중해 평화로운 바다 위에서, 지금은 갈라파고스 제도에서 요트 세계 여행을 하고 있다. 그때와 지금은 비슷한 것도 있고 다른 것도 있다. 무엇보다 작년부터 전 세계를 위협하고 있는 코로나바이러스 때문에 많은 것이 바뀌었다. 다행히 켈리델리는 그런 위기 속에서도 전 구성원이 합심하여 놀라울 정도로 꾸준히 성장하고 있다. 감사할 따름이다.

나 또한 가만히 안주하는 대신, 다시 한 번 가족과 함께 3년에 걸친 긴 요트 세계 여행을 택했다. 글로벌 기업의 회장이 아닌 인간 켈리 최의 시선으로 세계 곳곳을 직접 돌아보고, 가족과 함께 많은 시간을 가지며, 인생에서 정말 중요한 게 무엇인지, 어떻게 살아야 하는지, 삶의 방향을 다시 한번 점검해볼 생각이다. 2023년 12월, 어머니가 계신 한국에 도착하기 전까지, 유튜브 등 다양한 채널을 통해서 많은 이에게 나의 경험도 전하면서 말이다.

우리는 대개 성공을 좋은 대학, 좋은 직장에 가서 자리를 지키는 것, 무턱대고 많은 돈을 벌고 편안하게만 사는 것으로 잘못 생각한다. 그러나 그것은 도구이자 수단일 뿐 진정한 성공이나 행복과는 거리가 멀다. 진정한 성공이란 어려움을 뚫고 점점 더 성장하고 나아가는 삶이다. 그리고 그런 삶을 살 때, 우리는 진정한 자기 삶의 주인이 될 수 있다. 인생에서 무엇을 받아들이고 무엇을 흘려보낼지, 다른 누가 아닌 스스로 선택하면서. 놀랍게도 그 힘은 우리 모두의 내면에 반드시 존재한다. 인생의 가장 위대한 비밀은 의외로 잘 보이는 곳에 숨어 있는 법이다. 이 책을 읽은 모두가 그 비밀을 깨닫게 되기를 바란다.

◇ 차례 ◇

Part 1

실패하지 않는 것이
가장 큰 실패다

밑바닥에서만 보이는 것들

Part 2 ———————————

최정상으로 가는
7가지 부의 시크릿

> 진정한 성공과 자유에 도달하는 법

Part 3

어떻게 사업을 하면서
행복할 수 있을까?

⟨ 지속가능한 성공과 행복을 꿈꾸다 ⟩

Part 4

인생에서 성공보다
더 중요한 것

미래를 결정하는 성공 후의 태도

한 톨의 불씨만 있다면
다시 일어설 수 있다

지중해의 한없이 평화롭고 잔잔한 파도에 넘실대는 요트에 누워 하늘을 올려다본다. 밤하늘에 촘촘히 박힌 별들이 머리 위로 쏟아져 내린다. 남편의 꿈이었던 '가족과 함께하는 1년간의 요트 세계 여행'도 어느덧 막바지에 다다르고 있다.

여행을 떠나기 전 몇 년간은 시간이 어떻게 흘렀는지도 모를 정도로 많은 일이 일어났다. 유명 마트와 협약하여 초밥 도시락을 판매하는 사업을 시작했고, 7년 만에 유럽 10개국에 700여 개의 매장을 열었다. 며칠에 하나 꼴로 새로운 매장이 계속 생겨난 셈이다. 파리시의 벤처기업 프로그램에서 지원 대상이 된 수십여 개 회사 중 매출액과 직원 수, 성장 속도 면에서 압도적인 1위를 차지해 표창을 받기도 했다. 이런 성과 덕에 2015년에는 프랑스의 경영대학원 석사과정 교재에 나의 회사인 켈리델리(KellyDeli)와 내 이야기가 성공 사례로 실리기도 했다. 세계적인 회사들로부터 거액에 인수하겠다는 제의도 많이 받았고, 투자하고 싶다는 사람도 많았다.

그러는 동안 나는 한국과 프랑스의 방송에 몇 차례 출연을 했다. 강연 요청도 계속 들어왔고, 나의 SNS나 방송을 본 수많은 사람이 인생이나 사업과 관련해서 상담을 요청해왔다. 그들은 '저는 전업주부라 할 줄 아는 게 없는데, 저도 저만의 일을 시작할 수 있을까요?', '사업에 실패해서 빚을 많이 지게 되었는데 제가 다시 일어설 수 있을까요?', '어떻게 해야 직원들이 열심히 일하게 할 수 있을까요?', '좋은 기업문화는 어떻게 만드나요?' 등 많은 질문을 해왔는데, 이에 대해 일일이 답을 하기에는 현실적인 한계가 있었다. 그래서 내가 첫 사업에 실패한 이야기부터 시작하여 그로부터 배운 점은 무엇인지, 그리고 사업가로 재기하기 위해 어떤 공부를 했고, 어떤 철학과 마음으로 회사를 만들어갔는지, 이런 내용들로 책을 써서 많은 사람이 볼 수 있게 하면 좋겠다는 생각에 이르렀다.

요트 세계 여행 중에 책을 집필하려 했기에 여행 내내 지난날을 돌아볼 수밖에 없었다. 그토록 치열하고 바쁘게 살아왔는데 갑자기 요트 위에서 이렇게 평화롭고 조용한 나날을 보내니 지난 7년여의 세월이 꿈결처럼 멀게만 느껴졌다.

처음 프랑스로 건너갔던 그 순간이 아직도 생생하다. 프랑스어라고는 단 한 단어도 모르던 내가 무슨 용기로 혼자 파리에서 공부하기로 결심했을까? 아마도 가진 게 없었기에 생각보다 행동이 많이 앞섰던 듯하다.

어쩌면 이 모든 것은 흔해빠진 이야기인지도 모른다. 찢어지게 가난한 집에서 태어나 홀로 공부를 마치고, 사업을 하고, 실패하고, 빚을 지고, 이를 딛고 일어선 이야기 말이다. 그럼에도 이 과정에서 내가 배웠던 것들이 누군가에게 분명 도움이 될 수 있다고 생각한다. 나는 여성이고, 한국인이다. 그리고 한국이 아닌 프랑스에서 사업을 시작해, 지금은 영국에 있는 본사 1개와 10여 개의 지사를 가지고 있는 글로벌 기업의 회장이다. 사업을 시작할 때 내 나이는 마흔이 넘었고, 사업에 대한 투자금을 받은 것도 아니었다. 그런데도 회사는 앞서 말한 것처럼 가파르게 성장해왔다.

게다가 여성 사업가에 대한 또 다른 사회적 통념 역시 깨뜨렸다. 여성이 사업가로 성공하려면 가정은 포기해야 하고, 하루 네 시간만 자면서 주말도 포기하고 일해야 한다는 통념 말이다.

나는 꿈에도 그리던 이상형의 남자를 만나 결혼했고, 목숨보다 소중한 딸을 낳아 누구보다도 행복한 가정을 꾸렸다. 삶의 일 순위가 사업이 아닌 가족이기에 주말에는 무조건 가족과 함께하고, 딸아이와 많은 시간을 함께 보낸다. 2016년 여름부터 2017년 여름까지 1년간은 안식년을 갖고 남편의 꿈대로 '가족과의 요트 세계 여행'을 떠났다. 어떤 사람은 창업한 지 약 7년밖에 되지 않은, 해마다 수십 퍼센트씩 성장하는 회사를 두고 회장들(나와 남편이 지분 100퍼센트를 갖고 있으며, 공동으로 회사를 운영하고 있다)이 1년이나 자리를 비우는 것은 미친 짓이라고까지 했다. 하지만 남편의 꿈을 이루고 아이가 더 크기 전에 잊지 못할 추억을 만드는 것 또한 인생에서 중요하다고 생각했기에 이 같은 결정이 가능했다.

많은 사람이 돈이 없어서, 학력이 부족해서, 재능이 없어서, 나이가 많아서 무언가를 새롭게 시작하거나 도전하지 못한다고 말한다. 특히 여성은 '여자'라는 이유로 새로운 도전 앞에서 주저하기도 하고, '가족'이라는 이름을 도피처로 사용하기도 한다. 책임져야 할 가족이 있으니 새로운 시도를 할 수 없다고 말이다.

한때 나 역시 나에게 없는 것에 더 집중하여 좌절에 빠지기도 했고, 세상을 원망하기도 했다. 하지만 기적을 만드는 데 천재적인 능력이 필요한 건 아니었다. 큰 성공을 위해서는 반드시 대운이 따라야 하는데, 중요한 건 누구보다 큰 열정을 갖고 성공을 위해 철저히 준비하는 사람만이 그 운을 잡을 수 있다는 사실이다. 이 말은 곧 지금 어떤 출발선에 있더라도, 지혜롭고 현명하게 움직인다면 행운의 여신을 내 편으로 만들 수 있다는 뜻이다.

이 책에서 큰 실패 이후 우울증에 빠져 자살을 생각할 정도로 밑바닥까지 갔던 내가 어떻게 지금에 이르렀는지에 대해 이야기하고자 한다. 밑바닥에 있더라도 누구에게나 한 톨의 불씨는 이미 가슴속에 주어져 있게 마련이다. 그 불씨는 생명의 불씨이며, 살아 있다는 사실만으로도 그 불씨 하나를 갖고 있는 셈이다. 다만 그 불씨를 만들어낼 부싯돌은 사람마다 다를 수도 있다.

나에게는 그 부싯돌은 '엄마'였다. 엄마를 떠올리자 가슴속의 한 톨의 불씨가 살아났고, 그 소중한 작은 불이 꺼지지 않도록 살리고 살려서 큰불로 만들어나갈 수 있었다. 누군가에게는 부싯돌이 자기 자신이 될 수도 있고, 배우자 혹은 자식이 될 수도 있다.

돈, 나이, 성별, 학력 때문에 무언가를 시도할 수 없다고 생각하는 많은 사람이 마음속에 남아 있는 그 사람을 떠올리며 자신만의 불씨에 생명을 불어넣길 바란다. 이 책을 통해 삶에서 부딪힐 큰 파도에 맞서기로 결심한 모든 독자들이, 자신만의 불씨를 되살려 원하는 바를 이루기를 진심으로 기원한다.

PART 1

실패하지 않는 것이 가장 큰 실패다

밑바닥에서만 보이는 것들

"실패를 두려워하는 자는 자신의 능력을 제한한다.
실패는 더욱 똑똑하게 시작할 수 있는 유일한 기회다."

– 헨리 포드(자동차 회사 '포드' 창업주)

빚더미에 앉은 후
깨달은 것

'저 커피값은 누가 내는 거지?'

"누나, 우리 만나서 얘기해요. 꼭 하고 싶은 말이 있어요."

친했던 후배에게서 연락이 왔던 그날, 우리는 파리의 어느 카페에서 만나기로 했다. 약속 장소로 가는 발걸음은 몹시나 무거웠다. 할 수만 있다면 지난 2년간 그랬던 것처럼 약속을 취소하고 집에 틀어박히고만 싶었다.

'실패한 사업가'라는 꼬리표를 달고 10억 원이 넘는 빚더미에 깔려보면 '지옥 같은 하루'라는 게 무슨 말인지 알게 된다. 첫 사업의 실패로 괴로운 나날을 보내던 당시에는 눈을 뜰 때부터 잠들 때까지 단 한순간도, 숨 쉬는 일조차 쉽지 않았다.

반면, 점심시간을 넘긴 파리는 평화로웠다. 거리 가득 여유가 넘쳤고, 사람들은 믿을 수 없을 만큼 행복해 보였다. 어쩌면 내 몫의 행복까지 저들이 가져가버린 탓에 내게 불행만이 남은 건지도 모르겠다는 망상까지 들었다.

나만 빼고 모든 사람이 행복해 보이는 상황에서 누군가를 만난다는 건 그 자체로 고문이다. 게다가 실패한 사업가, 바닥을 친 사람일수록 마지막 자존심만큼은 지키고 싶게 마련이다. 그것마저 없어지면 존재 이유는 아무것도 남지 않기 때문이다. 그런 상황에서 나를 롤모델이라 칭하고 나처럼 되는 것이 목표라고 자주 말하던 후배에게 철저히 망가진 모습을 보이기란 죽기보다 싫었다.

그 후배는 수년 전 잘나가던 나의 모습만을 기억하고 있을 것이다. 그때의 나는 머리끝부터 발끝까지 잘 차려입고 다녔으며, 겉모습만으로도 '성공한 여성 사업가'의 분위기를 폴폴 풍겼다. 하지만 몇 년간의 절망적인 삶은 나를 완전히 다른 모습으로 만들어놓았다. 10킬로그램 이상 살이 쪘고, 옷은 그냥 되는 대로 입었으며, 불규칙하게 생활하는 게 당연해졌다.

잘나가던 시절, 나는 후배들을 만나면 그게 몇 명이더라도 밥이든 차든 술이든 무조건 내가 샀다. 허나 이제 그럴 수가 없었다. 내가 할 수 있는 최선의 방법은 '식사 시간을 피해 약속을 잡는 것'이었다. 커피값이 어지간한 한 끼 식사비 못지않은 한국과 달리, 파리에는 커피 한 잔 값이 생수보다 싼 곳도 많기 때문이다.

나는 차비도 아까워 집에서 한 시간 정도 걸으면 도착할 수 있는 카페로 장소를 잡았고, 점심시간을 훌쩍 넘긴 시각에 드디어 후배를 만났다.

"누나, 오랜만이에요! 잘 지냈어요?"

반갑게 웃으며 인사를 건넨 후배는 신수가 훤해 보였다. 악착같이 돈을 모아 짠돌이로 유명했던 친구답게 옷차림은 단출했지만, 표정은 밝았고 목소리에는 자신감이 넘쳤다.

"나 한국 들어가서 사업하려고요."

인사를 끝내고 커피가 나오기도 전에 후배는 대뜸 이렇게 말했다. 그리고 몇 년간 자신이 어떻게 살아왔는지 이야기했다. 후배는 그 시간을 알차고 독하게 보낸 듯했다. 학교를 다니면서도 가이드로 일해 많게는 한 달에 천만 원도 넘게 벌었던 그답게 그 돈을 특유의 절약 정신으로 모으고 또 모아, 어떤 사업에 투자했다고 한다. 그게 제법 성공을 거뒀고, 그 돈으로 한국의 한 사업체를 인수할 계획이라고 했다.

"그래, 잘했네."

"너무 잘됐다."

"그동안 고생 많았구나."

몇 시간 동안 내가 뱉은 거라곤 영혼 없는 추임새뿐이었다. 이유는 두 가지였다. 첫째, 후배는 변해버린 내 모습 따위는 눈에 들어오지도 않는지 주야장천 자기 이야기만 했다. 둘째, 후배의 이야기에 좀처럼 집중할 수 없었다. 진심으로 후배를 축하해주고 칭찬해주고 싶긴 했다. 열정적으로 무언가를 이루어내고 또 이루어가는 모습이 보기 좋았고 대견했다. 하지만 사실 내 정신은 온통 한 가지 생각으로 가득 차 있었다.

'저 커피값은 누가 내는 거지?'

당시 내 주머니에는 커피값을 아슬아슬하게 낼 수 있을 정도의 돈밖에 없었다. 솔직히 그 돈도 부담스러웠다. 고작 커피값 때문에 후배를 제대로 축하해주지도 못한다는 사실이 더없이 비참하게 다가왔다. 몇 번이나 마음을 다잡았음에도 이내 다시 커피값으로 신경이 쏠리는 내 자신이 너무나 싫었다. 가장 비참했던 건, 그토록 지키려 애쓴 마지막 자존심을 고작 커피값 하나에 내팽개쳤다는 사실이었다.

자리에서 일어날 시간이 되자, 나는 뭉그적댔다. 엎친 데 겹친 격으로 후배 역시 계산대로 가려 하지 않았다. 어쩌면 그도 내가 마지막 자존심을 지킬 수 있도록 배려해준 건지도 모른다. 어쨌든 그렇게 20여 분간의 눈치싸움 끝에, 결국 후배가 계산을 했다.

다시 일어서기 위해
반드시 대면해야 하는 질문

카페에서 나올 때, 나는 누군가 툭 건드리기만 해도 울음이 터질 것 같은 상태에 이르렀다. 그때부터 그저 걷고 또 걸었다. 할 수 있는 거라고는 걷는 일뿐이었으니까.

그러다 집으로 가는 길에 건너야 하는 센강 앞에 멈췄다. 무슨 생각이었을까? 걸음을 멈추고 가만히 아래를 내려다보았다. 유유히 흐르는 센강은 몇 년 전이나 지금이나 변함이 없건만, 나와 후배의 삶은 너무도 달라져 있었다. 불과 몇 년 전의 그 빛나던 삶이 과연 진짜 나의 삶이었나 싶은 허탈함, 왜 내가 이렇게 비참한 꼴을 겪어야 하는지에 대한 분노, 좀 더 잘할 수 있지 않았을까 하는 후회, 무엇 때문에 그토록 치열하게 살아왔던가 하는 자괴감이 뒤섞여 소용돌이쳤다.

문득 나도 모르게 '이렇게 살아서 뭐하나' 하는 생각이 들었다. 조국을 떠나 머나먼 프랑스에서 힘겹고 외롭게 공부하던 한인 유학생이 이 강에 뛰어들었다는 이야기가 심심찮게 들려왔는데, 그전까지 이해하지 못했던 그들의 심정을 이제야 완벽히 이해할 것 같았다.

당시의 나는 살아도 사는 게 아니었다. 바닥까지 떨어진 감정이 접착제로 붙인 양 바닥에 딱 붙어 도저히 올라오질 않았다. 눈을 뜨는 순간부터 후회와 자기혐오로 점철된 하루하루를 살아가는 삶은 말 그대로 죽지 못해 살아가는 것에 불과했다.

밑바닥까지 간 것만으로도 부족해 마지막 남은 자존심까지 다 내버리고 나자, 갑자기 과거로 돌아가 삶을 정리해봐야겠다는 생각이 들었다. 야속할 정도로 잔잔히 흐르고 있는 센강을 내려다보며, 2년간 스스로 물어야 했지만 애써 외면해왔던 질문을 드디어 던졌다.

'도대체 언제, 어디서부터 잘못된 걸까?'

내게 죽을 듯한
가난이 없었다면

무작정 오른
파리행 비행기

사업에 실패하게 된 이유를 스스로 캐묻기 위해 잔인하게
도 계속해서 과거로, 과거로 돌아가야 했다. 원래 나는 패션
디자이너가 되고 싶었다. 그래서 프랑스에서 나를 이 지경으
로 만든 사업을 하기 전, 일본에서 유학을 했다. 당시 한국 패
션계의 디자인이 대부분 일본에서 온 것이었기 때문이다. 그
런데 일본에서 몇 년간 공부를 하다 보니 일본의 디자인은 대
부분 유럽, 그중에서도 프랑스에서 왔음을 알게 되었다. 그리

하여 프랑스로 떠나기로 맘을 먹었던 것이다.

언제나 그랬듯 일단 맘을 정했으면 밀어붙이는 게 내 방식이었고, 이때도 마찬가지였다. 유학을 결심하자마자 프랑스 학교를 알아보고, 그 근처에 지낼 방을 구했으며, 한 달 후 떠날 비행기 표까지 예매했다. 어떤 수속을 밟아야 하는지, 프랑스에서 지내려면 무엇이 필요한지, 그곳에서의 삶은 어떠한지 등 알아야 할 것은 산더미였지만 알아본 것은 하나도 없었다.

주일 프랑스 대사관에 찾아갔을 때의 일이다. 나는 상황을 설명하면서 한 달 후에 떠날 거라 했다. 그러자 담당 직원은 어처구니없다는 듯 말했다.

"비자가 나오려면 최소한 6개월은 걸려요."

그러나 나는 물러서지 않았다.

"뭐라고요? 내가 나쁜 것도 아니고 공부하러 산다는데 못 가게 하면 어쩌자는 거예요? 내가 가면 프랑스에도 좋은 거잖아요. 가서 돈을 쓸 텐데! 그리고 한 달 후로 방도 잡아놓고 여기 생활도 이미 거의 다 정리했는데 못 가게 하면 난 어쩌라고요? 내 인생 어떻게 할 거예요? 책임질 거예요?"

내가 생각해도 참으로 막무가내였지만 운이 좋게도 한 달 후에 떠날 수 있었다. 유학이나 이민을 준비해본 사람이라면 그 준비 과정이 얼마나 힘든지 잘 알 것이다. 나는 이 모든 것을 한 달 안에 마무리했을 만큼 당시 패기로 똘똘 뭉쳐 있었다. '봉주르(Bonjour)'도 모르는 아시아 여성이 홀로 파리행 비행기에 몸을 실은 것이다. 심지어 생활비를 프랑이 아닌 달러로 환전해 갔을 정도니 더는 설명할 필요도 없으리라.

그런데 이렇게 자신감 넘치던 나도 막상 비행기를 타자 덜컥 겁이 났다. 일본은 그래도 지리적으로 가깝고 같은 아시아권에 한자 문화권이니 적응이 쉬웠던 건지도 모른다. 한데 지금 나는 완전히 낯선 곳 저 멀리, 아는 사람이 한 명도 없는 유럽으로 혼자 떠나는 게 아닌가.

사실 여러 경험을 통해 배짱을 지니게 된 것일 뿐, 나는 본래 겁도 많고 눈물도 많다. 일본 유학을 갈 때도 유서를 써서 몰래 동생에게 건넸고, 혹시라도 전화가 와서 암호를 대지 않으면 내가 납치된 줄 알라는, 다소 황당한 이야기도 진지하게 늘어놓았을 정도였다. 그러니 그때보다 훨씬 생소하고 두려운 변화를 앞둔 그 상황이 얼마나 겁이 났겠는가. 자연스레 비행기를 타고 있는 내내 시무룩한 표정을 하고 있었다. 그런데 이를 의아하게 여긴 옆자리 한국인 승객이 무슨 일인지 물었고, 상황을 설명하자 그분은 딱하다는 심정과 황당함이 절반씩 섞인 듯한 묘한 표정으로 나를 쳐다보았다.

감사하게도 행운의 여신도 나를 딱하게 여겼던 모양이다. 결국 그 승객분께 큰 도움을 받을 수 있었다. 그분의 도움으로 비행기 내에서 달러를 프랑으로 바꿨고, 공항에 도착해서는 공항 픽업 서비스를 이용할 수 있었다. 이때도 그분은 내 하숙집 주소를 적은 종이를 운전자에게 건네며 "내 동생이니 잘 좀 데려다 달라"라고 부탁했다.

다행히도 그때 운전해준 분 역시 무척 좋은 사람이었다. 무사히 데려다줬을 뿐만 아니라, 파리에서 지내다가 궁금한 게 있으면 연락을 하라며 전화번호까지 알려주었다. 나는 염치 불구하고 그분에게 물어 대중교통을 이용하는 방법을 익혔고, 방 계약을 할 때도 도움을 받았다. 지금 생각해봐도 정말 너무나 감사한 일이다.

어쨌든 이렇게 우연히 알게 된 좋은 사람들 덕에 프랑스에서의 삶을 무사히 시작할 수 있었다.

내게 배짱을 심어준 건
가난이었다

잘 생각해보면 내가 이렇게 원하는 것을 위해 무모하게 뛰어들게 된 원동력에는 가난이 있지 않았나 싶다. 마을 전체가 가난했으니 우리 집이라고 다를 게 있었겠느냐마는, 우리 집은 그중에서도 더 가난한 편에 속했다. 하지만 나는 별다른 불만이 없었고, 불평도 거의 하지 않았다. 그저 타고나길 긍정적이었으며, 살림이 어려운 와중에도 집안이 화목했기 때문이다. 이처럼 낙천적 성격에 가족도 화목했으니 나는 그토록 가난했어도 불행하다고 느껴본 적이 없었다. '그 일'이 있기 전까지는 말이다.

중학교 졸업을 앞둔 어느 날, 부모님께 불려간 나는 태어나서 처음으로 심한 좌절감을 느껴야 했다.

"우리 살림에는 고등학교를 두 명 보내기는 힘들 것 같다. 그리고 한 명을 보내야 한다면 남자를 보내야 하지 않겠니?"

이 말은 곧 집에는 돈이 없고 나는 여자이니 고등학교를 가기 어렵다는 뜻이었다. 충격이었다. 우리 집이 힘든 건 알고 있었지만, 대학교도 아닌 고등학교 진학조차 어려운 정도라고는 생각하지 못했다. 공부에 큰 뜻이 있었던 건 아니다. 다만 특별한 꿈도, 재능도 없는 상황에서 무엇을 해야 할지 몰라 막막한 데다 남들 다 가는 학교를 여자라는 이유로 못 간다는 게 절망적이었다. 원래도 눈물이 많았던 나는 그때 참 많이도 울었다.

시간이 지나 절망에서 조금 벗어나자, 이번엔 분노가 찾아왔다. 그러나 조금 더 시간이 지나자, 분노는 어떤 열망으로 바뀌었다. 남들 다 가는 고등학교, 집에서 못 보내준다면 내 손으로라도 어떻게든 가고야 말겠다는 오기가 생겼다. 그때부터 나는 고등학교에 갈 방법을 연구했다. 지금처럼 인터넷이 있는 것도, 상담해줄 전문가가 있는 때도 아니어서 선생님들의 도움을 받아가며 방법을 찾았다. 그러던 중 육성회비 등 각종 비용을 면제받을 수 있는 한 농업고등학교를 알게 됐다. 그 소식을 들었을 때 내 기쁨은 말로 표현하기 어려울 정도였다. 농업에 관심이 있는 건 전혀 아니었지만, 당시 내게는 '고등학교에 갈 수 있다'는 사실만이 중요했다. 겁도 많고 눈물도 많던 내가 처음으로 스스로 길을 찾아냈기에 더더욱 기뻤다.

하지만 기쁨은 오래가지 못했다. 이 소식을 부모님께 알렸을 때 돌아온 대답은 나를 전보다 더 큰 좌절에 빠뜨렸다. 엄마가 어렵게 꺼낸 말을 종합해보면, 학비는 장학금으로 충당한다 해도 왕복 차비와 식비 등을 감당하기 어렵다는 것이었다. 지금 생각하면 내게 그 이야기를 하는 부모님의 심정이 나보다 더 참담했을 텐데, 당시에는 그런 걸 생각할 만큼 철이 들지는 않았다. 그저 난생 처음 능동적이고 의욕적으로 무언가를 성취하려던 노력이 수포로 돌아갔다는 것과 그 정도로 우리 집이 가난하다는 사실이 내 가슴을 후벼팠다.

이렇게 두 번째로 찾아온 좌절감은 첫 번째보다 더욱 헤어나기 힘들었다. 화도 많이 났고, 울기도 많이 울었다.

'정말 그저 이렇게 흘러가는 대로 살아가야만 하는 걸까? 엄마의 고단한 삶을 옆에서 10년이 넘도록 봐왔는데, 내 삶도 그와 다르지 않게 흘러가도록 내버려둬야 하는 걸까?'

갑자기 가슴 한편에서 뜨거운 무언가가 울컥 솟아올랐다. '이대로 가난에 질 수는 없다'는 생각이 들었다. 가난이 지금까지 나를 힘들게 했으면 됐지, 앞으로도 평생 나를 따라다니며 내 삶을 좌지우지하게 내버려둘 수는 없었다. 이때의 심정은 진학 가능한 고등학교를 알아보기로 결심했을 때보다 훨씬 단호하고 결연했다.

이후 며칠간 고민한 끝에 서울로 올라가기로 결심했다. 집에서 보내줄 수 없다면 스스로 갈 방법을 찾아야 했다. 돈을 벌면서 학교를 다닐 방법이 필요했는데, 그러던 차 서울의 한 와이셔츠 공장에 들어가면 그렇게 할 수 있다는 이야기를 들은 것이다.

그렇게 열일곱 살이 되던 해, 나는 혼자 서울로 올라와 결심대로 와이셔츠 공장에 들어갔다. 그 공장에서는 한 여자고등학교의 야간학교에 다닐 수 있도록 지원해주었다. 그리고 그곳에서 나는 '행복'이라는 게 상대적인 개념이 될 수도 있음을 처음 배웠다. 당시 공장 월급은 6만~7만 원 정도였던 것으로 기억하는데, 꼭 필요한 생활비를 제하면(숙식이 제공되는 상황이라는 점을 감안했을 때) 딱히 부족한 돈도 아니었다. 그 돈으로 주말이면 친구들과 영화도 보고 맛있는 것도 잔뜩 사 먹었다. 계획적으로 저축을 하지는 않았지만 돈도 조금은 모을 수 있었다. 돈을 모은다는 건 미래를 꿈꾸고 계획할 수 있다는 의미이기도 했다. 이것만으로도 소소한 행복을 느낄 수 있었고, 그때부터 나는 점차 낙천적이고 긍정적인 성격을 회복해나갔다.

그렇게 3년간 와이셔츠 공장에서 일하면서 패션에 관심이 생겼고, 내게 소질도 있어 보였다. 재봉이 디자이너의 주 업무는 아니지만, 어쨌든 공장에서 재봉 기술에서 높은 점수를 받은 터였다.

그래서 나는 고등학교를 졸업하자마자 복장(服裝)학원에 다녔다. 복장학원은 사실 디자인보다 실무에 더 초점을 둔 곳이지만, 당시로서는 어쩔 수 없는 선택이기도 했다. 그때는 우리나라 패션계의 인프라도 부족했고, 정보를 구하기도 쉽지 않았기 때문이다. 그리고 거기서 나는 자연스레 우리나라의 패션은 일본에서 왔다는 사실을 알게 되었다.

내가 그때나 지금이나 고수하고 있는 몇 가지 철학이 있는데, 그중 하나가 '일단 하기로 했으면 최고가 되어야 한다'는 것이다. 비록 최고가 될 수 없더라도 그렇게 되려고 노력은 해야 한다고 생각한다. 그래서 일본 유학을 가기로 결심하게 되었다. 그리고 일본에서 공부하면서 일본의 패션은 프랑스에서 왔다는 사실을 알게 되어 이렇게 낯선 땅 프랑스에서 고군분투하게 된 것이다.

무모함이 언제나
통하는 건 아니다

10대 시절 와이셔츠 공장에서 일할 때부터 익혀온 재봉 기술은 프랑스에서도 썩 쓸 만했다. 게다가 나는 일본에서 다녔던 대학에서의 성적도 좋았으며, 무엇보다 모두가 걱정하던 일본 유학 생활을 스스로의 힘으로 성공적으로 끝낸 경험도 있었다.

그렇게 일본뿐 아니라 프랑스라는 낯선 땅에서도 하나씩 하나씩 원하는 바를 성취해나가고 있었으니, 당시 내 자신감은 하늘을 찔렀다. 나는 통역을 해줄 사람과 함께, 가고 싶었던 대학을 찾아가 막무가내로 편입시켜달라고 요구했다. 그리고 바로 다음 학기부터 수업을 듣겠노라고 떼를 쓰다시피 했다. 면접을 진행했던 교수님은 내가 프랑스어를 하지 못한다는 점을 우려했지만, 나는 일본에서의 일을 예로 들면서 "남은 6개월 안에 수업에서 뒤처지지 않을 정도로 프랑스어를 익히겠다"고 호언장담했다. 다행히 그때까지 내가 쌓은 경험과 학교 성적은 프랑스인 교수가 보기에도 괜찮았던 모양이었다. 나는 입학 허가를 받고 뿌듯해하며 면접장을 나왔다.

'거봐, 역시 하면 된다니까.'

하지만 하나가 잘 풀렸다고 둘도 잘 풀리라는 법은 없다. 단

6개월 만에 능숙해진 일본어와 달리 프랑스어는 좀처럼 늘지 않았던 것이다.

계획대로 다음 학기에 입학을 하긴 했으나 언어가 되지 않으니 수업을 따라가지 못했고, 결국 중간에 휴학하고 다시 프랑스어를 더 공부할 수밖에 없었다. 그럼에도 프랑스어 실력은 생각만큼 금방 늘지 않았고, 이것만으로도 나는 많은 시간을 허비해야 했다. 고등학교 진학을 위해 상경한 이래로 10여 년간 거침없이 달려오던 내 삶에 처음으로 제동이 걸린 것이다.

프랑스에서의 삶은 일본에서의 삶과 완전히 달랐다. 물가가 비싼 데다 프랑스어를 잘 못하니 아르바이트도 할 수 없었다. 프랑스에서 혹독한 경험을 하고 나서야 나는 무턱대고 밀어붙이는 게 능사는 아님을 깨달았다. 나의 최대 강점이자 무기였던 실행력이 때로는 방해가 될 수도 있음을 배운 것이다.

가끔 생각해본다. 만약 그때 일본에서 덜컥 비행기부터 탈 게 아니라 좀 더 철저히 조사하고 준비했더라면 어땠을까? 유학을 조금 늦추더라도 기초적인 프랑스어 회화부터 익히고, 그 나라의 문화를 익히고, 패션과 디자인에 대해 알아보고, 어느 정도의 자금을 마련한 후에 떠났더라면 어땠을까?

물론 잃을 게 없는 젊은 날, 한 번쯤 이렇게 대책 없이 무모하게 덤벼드는 것도 중요하다고 생각한다. 하지만 가정도 있고, 나이도 있어 책임질 게 많을수록 치열하게 준비하고 지혜롭게 헤쳐나갈 필요가 있음을 이제는 안다.

사업의 기회는
우연히 찾아오곤 한다

다행히 시간이 흐르면서 점차 프랑스 생활에 적응해나갔고, 조금씩 자신감을 회복했다. 공부에 대한 욕심이 컸던 나는 프랑스에서 손꼽히는 디자인 학교 두 곳을 졸업했다. 일본에서 공부한 것까지 따지면 나는 대학교를 세 군데나 다닌 셈이다.

학교를 졸업하면서 나는 곧바로 제법 괜찮은 일자리를 얻어 패션업계에서 일할 수 있었다. 원래는 공부를 마치고 일본으로 돌아가려는 계획이었으나 이미 프랑스에 어느 정도 적응을 하기도 했고, 취업까지 된 마당에 굳이 돌아가야 할 이유는 없었다. 일본으로 돌아가지 않은 게 잘한 선택이었는지까지는 확신할 수 없었으나, 원하던 대로 패션업계에 종사하게 된 건 매우 기뻤다.

하지만 그 만족감은 그리 오래 가지 않았다. 일이 싫어서는 아니었다. 분명 한국에서 최고가 되려면 일본에서 공부해야 했고, 일본에서 최고가 되려면 프랑스를 가야 했다. 또, 프랑스가 패션으로는 알아주는 곳이니 프랑스에서 최고가 된다면 세계 최고의 패션 디자이너가 될 수 있을 거라 생각했다. 하지만 직접 일을 해보니 능력의 한계를 뼈저리게 느껴야 했다. 프랑스에서 인정받기 위해서는 디자이너만의 독특한 발상이나 굉장한 크리에이티브가 필요했는데, 이를 따라잡기에는 한계가 있었던 것이다. 인정하기 싫었지만 프랑스 패션계에서는 최고가 되기 어려울 뿐 아니라, 잘해야 중상위권 정도에 머무를 게 확실했다. 이는 곧 내 목표를 낮춰야 한다는 의미였다.

긴 고민 끝에 일단 회사를 그만두었다. 그동안 쉬지 않고 달렸기에 잠시 머릿속도 정리하고 환기를 시킬 필요가 있었다. 그리고 이때부터 이직과 영어 공부도 할 겸 미국 유학을 가는 두 가지 선택지를 두고 고민했다.

그런데 더 고민할 틈도 없이, 누군가가 세 번째 선택지를 건넸다. 당시 프랑스에서 사업을 시작한, 절친했던 한국인 친구가 믿을 만한 사람이 없어 고민이라며 나를 찾아와 몇 개월만이라도 좋으니 함께 일을 하자고 제안한 것이다.

"너 잠깐 쉬는 중이라고 했지? 그럼 다음 회사가 정해지기 전까지 나 좀 도와주지 않을래?"

외국에서 사업을 한다는 건 여러모로 힘들지만, 인간적으로 믿을 만한 사람을 찾는 것 또한 정말 힘든 일이다. 그렇기에 친구는 인간적인 신뢰가 있는 나에게 부탁 비슷한 제안을 한 것이다.

그러나 당시 나는 친구가 제안한 사업 분야인 전시업이나 광고업에는 문외한이었고, 여전히 패션계에서 이루고 싶은 것이 있었다. 비록 패션계가 기대와 다소 다른 면이 있었지만, 그래도 그 일에 만족했고 나름 즐겁게 일했다. 그런데 평생 꿈꿔오고 공부해온 패션과 디자인이 아닌 생소한 분야의 일을 새롭게 시작하는 게 옳은 선택일까 고민이 되었다.

내 고민을 눈치챘는지 친구는 말을 덧붙였다.

"평생 이 일을 하라는 건 아니야. 네가 원할 때까지만 하면 돼. 그냥 이직 준비하는 동안만 좀 도와줘. 네가 도와주면 큰 힘이 될 거야."

친구의 말에 나는 크게 흔들렸다. 그 말대로 친구를 돕다가 이직의 기회가 왔을 때 원하는 회사에 취직하면 그만이었다. 또한 당시 친구가 부탁했던 행사에는 한국인 인력이 필요했는데, 내 주변에는 일자리를 구하지 못한 한국인 친구들이 많았다. 나는 항상 그들을 도와주고 싶은 마음이 있었기에 친구들에게 아르바이트 자리를 줄 수 있겠다는 생각에 더 흔들렸다. 게다가 나 역시 새로운 변화가 필요함을 느꼈다. 애초에 이직을 결심한 것도 매너리즘에서 벗어나고 싶었기 때문이니까. 결국 친구의 제안을 받아들였고, 생소한 분야에 발을 담그게 되었다.

친구의 제안을 받아들여 함께 일을 시작한 지 1년, 사업은 거의 자리를 잡았고, 패션계 못지않게 그 일에도 어느덧 익숙해졌다. 언제부터인지 정확히 알 수 없지만, 나는 그 일을 '친구의 사업'이라 여기지 않고 '내 사업'처럼 생각하고 일했다. 실제로 내 돈을 일부 투자하기도 했고 회사에서 급하게 돈이 필요할 때면 인맥을 동원해 빌려서 메우기도 했다.

어느 날 친구가 진지하게 말했다.

"이제 결정을 해야 할 때가 된 것 같지 않아?"

나는 그의 얼굴을 멀뚱멀뚱 쳐다보았다.

"지금까지 네 일처럼 열심히 해줘서 정말 고마워. 큰 힘이 됐어. 그리고…… 앞으로도 네가 함께해줬으면 좋겠어. 하지만 그렇다고 강요할 수는 없잖아? 이제 네가 결정해야 해. 다시 패션계로 돌아갈지, 아니면 나와 함께 이 일을 계속할지."

"맞아, 결정을 해야겠지. 나에게 며칠만 시간을 줘."

친구는 흔쾌히 그러겠노라 했고, 나는 고민에 빠졌다. 그날부터 며칠간 진지하게 생각해보았다.

'나는 과연 지금 행복한가? 이 일이 나에게 잘 맞나? 지금까지 즐겁게 일했다고 해서 앞으로도 그럴 거라는 보장이 있을까? 패션계로 돌아가지 않아도 미련이나 후회가 남지 않을까? 나는 그렇다 쳐도 주변에서는 어떻게 생각할까? 가족들은 내가 어떤 선택을 하든 이해해줄까?'

머릿속이 복잡해지자, 다시 원점으로 돌아가보았다.

"패션 일을 했을 때와 친구와 이 일을 했을 때, 언제가 더 행복했지?"

이 질문을 되새겼다. 그러자 답은 생각보다 빨리 나왔다. 사실 프랑스에서 패션계에 종사하는 친구들을 보면서 그동안 느낀 점이 많았다. 그들은 하루 온종일을 다 바쳐 20~30년을 일해야 겨우 자기만의 브랜드를 가질까 말까 했다. 게다가 세계적인 브랜드가 한순간에 망하는 사태를 목격하면서 이렇게 리스크가 큰 데다 노력에 비해 성과가 나기 어려운 일을 계속해야 하나 고민이 많았다. 반면, 친구와 함께했던 전시업은 그때그때 전시회 테마나 콘셉트가 달라졌기에 계속해서 변화도 있었고, 덕분에 항상 새로움과 재미를 느낄 수도 있었다.

돌이켜보면 패션계에 종사할 때도 패션쇼를 준비하고 개최하는 일에 가장 흥미를 느꼈었다. 그 과정에서 쉴 새 없이 움직이고, 아이디어를 짜내고, 제품을 만들어 사람들에게 '짠!' 하고 결과물을 내보이는 순간이 가장 좋았다. 비슷한 이유로 전시업·광고업에도 재미를 느끼는 것이리라. 더는 고민할 필요도 없었다. 이 사업을 계속해야만 한다는 확신이 들었다. 종합했을 때, 나는 패션 쪽 일을 할 때보다 이 사업을 할 때 더 행복했다.

"패션계로 돌아갔을 때와 돌아가지 않았을 때, 언제 더 후회가 남을까?"

이 질문에는 쉽게 답이 나오지 않았지만, 이내 결론을 내릴 수 있었다. 앞서 말했듯, 나는 어렸을 적부터 '최고가 되고 싶다'는 욕구를 항상 가지고 있었는데, 패션계에서는 그렇게 될 수 없다는 걸 이미 깨달은 터였다. 패션계로 돌아가면 일이 잘 풀려도 고만고만한 디자이너 중 하나가 될 것이다. 반면 이 사업은 지금도 승승장구하는 중이니 앞으로 어떻게 하느냐에 따라 최고가 될 가능성도 있었다.

친구와 계속 함께하기로 결정을 내린 후로는 망설이지 않았다. 우선 친구에게 내 결정을 알렸다. 친구는 진심으로 기뻐했고, 조금은 안도하는 느낌이었다. 알게 모르게 서로에게 의지하고 있었으니 내가 함께하게 된 것을 다행이라 여기는 듯했다. 이렇게 내가 더 행복할 수 있는 일을 찾아 친구의 사업에 본격적으로 가담했다. 직원이 아닌 동업자의 형태로…….

친구의 사업에 본격적으로 합류하면서 돈을 마련해 회사에 투자했고, 친구와 나는 각각 6대 4 정도의 지분을 보유했다. 이제 공동 경영자가 된 것이다.

먼저 친구와 나는 각자 해야 할 일을 명확하게 분리했다. 일거리를 받아오는 것은 친구의 몫이었다. 그는 기업들에 제안 메일을 보내고 미팅을 통해 계약을 끌어냈다. 그리고 예나 지금이나 나는 숫자에 약했기 때문에 회계나 재무도 친구의 몫이었다. 대신 나는 같이 아이디어 회의를 하고, 주로 한국 쪽 거래처와 직원들을 관리했다. 그리고 회사에 자금이 필요할 때 이를 빌리는 게 내 역할이었다.

자금 조달을 내가 맡은 이유는 간단했다. 당시에 프랑스에서는 외국인인 우리가 은행에서 대출을 받기가 쉽지 않았다. 결국 지인들에게 빌려야 했는데, 친구의 주변에는 돈 있는 사람이 거의 없었다. 친구는 부탁을 받으면 절대로 거절하지 못하는 성격이라 인간관계가 좋았다. 하지만 부탁이란 대체로 가난하고 어려운 사람이 더 많이 하게 되다 보니, 친구의 도움을 받았던 사람들 역시 그런 경우가 많았을 거라 짐작해본다. 경제적으로 어려운 사람에게 돈을 빌리는 건 현실적이지도 않은 데다 내 친구 역시 그런 부탁을 할 성격이 아니었다. 물론 내 주변에도 부자라고 할 만한 사람이 많은 건 아니었지만, 그래도 친구보다는 상황이 훨씬 나았다. 당시 꽤 잘나가던 사업가 몇몇을 알고 있었고, 가족의 경제적 상황도 조금 나아진 터였다. 그래서 약 9년간 그 사업을 하면서 회사에 돈이 필요할 때면 수차례에 걸쳐 가족과 지인들에게 빌리곤 했다. 이때만 해도 그 후로 몇 년간 이들에게 마음의 빚까지 진 채로 살아가게 될 줄은 꿈에도 몰랐지만 말이다.

실패의
가장 큰 3가지 이유

나도
사장은 처음이라

회사는 꾸준히 성장했다. 그럼에도 일의 특성상 대부분은 프리랜서들로 프로젝트 팀을 꾸려 운영했기에 정식 직원은 많지 않았다. 이는 '회사에 꼭 필요한 사람이 아니면 뽑지 않는다', 그리고 '전문 인력이 필요한 프로젝트는 외부에 맡긴다'라는 철칙 때문이기도 했다. 특히 자동차나 중장비 전시회에는 전문가가 반드시 필요했고, 대부분의 전시에는 전문 회사에서 교육을 받은 행사 진행 도우미들이 대거 투입되었다.

그래도 회사가 잘될 때는 직원을 좀 더 뽑아야 했다. 또한 사업 특성상 한국인 직원과 프랑스인 직원이 고루 필요했고, 한국에도 지사를 따로 열어야만 하는 상황이 되었다. 결국 친구는 프랑스 본사를, 나는 한국 지사를 담당했다.

프랑스에서는 유능한 친구와 함께 일을 하다 보니 부담감이 적었고, 실질적으로 최종 결정은 대부분 친구가 하고 있었다. 하지만 한국으로 돌아온 나는 더 큰 책임감을 갖고 일해야 했다. 홀로 한국 지사를 운영하면서 친구에게 모든 것을 의지할 수는 없었다. 더구나 프랑스와의 시차 등을 고려하더라도 매번 친구의 의사를 묻고 결정하는 건 무리였다. 또, 한국 지사의 직원들에게 사장다운 모습을 보여주고 싶었다. 생각해보라. 사장이라는 사람이 중요한 일이 있을 때마다 누군가에게 연락해 결정을 맡긴다면 직원들이 신뢰할 수 있겠는가?

물론 매우 중요한 일은 여전히 친구가 결정하거나 최소한 둘이 상의를 한 후에 결정해야 했다. 하지만 모든 일에서 그럴 수는 없었다. 일부는 내가 결정하는 게 더 편하고 이치에도 맞았다. 예를 들면 사람을 뽑는 일이 그러했다. 인사는 회사의 존폐를 결정지을 정도로 중요하지만, 최소한 한국에서만큼은 내가 결정해야 했다. 직원을 뽑을 때마다 프랑스에 있는 친구가 비행기를 타고 날아와 면접을 볼 수도 없는 노릇이고, 어차피 그 직원들과 직접 일을 할 사람은 나였기 때문이다.

〔문제 1〕 누군가를 구제할 수 있다는 착각

이때부터 나는 사람을 뽑는 데 주력했다. 뽑고 싶은 사람이 있으면 친구에게 자세히 설명했고, "이러이러한 사람을 뽑으려 하는데, 어때?"라고 물었다. 그때마다 친구는 단 한 번도 "안 돼"라고 말한 적이 없었다. 항상 "네가 필요하면 그렇게 해"라고 말했다. 그건 그 친구가 워낙 착해서이기도 하고, 나에 대한 신뢰가 쌓였기 때문이기도 했다.

하지만 후에 인사와 관련해서 여러 가지 문제가 터졌다. 당시 내가 뽑은 직원들의 면면을 보면 회사가 제대로 운영되기 힘든 수준이었다. 그중 대표적인 몇 명만 보더라도 내가 사장으로서 역량이 부족했음이 여실히 드러난다.

나와 친자매처럼 가깝게 지내던 한 동생이 있었는데, 어느 날 내게 물었다.

"언니, 내 남동생 알지?"

"응, 알지. 근데 왜?"

"아니, 걔가 너무 걱정돼서…… 취업도 못 하고, 허구한 날 술만 먹고 다니고……."

나는 그녀의 고민을 충분히 이해할 수 있었다. 남동생이 알코올 중독 진단을 받은 것은 아니지만, 거의 그 수준으로 술을 마신다고 했다. 보통은 취업해서 열심히 일하고 있을 나이에 그렇게 술만 먹고 다니니 친구도 걱정이 컸을 것이다.

"그래서 말인데, 언니네 회사에서 걔 데려다가 일 좀 시키면 안 돼? 돈은 안 줘도 돼. 언니가 걔 사람 좀 만들어줘."

그녀는 평소 부탁 같은 걸 하는 성격이 아니었기에 더더욱 거절하기 어려웠다. 게다가 처음부터 거절할 생각도 없었다. 이유는 두 가지였다. 첫째, 그 친구의 동생이 비록 취업을 못하고 있기는 해도 누구보다도 착하고 내 말을 잘 따랐기 때문이다. 이 분야에 문외한이라 역량은 부족하겠지만, 그래도 성실한 직원으로 만들 자신은 있었다. 둘째, '주변 사람들을 구제해주겠다'는 사명감 때문이었다.

비슷한 이유로 나는 그 동생 외에 또 한 명의 직원을 덜컥 뽑아버렸다. 그녀 역시 내 지인으로, 바로 내 사촌동생이다. 어린 시절의 그녀는 매우 착하고 성실한 학생이었다. 그런데 이무렵의 이야기를 들어보니 무척 딱한 상황에 처해 있었다. 그녀는 회사 동료에게 돈을 빌려주었는데 결국 돌려받지 못해 카드 돌려막기 식으로 빚을 막다 보니 빚이 불어나 어느덧 몇천만 원에 이르렀다는 것이다. 결국 신용불량자가 되어 취직을 하지 못하게 되었고, 빚이 점점 더 쌓여가는 악순환이 반복되고 있었다.

그 동생의 성실했던 모습을 기억하고 있었고, 주변 사람들을 구제하겠다는 사명감에 불타고 있었으니 받아주기로 했다. 그래서 사촌동생도 우리 회사에서 일을 시작하게 되었다.

돌아보면 아직 나도 완전히 정착이 안 된 상황에서 누군가를 도와주겠다는 것 자체가 섣부른 판단이었다. 그리고 이 잘못된 판단은 점점 걷잡을 수 없는 문제로 번져갔다. 우선 능력을 보고 뽑은 직원들과 먹여 살리겠다는 생각으로 뽑은 직원들 간에 마찰이 생겼다. 대놓고 언성을 높이거나 서로를 적대시하는 건 아니었으나, 물과 기름처럼 섞이지 못했다. 처음에는 이런 상황조차 몰랐지만 오래 지속되다 보니 느낄 수 있었다. 능력 있는 직원들은 '내가 피땀 흘려 올린 성과로 저 무능한 낙하산들을 먹여 살리고 있다'는 생각이 들었을 것이다. 한편 내 지인이었던 직원들은 유능한 직원들을 보면서 상대적인 열등감에 시달렸을 가능성이 크다.

또한 지인들을 무턱대고 뽑다 보니 기대한 최소한의 능력과 성실함조차 갖추지 못한 경우도 있었다. 예를 들어 친구 동생은 본래 무척 착하고 내 말을 잘 들었기에 '술을 끊겠다'는 말을 철석같이 믿었는데, 결국은 술이 문제가 됐다. 술을 한두 잔씩 입에 대기 시작하더니 급기야 무단결근을 한 것이다.

또, 사촌동생은 직장 동료를 돕다가 빚을 져서 신용불량자가 된 것으로 알았지만, 그건 사실이 아니었다. 게다가 나와 일하는 동안에도 월급으로 그 빚을 갚기는커녕 버는 족족 쓰기에 바빴다. 이런 모습은 나를 매우 실망시켰다.

한국에서 취직이 되지 않아 내게 일자리를 부탁했던 한 친구도 다르지 않았다. 하루는 출근을 해보니 직원 몇몇이 전시 준비로 밤샘을 해 지친 기색이 역력했다. 그럼에도 그들은 바삐 일하고 있었는데, 한쪽에서 내 친구가 컴퓨터로 게임을 하고 있는 게 아닌가. 마치 친구 집에 놀러온 사람처럼 너무나 편해 보였다. 나도 그 모습을 보면서 어이가 없었는데 밤샘으로 지친 다른 직원들은 얼마나 짜증이 나고 분통이 터졌을까?

어떤 사람이든 평소의 모습과 일할 때의 모습에는 큰 차이가 있을 수 있다는 걸 이때 알게 되었다. 다른 직원들은 이력서를 받아보고 면접까지 거치다 보니 능력에 있어 최소한의 검증이 되었고, 일할 때 어떤 사람일지 대략 감을 잡을 수 있었다. 그리고 이 감은 어느 정도 들어맞았다. 하지만 지인들은 달랐다. 이들은 평소 나와의 관계에서 전혀 문제가 없었고, 나로서는 그들에게 인간적인 신뢰도 가지고 있었다. 하지만 막상 같이 일을 해보니 손발이 맞지도 않았고 성에 차지도 않았다. 그들이 무능하다기보다는 애초에 일하는 스타일이 나와 맞지 않았을 가능성이 크다.

결국 이런 문제들은 대체로 나의 자만심과 오만함, 경영자로서의 미숙함에서 비롯된 것이었다. 나 자신도 구제하지 못한 상황에서 누군가의 삶을 구제하겠다는 오만함, 회사와 전혀 맞지 않는 비전문가들을 데리고도 충분히 잘 끌어갈 수 있다는 자만심, 인사의 중요성을 전혀 인식하지 못한 미숙함 때문이었다.

〔문제 2〕 융통성의 부족

돌이켜보건대, 당시에 직원들과 마찰을 빚고 인사에 실패한 중요한 이유 중 하나는 사람을 대하는 데 있어 융통성이 부족했기 때문이 아닐까 싶다.

예를 들어, 앞에서 언급한 친구의 동생 사례만 해도 그랬다. 동생은 입사 후 처음 한동안은 술을 입에도 대지 않았으며 나와의 약속을 잘 지켰다. 하지만 어느 정도 시간이 지나자 한두 잔씩 술을 마시기 시작했다. 당시에 나는 그에게 직접 말하기는 어려워서 결국 친구에게 불만을 터뜨렸다.

"네 동생 도대체 왜 그래? 요즘 또 술 마시던데? 술 끊겠다고 나랑 약속했으면서…… 도무지 이해가 안 가네."

자기 동생에 대해 이런 말을 듣고 기분 좋은 사람은 없을 것이다. 친구 역시 불쾌해했다.

"언니, 나는 언니야말로 이해할 수가 없어. 내 동생이 술을 막 퍼마신 것도 아니고, 그냥 한두 잔이잖아. 일하는 데 지장 없는 거면 한두 잔은 마실 수도 있는 거 아니야? 그것도 이해 못 해줘?"

당시의 나는 이 친구도 이해할 수 없었다. 일본에서는 약속 시간에 단 5분만 늦어도 당연히 안 오는 것으로 인식할 만큼 약속을 칼같이 지킨다. 일본 유학 시절, 나 또한 약속을 철저히 지키는 습관을 들인 터라 그런 친구 동생의 태도를 용납할 수 없었다. 더구나 그 동생이 알코올 중독에 가까운 전력이 있었으니 처음에야 한두 잔으로 시작하더라도 곧 주체할 수 없게 될 거라 여겼다. 그리고 결국 중요한 순간에 무단결근을 하지 않았던가.

결과만 놓고 보면 내 생각이 옳았다고 할 수 있다. 그러나 내가 조금만 더 융통성을 보였더라면 결과는 달라졌을지도 모른다. 과음으로 무단결근을 한 것은 분명 잘못이다. 하지만 평소에 내가 너무 깐깐하게 군 데다가 몇 차례 대놓고 실망감을 드러낸 적이 있다 보니, 동생 입장에서는 무단결근이 죽을죄처럼 느껴졌을 수도 있다. 아마도 나를 보기가 무섭기도 하고, 미안하기도 해 다음 날도, 그다음 날도 연락을 받지 않고 잠적했다가 불쑥 퇴사를 해버린 게 아닐까.

앞에서 이야기한 내 친구의 일도 그렇다. 밤샘 후 열심히 일하는 직원들 사이에서 게임을 하는 친구를 보고, 당시 나는 그를 한쪽으로 불러 강력하게 충고했다. 그러자 친구는 "나도 밤새 일하고 잠깐 쉬었던 거야. 그게 그렇게 잘못된 거야?"라며 따졌다. 물론 친구의 행동이 잘못되었다는 생각에는 지금도 변함이 없다. 잠시 쉴 겸 기분 전환도 할 겸 게임을 했더라도 다른 직원들 눈이 없는 곳에 가서 했어야 했다. 아무리 사장과 친구라 해도 한 회사에 소속된 직원으로서 그런 행동은 잘못된 것이다.

그러나 나 역시 이해심이 부족했던 것도 사실이다. 친구의 말대로 밤새 일하고 잠시 쉬고 있었던 거라면 한쪽으로 불러 우선 그동안의 노고를 인정했어야 한다. 지금이라면 먼저 이렇게 말했을 것이다.

"힘들지? 밤새 일하느라 정말 수고 많았어. 이번 프로젝트 끝나면 회식이라도 하자."

그 후에 진짜 하고 싶었던 말을 조심스레 꺼냈을 것이다.

"그런데 같이 밤새 일한 다른 직원들 보는 눈도 있고 하니, 앞으로 게임을 할 때는 잘 안 보이는 곳에서 하면 안 될까?"

그랬더라면 친구도 불쾌해하지 않고 내 말을 받아들였을 것이다. 물론 이렇게 이야기했는데도 문제가 해결되지 않는다면 그때는 조치를 취해야 하겠지만 말이다. 어쨌든 이렇게 충분히 대화로 해결할 수 있는 문제 앞에서도 융통성 없는 태도로 일관했던 것은 결국 나에게도 손실을 안겨주었다.

〔문제3〕 권위적인 말투와 태도

당시의 나는 직원들과 정말 잘 지내고 싶었고, 절대로 권위적으로 대하고 싶지 않았다. 하지만 마음처럼 잘되지는 않았다. 돌이켜보면 내 마음에 문제가 있었다기보다 말하는 방식이나 사람을 대하는 태도가 서툴렀던 것 같다. 나는 분명 부탁을 한다고 생각했는데, 직원의 입장에서는 명령과 지시로 받아들이는 경우가 종종 있었기 때문이다.

게다가 당시 나는 조금 우쭐대는 경향도 있었다. 지금도 마찬가지지만 당시에는 한국에서 30대 젊은 여성 사업가를 찾기란 쉽지 않았다. '30대 성공한 자수성가형 여성 사업가'라는 타이틀은 나의 자부심을 살찌웠다.

또, 나는 한국 지사에서 한국인들과 함께 일을 하고 있었음에도 프랑스에서 익혔던 기업문화에 익숙해 있었다. 한국에서는 사람 간의 정을 중시하고 직원들이 좀 더 인간적인 대우를 원한다는 점을 망각하고, 직원이 일을 못하면 당연히 바로 회사를 나가야 한다고 생각하는 등 너무 냉정하게 판단하는 경향이 있었다. 이런 상황이 지속되니 당연히 직원들 사이에서 반발이 있었다. 하루는 친구가 나를 불렀다.

"켈리, 너 왜 자꾸 명령이야? 처음에는 나한테 분명 같이 만들어가는 회사라고, 위아래는 구분하지 않는다고 했잖아. 그리고 난 네 직원이기 이전에 네 친구야. 네가 일방적으로 명령하는 건 좀 아니지 않아?"

그때의 심정을 솔직히 말하면 기분이 좋지 않았다. "내가 누구 때문에 이렇게 고생하고 있는데? 너희들 먹여 살리려고 이리 뛰고 저리 뛰는 거 안 보여?"라고 외치고 싶은 심정이었다. 물론 실제로는 "알았어. 내가 좀 심했던 것 같아. 앞으로는 조심할게"라고 했지만 말이다.

프랑스에서 함께 유학했던 친구도 이 문제를 몇 번이나 지적했다. 그 친구는 내가 사장으로서 명령하는 것 자체가 문제가 아니라, 그 안에 숨겨진 권위의식이 문제라고 했다. 그는 많은 이야기를 해주었는데, 요약하자면 이러했다.

"프랑스에서의 켈리는 쿨하고 멋진 여자였는데, 지금의 너는 그냥 권위의식과 너 잘난 맛에 빠진 여자가 된 것 같아."

〔문제 4〕 사람에 대한 이해 부족

내가 우리 회사의 인재라 여겼던 몇몇 직원이 있었다. 그중 회사의 두뇌 같은 존재였던, 독일 유학파 출신의 직원이 떠오른다. 그 직원은 굉장히 유능했고, 우리 회사에서 가장 높은 연봉을 받았다. 그래서 나는 그가 당연히 회사 생활에 만족할 거라 생각했다. 하지만 사장은 보이는 대로 믿어서는 안 되는 법이다. 특히 겉으로 드러난 직원들의 말과 행동만으로 판단을 내려서는 낭패를 보기 십상이다. 말이나 표정은 얼마든지 꾸밀 수 있기 때문이다.

그 직원은 어느 날 회사를 그만두겠다고 했다. 가장 유능한데다가 전혀 불만이 없어 보였기에 나는 그 이유를 물었다.

"저는 독일에서 유학하면서 유럽의 자유분방한 기업문화와 분위기를 많이 봐왔어요. 그게 좋았고요. 이 회사는 본사도 프랑스에 있고 대표들도 프랑스 유학파 출신이라기에 그런 분위기일 줄 알고 지원했던 거예요. 그런데 제가 생각한 것과는 너무 다르네요."

한 마디 한 마디가 가슴을 쑤시고 들어왔다. 능력도 좋고 회사에서의 대우도 좋았던 직원에게서 이런 말을 듣고 있자니 참 괴로웠다. 하지만 그는 할 말이 더 남은 듯했다.

"사실 마음만 먹으면 지금 당장 여기보다 연봉 두 배는 더 준다는 곳에 취직할 수 있어요. 그래도 자유로운 분위기에서 내 시간을 충분히 갖고 싶어 여기로 온 건데 막상 와보니 야근도, 주말 근무도 너무 많네요. 이만큼 일할 거면 돈을 더 주는 곳으로 가거나, 여기와 연봉은 비슷해도 일이 훨씬 적은 곳으로 가는 게 좋겠어요."

그의 말은 사실이었다. 당시 우리 회사는 성장 중이었다고는 해도 매출액이 100억 원에도 못 미치는 작은 회사였다. 글로벌 대기업과 비교하면 연봉도 한참 낮았다. 게다가 프로젝트가 시작되면 야근도 잦고 주말 근무를 해야 할 때도 있었다.

훨씬 대우가 좋은 회사로 이직할 수 있을 만큼 능력 있는 직원이 그럼에도 우리 회사를 택했던 이유를 들으면서, 나는 사람이 꼭 돈만 보고 움직이는 존재는 아니며, 각자 중시하는 요소가 다르다는 사실을 깨달았다. 당시 나는 절대적으로 믿었던 사람에게 배신을 당한 듯한 느낌을 받았지만, 그렇다고 그를 원망하지는 않았다. 그의 말대로 나는 충분한 연봉도, 충분한 여유도 주지 못했으니까.

사업의 실패는
온전히 사장의 잘못이다

당시는 인정하고 싶지 않았지만, 모든 문제는 100퍼센트 사장인 우리의 잘못이었다. 사업가는 절대 남 탓을 해서는 안 된다. 어차피 외부 환경은 내가 컨트롤할 수 있는 영역이 아니지만, 그럼에도 외부 환경이 어떻든 살아남는 것이 사업가의 덕

목이기도 하다. 어떻게든 살아남아야 하는 상황에서 외부 탓, 남 탓은 성장과 발전에 하등 도움이 되지 않는다.

친구도 친구대로 잘못한 게 있었으나 나 역시 잘못한 게 있었다. 나는 잘못된 이유로 잘못된 사람을 고용했고, 직원들을 알게 모르게 차별함으로써 의욕을 떨어뜨리고 갈등을 조장했다. 능력보다는 친분을 중심으로 기회와 보상을 제공했고, 직원들의 욕구를 제대로 파악하지 못해 만족도를 떨어뜨렸다.

정리해보면, 나에게는 세 가지 치명적인 문제점이 있었다.

첫째, '자만심'이다. 자만심은 나의 눈과 판단력을 흐렸고, 모든 일이 틀어지는 원흉이 되었다. 결국 사업도 다 사람이 하는 일인데, 사람을 대하는 태도부터 문제가 있었으니 무슨 일이 잘 풀리겠는가?

둘째, '경험 부족'이다. 정확히 말하면 '경영 미숙'을 뜻한다. 나에게는 첫 사업이었고, 그나마도 동업자인 친구가 실질적 사장이라는 생각 때문에 경영 측면의 고민은 부족했다. 통찰력을 발휘하지 못했기에 그저 눈앞에 놓인 일을 처리하기 급급했을 뿐, 앞으로 세상이 어떻게 변할지 예측하면서 움직이지 않았다. 경기에 대한 이해도 부족해 경기의 좋고 나쁨에 따라 유연하게 대처하지도 못했다. 또, 직원들을 어떻게 동기 부여하고 움직이게 할지 등 리더십에 대한 고민도 부족했다.

셋째, '공부 부족'이다. 당시 나는 모든 걸 혼자 고민하고, 떠

안고, 해결하려 했다. 누군가에게 도움을 청하거나 나와 비슷한 사업을 하고 있는 다른 사업가를 찾아가서 상담을 받은 적도 없었다. 이미 수없이 많은 사람이 나와 비슷한 이유로 실패했고, 누군가는 그 실패를 타산지석으로 삼아 성공에 이르렀음에도 사업 선배의 이야기나 경험담은 찾아볼 생각도 하지 않았다. 당연히 책도 읽지 않았다. 모든 것을 마치 내가 다 새롭게 창조해내듯 사업을 하려 했으니 수없이 시행착오를 겪고 실패하는 건 어찌 보면 당연한 수순이었다.

'자만심, 경험 부족, 공부 부족' 이 세 가지는 서로 다른 듯하지만 같은 말이기도 하다. 결국 스스로를 과대평가했던 것이다. 내가 옳고, 모든 것을 다 해낼 수 있을 거라는 착각으로 똘똘 뭉쳐 있다 보니 이 모든 게 내 잘못임을 인정하는 데도 한참의 시간이 걸렸다. 이로써 나는 사업을 하는 데 가장 중요한 자산인 사람을 잃었고, 엎친 데 덮친 격으로 세상의 변화까지 따라잡지 못하면서 서서히 내리막길로 들어서게 되었다.

차곡차곡 쌓지 않은 성공은
반드시 무너진다

경기가 어려워도
내 사업은 잘될 거라는 착각

직원들과의 마찰이 있긴 했어도 몇 년간 사업은 무리 없이 성장했다. 중간에 한두 번씩 어려운 상황이 찾아오기도 했지만, 위기라고 할 정도는 아니었다. 그런 고비를 넘길 때마다 나는 자신감을 얻었고, 회사가 심각한 위기에 처하거나 망할 수도 있다는 생각은 아예 하지도 않았다.

상황이 이러하니 뉴스나 신문 혹은 주변의 사업가 입에서 경기가 어렵다는 말이 나와도 별로 신경 쓰지 않았다. 나와 우리 회사는 그런 상황과 동떨어진 것처럼 여겼다. 좀 더 정확히 말하면, 우리 회사가 경기와 관계가 있다는 생각조차 해본 적이 없었다. 내가 처음으로 우리 사업이 경기에 직접적인 영향을 받는 분야임을 알게 된 때는 주요 거래처이자 매출액의 상당 부분을 차지하던 대기업들이 서서히 의뢰를 줄이면서부터였다.

우리와 거래하는 기업과 단체는 많았지만, 수익의 가장 큰 부분은 국내의 대기업으로부터 나왔다. 예를 들어, 자동차 회사는 새로운 자동차가 출시될 때 우리에게 프로모션을 위한 홍보와 전시를 맡겼다. 또, 유명 건설 회사에서는 중장비 홍보와 전시를 맡길 때가 많았다. 특히 프랑스에 진출하고 싶을 때면 더더욱 우리의 손을 빌렸다. 그런데 이런 기업들의 의뢰가 점점 줄더니, 어느 순간 뚝 끊긴 것이다.

경기가 좋을 때는 다 좋다. 사람들의 수입이 늘어나니 자동차도 많이 팔린다. 건축도 활성화되니 건설 중장비도 많이 팔린다. 팔리는 게 많으니 신제품도 더 많이 나오고, 광고와 홍보도 많이 한다. 그러니 자연스럽게 우리 회사에 의뢰가 많이 들어왔고 매출도 올랐다.

하지만 경기란 항상 좋은 게 아니다. 처음 한두 군데에서 의뢰가 들어오지 않을 때는 그래도 버틸 만했다. 그러나 대기업들이 연달아 거래를 끊으면서 우리는 막대한 타격을 입을 수밖에 없었다. 세상이 어떻게 변하는지, 그 변화에 적응하려면 어떻게 해야 하는지를 몰랐던 나는 이런 현실을 인정하고 싶지 않았고, 이해할 수도 없었다.

대기업의 의뢰가 끊긴 이유가 꼭 경기 때문만은 아니었다. 처음 그 사업에 뛰어들었던 때만 해도 기획과 전시를 이용한 홍보는 우리처럼 그 분야에 전문성을 갖춘 회사에 외주를 맡기는 추세였다. 이는 대기업도 다르지 않았다. 하지만 시간이 흐르면서 상황이 달라졌다. 충분한 자금력을 가진 대기업이 자체적으로 노하우까지 갖추고 있다면, 굳이 번거롭고 비용이 많이 드는 외주업체를 이용할 필요가 없지 않겠는가.

자연히 그들은 자체적으로 광고기획 회사를 만들기 시작했다. 이렇게 자기네 자회사에서 광고나 기획 분야를 소화할 수 있었으니 우리와 거래를 끊는 건 당연했다. 문제는 우리가 이런 상황에 전혀 대비되어 있지 않았다는 것이다. 이 역시 통찰력이 부족한 탓이었다.

당시 기업과의 거래를 성사시키는 일은 친구의 몫이었다. 워낙 똑똑한 친구라 그동안 일이 좀 줄어들어도 계속해서 잘해왔는데, 이때만큼은 그도 어쩔 수 없었던 모양이다. 거래가 성사되는 횟수 자체가 눈에 띄게 줄었고, 그나마 성사가 되더라도 규모가 작은 것들뿐이었다. 회사는 점점 어려워질 수밖에 없었다.

마음이 초조해지자 행동은 더 조급해졌고, 시간적인 여유도 점차 사라졌다. 사업가는 절대적으로 '자신만의 시간'을 확보해야 한다. 여전히 사람들은 성공하려면 바빠야 한다고 생각하는 경향이 있다. 그러다 보니 성공한 사업가가 식사도 제대로 하지 못하고 가족과 대화할 시간조차 없고 여행을 떠나는 건 상상조차 하지 못할 만큼 바쁜 것을 당연하게 여기기도 한다.

물론 열정적으로 일하는 건 좋다. 하지만 회사를 이끄는 사람이 업무에만 쫓겨서는 곤란하다. 사장이 하루 12시간씩 일하는 걸 솔선수범이라 생각했다가는 끝이 뻔하다. 물론 사업 초기라면 사장이 시간을 쪼개가며 누구보다 바쁘게 움직여야 한다. 하지만 어느 정도 자리를 잡았다면 그때부터는 통찰력을 갖고 미래를 내다보는 데 시간을 써야 한다. 현재의 업무에 파묻혀 있다가는 시대의 변화에 떠밀리다 어느 순간 튕겨 나가게 되어 있다.

따라서 사장에게 개인의 시간은 자산과도 같다. 그 시간에 책도 읽고 공부도 해야 한다. 그래야 세상이 돌아가는 것도 보이고 앞으로 어떻게 변화할지가 보인다. 그리고 나서야 비로소 그 변화의 소용돌이에서 우리 회사는 어떻게 대처해야 할지 방향성을 잡을 수 있다.

어쨌든 당시의 나는 그런 사실을 전혀 인지하지 못했다. 그

저 종잇조각처럼 변화의 바람에 이리 날리고 저리 날리며 일희일비할 뿐이었다. 나의 첫 사업은 그렇게 처절한 '실패'라는 구렁텅이로 기어들어가고 있었다.

열정만으로는
결과를 만들 수 없다

돌이켜보면 사업을 하는 동안 즐거운 일을 많이 벌일 수 있었던 건 축복이었다. 우리는 주로 다른 회사의 의뢰를 받아 일했지만, 그 외에는 우리가 해보고 싶은 프로젝트를 기획하고 실행했다.

한번은 한국의 대학생들을 모집해 유럽 투어를 진행했다. 대상은 이화여자대학교 학생들을 비롯해 패션을 공부하는 대학생들이었다. 약 40~50명이 모였는데, 이들을 데리고 유럽의 패션 관련 학교들을 다니며 가이드를 해주었다. 특히 내가 공부했던 세계적인 패션 학교, 에스모드(Esmod)와 파리의상조합(École de la Chambre Syndicale de la couture Parisienne)에 대해서는 좀 더 자세한 가이드가 가능했다.

지금도 그렇지만 당시에는 '유럽 여행'이 꿈인 여대생들이 많았는데, 여기에 자신들의 전공인 패션과 관련해 세계적인 학교를 방문해본다는 건 더없이 좋은 기회였을 것이다. 더구나 그때만 해도 아르바이트만으로 유럽 여행 경비를 마련하는 건 어려웠으니 대부분 부모님의 손을 빌렸을 텐데, 아무래도 그냥 여행을 간다고 하는 것보다는 부모님의 지원을 받기가 한결 수월하지 않았을까 싶다.

이런 프로젝트들은 기획 단계에서부터 진행 과정까지 무척 재미있었다. 단 한 가지, '돈이 되지 않았다'는 사실만 빼면 말이다.

개중에는 (위에서 말한 대학생들을 대상으로 한 유럽 패션 학교 투어처럼) 돈을 벌 목적으로 한 게 아니었던 것도 있긴 했다. 하지만 돈을 벌기 위해 기획했던 행사들도 결과적으로는 별다른 수익을 내지 못한 경우가 많았다. 당시에는 그게 잘못되었다는 자각조차 없었다. 특히 회사의 핵심 업무였던 기업 홍보, 전시 사업이 잘되고 있는 동안에는 별다른 문제가 되지 않았다. 큰 수익을 올린 적은 없어도 손해를 본 프로젝트 역시 거의 없었기 때문이다.

하지만 회사가 조금씩 어려워지면서 이렇게 수익을 올리지 못하는 프로젝트는 문제가 될 수밖에 없었다. 비용은 계속해서 발생하는데 벌어들이는 돈은 줄어들고, 그 와중에 한다는 프로젝트마다 수익성이 없었으니 당연히 문제였다. 그리고 돈을 벌지 못했다는 건 곧 시간과 기회비용을 날려버렸다는 뜻이다.

지금 생각해보면 수익을 올리지 못한 프로젝트에 시간과 에너지를 써놓고는 '재미있었으니까 됐어'라는 식으로 합리화한 것부터가 잘못되었다. 물론 사업을 할 때 돈벌이에만 혈안이 되어서는 안 된다. 하지만 회사 돈으로, 회사 인력을 이용해, 회사에서의 근무 시간에 진행한 프로젝트가 수익을 올리지 못했다는 건 분명 문제다. 어쨌든 회사가 제대로 돌아가려면 돈이 있어야 하니 말이다.

이렇게 점점 회사 재정이 악화 일로로 치달을 무렵, 친구가 이 모든 상황을 단번에 역전시키기 위한 프로젝트를 기획했다.

친구가 기획한 프로젝트는 '자동차 박람회'였다. 코엑스에서 자동차의 역사를 한눈에 볼 수 있는 전시회를 열자는 것이었다. 당시 한국 사람들의 자동차에 대한 관심이 치솟고 있었기에 좋은 아이디어 같았다. 그리고 우리는 전시와 기획에 특화된 기업이니 그 장점을 활용한다면 충분히 승산이 있어 보였다. 이 무렵에는 거의 거래가 없긴 했지만, 이전에 국내 자동차 회사의 의뢰로 자동차 전시 경험도 적지 않게 쌓은 터였다. 더구나 이번 전시회를 성공시키면 다시 많은 회사로부터 의뢰가 들어올 게 분명했다. 친구의 설명을 들으면 들을수록 하지 않아야 할 이유가 없었다. 점점 성공에 대한 확신이 생겨났고, 가슴이 뛰기 시작했다.

우리는 그날부터 프로젝트를 진행했다. 기획을 다듬고, 여러 자동차 회사와 협약을 맺었다. 프로젝트의 주제는 '한국 자동차 변천사'로 정해졌다. 단순히 한국에서 생산한 자동차의 역사만이 아니라, 우리나라에 처음 들어온 자동차부터 첫 자체 생산 자동차, 이후의 변천사까지 폭넓게 다루기로 했다. 이를 기반으로 하며 최초의 포드와 벤츠 등도 함께 전시함으로써 자동차 애호가의 관심을 한층 더 끌어들이는 것도 잊지 않았다.

전시회 준비에는 많은 돈이 들어갔다. 여러 자동차 회사에 협조를 요청해야 했고, 유명한 자동차 수집가들에게 연락해 골동품 수준의 자동차들을 들여와야 했다. 이제 움직이지도 않는 자동차를 잠시 전시회에 사용하기 위해 빌리는 돈은 어지간한 신형 자동차 값보다 비쌌다. 그리고 이 차의 주인들을 초빙하는 비용까지도 우리 몫이었다. 여기에 장소 대관료만 해도 5억~6억 원이었다. 홍보비용이 더해지자 그 액수는 어마어마하게 늘어났다. 그래도 어차피 회사의 사활을 걸고 할 거라면 제대로 하고 싶었다. 그래서 '과거부터 현재까지'라는 느낌을 잘 살리기 위해 유럽과 한국의 옛날 전통 형식의 가건물을 세워 그 앞에 자동차를 전시하기로 했다. 이 비용도 상당했다. 여기에 행사 진행 요원과 전문 도우미 모델을 고용했고 모델의 의상까지 새로 제작했으니, 당시의 나로서는 접해보기도 힘든 거액의 돈이 필요했다.

하지만 회사의 자금 사정이 썩 좋지 않았기에 그때부터 자금 융통과의 전쟁이 시작되었다. 친구는 자동차 회사나 개인 수집가, 전시장 등과의 거래에 주력했고, 나는 지인들을 통해 자금을 끌어모았다. 은행에서는 돈을 빌릴 수가 없었다. 프랑스에 본사가 있다 보니 한국에서는 애초에 대출이 어려웠고, 프랑스에서도 대출을 받지 못했다.

발바닥이 닳도록 뛰어다닌 노력이 통한 걸까? 불가능해 보이는 액수였지만, 결국은 기한 안에 자금을 모으는 데 성공했다. 이때 여기저기서 빌린 돈만 해도 10억 원이 넘었다. 워낙 큰돈이라 내심 걱정이 되기도 했지만, 전시회를 열면 분명 티켓 수입과 협찬으로 빌린 돈을 갚게 될 거라 믿었다. 그리고 이미 수많은 차들이 컨테이너에 실려 오고 있었기에 물릴 수 있는 상황도 아니었다. 이제 우리는 사활을 걸고 무슨 일이 있어도 이번 프로젝트를 성공시켜야만 했고, 그럴 자신이 있었다.

어느 정도 전시회의 윤곽이 나오면서 이제 우리는 어떻게 홍보할 것인가를 두고 고민에 빠졌다. 우선 자동차 마니아들이 모이는 커뮤니티마다 홍보를 했고, 개시 일자에 맞춰 신문과 잡지 기자들에게 잔뜩 초대장을 보냈다. 그러다 문득 텔레

비전 광고를 해야 하지 않겠냐는 의견이 나와 여기에도 돈을 썼다. 우리는 기자들도 많이 초대했고, 텔레비전 광고까지 잡았으니 이로써 홍보 준비는 다 되었다고 믿었다.

드디어 전시회 개시일이 되었다. 나와 친구는 모두 긴장감이 역력한 표정으로 서로 용기를 북돋았다. 서울로 올라온 이후 20여 년간 누구보다 치열하게 살아왔다고 자부했는데, 이번 전시회는 그 절정을 찍었다고 표현해도 될 만큼 열심히 준비했다. 친구도 마찬가지였다. 드디어 그간의 노력이 빛을 발할 날이 온 것이다!

초조함과 긴장, 잘될 거라는 기대감과 설렘, 자신감과 흥분 등 복잡한 감정이 뒤섞여 소용돌이치는 가운데 사람들이 입장하기 시작했다. 많은 수는 아니었으나 실망하지 않았다. 어차피 개시하기가 무섭게 사람들이 몰려들 거라고 생각하지는 않았기 때문이다. 모든 전시에는 사람들이 몰리는 시간대가 있게 마련이고, 아직은 그때가 아닐 뿐이라 여겼다.

어느 정도 시간이 지나자, 어느덧 제법 많은 사람이 들어왔고 곧 사람들로 북적이기 시작했다. 나는 안도감에 미소까지 지으며 친구에게로 고개를 돌렸다.

하지만 이상하게도 친구의 표정은 그다지 밝지 않았다. 뭔가 심상치 않다 싶어 그의 시선을 따라가보니, 긴장감 때문인지 그때까지 미처 못 보고 지나쳤던 게 내 눈에도 들어왔다.

북적이는 사람들 중 상당수는 손에 카메라를 들고 사진을 찍고 있었고, 수첩을 펼쳐 뭔가를 적고 있었다. 그렇다. 그들은 관람객이 아니라 기자들이었다. 우리가 무료로 초대한 기자들 말이다. 이는 실제로 돈을 지불하고 티켓을 산 관람객은 많지 않다는 사실을 방증하는 것이기도 했다.

그 순간, 다시 긴장감과 함께 불길함이 고개를 들기 시작했다. 그리고 불길한 예감은 그대로 적중했다. 한차례 기자들이 휩쓸고 간 전시회장은 쾌적하다 싶을 정도로 한산해졌다.

그렇지만 그날 일정이 마무리되고 친구와 회의를 하면서 우리는 여전히 서로를 북돋았다. 첫날부터 대박을 기대하는 건 욕심이다, 오늘 많은 기자가 왔다 갔으니 기사가 나가기 시작하면 사람들이 몰려들 거다……

하루아침에
빚더미에 앉다

그러나 다음 날도, 그다음 날도 다르지 않았다. 첫 사나흘은 계속해서 같은 상황이 반복되었고, 우리는 여전히 아직 분위기가 무르익지 않은 것뿐이라며 위안을 삼았다. 하지만 본격적으로 기사나 광고가 나간 이후로도 달라진 건 없었다. 텔레

비전 광고는 시간대가 좋지 않아 효과가 미비했다. 다행히 토요일에는 발 디딜 틈도 없이 사람이 꽉 차기도 했지만, 이미 쓴 돈이 워낙 많았기에 입장료 수입으로 비용을 회수하기엔 턱없이 부족했다.

마니아들 사이에서는 제법 좋은 평을 받기도 했고 매일 찾아오는 관람객이 있기도 했지만, 극소수였다. 요즘처럼 인스타그램이나 페이스북, 유튜브 같은 매체가 발달했더라면 그런 마니아들이 여기저기 사진과 영상을 올렸을 것이고, 그럼 더 많은 사람이 찾아왔을지도 모른다. 하지만 당시의 마니아들은 사진을 찍었다 해도 혼자 보관하는 경우가 많았다. 기껏해야 카페나 블로그에 올렸겠지만, 이를 접하는 사람이 얼마나 되었을까 싶다.

더 이상 당시의 전시회장 분위기를 설명할 것도 없이, 박람회는 속된 말로 '망했다'. 그것도 아주 제대로, 폭삭 망했다. 나는 현실을 받아들일 수 없었다. 믿을 수도, 인정할 수도 없었다. 그때까지 내가 이룬 모든 것은 남들보다 뛰어난 재능이 있어서가 아니라, 누구보다 큰 열정이 있기 때문이었다. 그 열정으로 공장 일과 고등학교 공부를 병행했고, 무일푼과 언어라는 거대한 장벽을 넘어 두 나라에서 세 군데 대학을 다니며 공부했고, 문외한이었던 분야에 뛰어들어 성공한 사업가라는 소리도 들었다. 그런데 그 어느 때보다도 열정적으로 준비한 프로젝트가 이렇게 허무하게 실패로 돌아가다니, 도무지 납득이 되지 않았다.

하지만 내가 납득을 하건 말건 현실은 현실이었다. 가뜩이나 어려워지고 있던 회사는 회생 불능에 가까운 타격을 입었다. 그리고 하루아침에 나는 '잘나가는 30대 여성 사업가'에서 '10억 원이 넘는 빚을 진 실패한 사업가'로 전락해버렸다.

사업은 걷잡을 수 없이 기울어갔다. 그전부터 의뢰가 눈에 띄게 줄고 있었다지만, 이제는 사업 유지마저 어려울 지경이 되어버렸다. 임대료, 인건비 등 계속해서 비용이 나가면서 빚도 같이 늘어났고, 새로운 프로젝트를 기획해보려 해도 돈이 없어 엄두가 나지 않았다. 지금 생각해보면 그때 어떻게든 더 좋은 프로젝트를 구상해냈어야 하는 게 아닐까 싶기도 하다. 그러나 당시에는 그럴 정신이 아예 없었다. 돈은 다 지인들에게서 빌린 거라 당장의 빚 독촉은 없었지만, 대신 은행에서 대출받았을 때보다 더 큰 미안함과 자책감에 시달려야 했다.

무엇보다 최악은 자신감을 완전히 잃었다는 것이다. 그 어느 때보다 야심 차게 기획하고 열심히 준비한 프로젝트였고, 이 한 번으로 어려움에 처한 회사를 단번에 회생시키고 내 인생도 한 단계 도약할 거라 철석같이 믿었건만, 결과는 정반대였다. 관에 한쪽 발을 담갔던 회사는 완전히 관 속으로 들어갔고, 이제 뚜껑에 못질하는 일만 남은 상태였다. 얼마 전까지만 해도 가난을 딛고 일어선 성공한 사업가라는 자신감과 자부심으로 뭉쳐 있던 나는 패배의식에 찌들기 시작했다.

동업자였던 친구 역시 별다를 게 없었다. 그도 지쳐 보였고, 나만큼이나 자신감을 잃었다. 이 무렵 나는 한국 지사를 완전히 접고 프랑스로 돌아와 있었는데, 그토록 절망적인 와중에도 거래를 하나라도 터보겠다고 사무실을 나서는 친구의 모습을 볼 때마다 애처로울 지경이었다. 그렇게 밖으로 나서는 친구의 모습은 예전과 달리 전혀 기운차 보이지 않았다. 그렇게 몇 날 며칠을 다녀도 일거리는 거의 구하지 못했다.

만약 지금의 내가 그때로 돌아가 자동차 박람회를 다시 기획한다면 어떻게 했을까? 정확히는 당시 그런 박람회를 아예 진행하지도 않았겠지만, 그래도 박람회를 했다면 크게 아래 세 가지 부분을 개선했을 것이다.

첫째, 사전 조사를 철저히 했을 것이다. 생각해보면 그 박람회는 애초부터 밑지고 시작한 일이었다. 수익 계산을 전혀 하지 않고 대박이 날 거라는 믿음에 배팅하여 쓰지 않아도 되는 영역에까지 돈을 펑펑 써버렸다. 따라서 박람회가 잘되었다 해도 입장료 수입으로 회수할 수 있는 비용의 선을 이미 넘어선 상태였다. 지금 생각하면 참 어이가 없지만 수익 계산이나 시장 조사라는, 아주 기본적인 사전 준비도 없이, 그것도 다른 사람의 돈을 빌려 그런 큰 사업을 진행했던 것부터가 문제였다. 그러다 보니 고객에 대한 이해도 부족해 핵심 고객을 놓치고 기자와 분야 관계자들에게만 잔뜩 홍보를 한 셈이 되었다. 중이 제 머리 못 깎는다고, 다른 회사 홍보해주는 걸 업으로 삼던 우리가 정작 자신들의 프로젝트는 제대로 홍보하지 못했으니 이 얼마나 아이러니한가?

둘째, 좀 더 장기적인 전략으로 대기업을 설득하여 협찬을 받을 것이다. 우선, 전시회 구성을 '과거부터 현재까지'에서 '과거에서 현재 그리고 미래'로 바꾸겠다. 세계를 둘러보면 선진국일수록 지나간 시간, 즉 역사에 관심이 높다. 반면 지나치게 경제가 어려운 나라는 주로 현재에 집중한다. 당장 먹고사는 문제가 급하기 때문이다. 그리고 당시의 우리나라처럼 개발도상국을 지나 선진국으로 가는 길목에 있는 나라의 경우 미래에 대한 믿음 때문에 과거를 돌아보기보다 앞으로의 일에 관심을 두는 편이다.

또한 박람회의 테마가 자동차의 미래까지 다루게 되면, 자동차 기업의 입장에서는 연구·개발 중인 자동차 모델이나 신모델을 홍보하는 기회가 될 수 있다. 따라서 다시 그때로 돌아간다면 자동차 회사에 그들의 자동차를 홍보하는 대가로 협력을 요청하고 그들로부터 협찬을 받을 것이다.

셋째, 광고를 효과적으로 활용할 것이다. 당시 모터쇼에 들었던 비용 중 광고비나 홍보비의 비중은 굉장히 작았다. 게다가 텔레비전 광고는 효과적인 시간대를 잡지 못했을 뿐만 아니라, 박람회를 개최하기 고작 몇 주일 전부터 시작하여 돈만 날린 꼴이 되었다. 다시 그때로 돌아간다면 광고 효과가 큰 시간대를 잡는 것은 물론, 최소 6개월 전부터 대대적으로 홍보를 시작했을 것이다.

이제는 인정할 수밖에 없다. 나는 큰 실수를 저질렀고, 당시에는 그게 그렇게 잘못한 일인 줄도 몰랐다. 지금은 내가 뭘 잘못했는지 정확히 알고 있지만 결코 시간을 되돌릴 수는 없다. 다만 앞으로는 같은 실수를 반복하지 않으려 노력할 일만 남았을 뿐이다.

기적은 움직이는 자에게
찾아온다

화려했던
축제와의 작별

그때부터는 하루하루 같은 일상이 반복되었다. 아침에 사무실에 들어서서 멍하니 앉아 있다 보면 친구가 거래처를 돌며 일거리를 알아보러 밖으로 나선다. 혼자 남아 다시 멍하니 있으면 친구가 어두운 표정으로 돌아온다. 나는 언제나 이렇게 묻는다.

"오늘은 어땠어?"

친구는 마치 연극 대본을 읊듯 자신의 대사를 뱉는다.

"오늘도 틀렸어."

예상했던 대답이기에 별다른 실망도 느끼지 못한 채 집으로 돌아갈 준비를 한다. 각자 알아서 사무실을 나서고, 집으로 돌아간다. 이런 하루하루가 계속되었다.

그러던 어느 날, 평소와 마찬가지로 허탕을 치고 온 친구가 머뭇거리던 끝에 나를 불렀다. 뭔가 할 말이 있는 듯했지만 쉽게 입을 열지 못했다. 한참 뒤, 그가 입을 열었다.

"우리……."

이윽고 기다렸던 그 말이 튀어나왔다.

"이제 그만 회사 접을까?"

그는 내가 대답할 틈도 없이 나도 이미 다 알고 있는 회사 사정을 덧붙이며 왜 회사를 접는 게 나은지 설명했다. 이미 그 정도는 알고 있었기에 더 이상 결정을 미룰 이유가 없었다.

우리는 마지막까지 서로 얼굴 붉히는 일 없이 사업에 마침표를 찍었다. 지분으로 보나 회사에서의 역할로 보나 사실상 사장이었던 친구가 나를 많이 존중해주었고, 서로의 역할을 확실하게 구분했기 때문에 9년 가까이 같이 일하는 동안 마찰도 거의 없었다. 그래서 서로의 미래를 축복해주며 그렇게 동업을 끝낼 수 있었다. 결국 나에게는 10억 원이 넘는 빚이 쌓였고, 친구는 빚이 있지는 않았지만 수입이 없으니 경제적으로 어려워졌다.

이 이야기를 들은 많은 사람이 내게 바보라고 했다.

"그 동업자가 사실상 사장이고 지분도 더 많았다면서? 그러면 지분에 따라서 나눠 갚아야지. 너 혼자 돈을 빌렸다고 해도 회사를 위해서 빌린 거면 그건 회사 빚이잖아."

맞는 말이다. 단 한 푼도 개인적으로 쓰지 않고 전부 자동차 박람회 운영비로 썼으니 회사 채무가 맞고, 그렇다면 지분이 더 큰 친구가 더 많이 갚는 게 '사업적으로는' 맞을 것이다. 하지만 나는 이미 나 못지않게 힘들 친구에게 더 많은 빚을 떠안기기는 싫었다. 나 역시 좌절감이 들었지만 자기 손으로 직접 회사를 차렸던 친구보다는 덜하지 않겠는가? 게다가 그동안 친구가 나를 얼마나 배려해줬는지도 잘 알고 있었고, 사업이 기우는 데 내 잘못도 컸기에 일일이 책임을 따지고 싶지는 않았다.

결국 친구와 나는 그렇게 약 9년 만에 사업을 접어야 했고, 그 대가로 나에게는 악몽 같은 2년이 찾아왔다.

첫 사업이 잘되던 시절, 나는 누가 봐도 잘나가는 당찬 여성처럼 보일 만큼 잘 치장하고 다녔었다. 패션을 전공하고 그쪽에 종사했던 만큼 누구보다도 자신을 잘 꾸밀 줄 알았다. 그때는 그게 좋기도 했고, 사장이라는 지위에도 그게 맞다고 생각했다. 집은 파리에서도 상류층만 살 수 있는 지역에 있었고,

차종은 구입 당시 신형이었던 BMW였다.

불과 몇 시간 전에 커피값을 누가 내야 하나 고민하고 있던 나에게도 그렇게 화려했던 시절이 있었다. 그때는 나를 따르는 사람도 많았다. 나는 특히 어려운 후배들을 발 벗고 나서서 도우려 했고, 그들이 상담을 요청하면 시간이 허락하는 한 절대 거절하지 않았다.

하지만 축제는 끝났다. 사업 실패에 이은 10억의 빚으로 화려했던 과거는 산산조각 났다. 그 후로 약 2년간 웬만해서는 집 밖으로 나서지 않았고, 사람도 잘 만나지 않았다. 늦은 아침에 일어나면 밥을 먹고 멍하니 있다가 자책감에 빠졌다. 그러다 가슴이 더 답답해지면 오후쯤 집을 나섰다. 전철이나 버스를 타고 인근의 센강 근처를 산책하다가 저녁이 되면 집으로 돌아왔다. 집에서 저녁을 먹고 나면 또 똑같은 후회와 자책에 잠기거나 그저 멍하니 앉아 있다가 잠이 들곤 했다.

그러나 그렇게 힘든 상황에서도 허영심을 모두 버리지는 못했다. 분수에 맞지 않는 비싼 집과 자동차만큼은 포기하지 않았던 것이다. 만약 은행이나 기관에서 돈을 빌렸더라면 독촉에 시달리거나 압류를 당했겠지만, 내 빚은 온전히 가족과 친구를 비롯한 지인들에게 빌린 거라 그럴 일은 없었다. 당연히 그들에게 정말 미안했고, 면목도 없었다. 무슨 일을 해서든 빚을 갚았어야 했지만, 솔직히 마지막 남은 알량한 자존심으로 '그래도 아무 일이나 하지는 않겠다'는 생각도 했다.

'지금까지 사장으로 일했는데 이제 와서 누구 밑에 들어가서 일할 수는 없지.'

넓은 집을 팔아 돈을 마련할 수도 있었겠지만, 복잡한 개인 사정으로 팔기 어렵기도 했고, 집이 내 마지막 남은 자존심의 전부라 팔고 싶지 않기도 했다.

집이 넓다 보니 방을 빌려달라는 사람들이 종종 있었고, 그때마다 어느 정도 돈을 받고 빌려주기도 했다. 민박을 하면 잘 될 것 같다는 생각이 들기도 했다. 혼자 살기에는 지나치게 넓었고 방도 많았으니 충분히 가능했다. 하지만 역시나 그놈의 허영심과 자존심이 문제였다. 가뜩이나 '실패한 사업가'란 꼬리가 붙으면서 사람들이 뒤에서 쑤군거리는 듯한 느낌을 지울 수가 없었는데, 잘나가던 사업체의 사장에서 민박집 아줌마가 된다면 엄청난 비웃음을 살 것 같았다.

그 와중에 나를 더 절망에 빠뜨린 사건이 일어났다. 사업 실패 직후에는 사람과의 만남을 꺼리기는 했어도 심각한 수준은 아니었다. 프랑스인 친구 생일이 다가왔는데, 그녀는 하늘에서 내려온 천사가 아닐까 싶을 정도로 착했고, 특히 한국인 유학생들에게 매우 잘해주었다. 당연히 한국인 유학생들 모두 그녀를 좋아했고 나 또한 그랬다. 예전부터 신세도 많이 졌던 친구였기에 제대로 축하해주고 싶었다. 그래서 친구들과 후배들에게 1~2주 전부터 미리 연락을 했고, 그날 선약이나 특별한 일이 있었던 몇 명을 제외하고는 모두 꼭 참석하겠다고 했다. 생일을 앞두고 나는 그녀에게 많은 사람이 너의 생일을 축하하러 와주기로 했다는 소식을 전했다. 그녀는 매우 기뻐했다.

드디어 친구의 생일날이 왔고, 그녀는 30명 이상이 먹기에도 충분할 정도의 요리를 직접 했다. 생일상을 차려본 사람은 알겠지만 그건 보통 일이 아니다. 그럼에도 그녀는 오히려 즐거워했다. 그러나 파티 시간이 다가오자, 문제가 터졌다.

"언니, 미안해서 어떡하죠? 동생이 아프다고 해서 좀 돌봐줘야 될 것 같아요."

"누나, 정말 미안해요. 나 팀 과제 때문에 모임이 생겼어요."

갑자기 다 같이 약속이라도 한 듯 한국인 친구들로부터 전화와 문자로 참석이 불가능하다는 연락이 오기 시작한 것이다. 파티를 고작 두어 시간 앞둔 시점이었다.

30인분 이상의 음식을 만들며 기대했을 친구에게 너무나 미안했다. 나는 거듭 사과했고 친구는 웃으며 괜찮다고 말했지만 쥐구멍에 숨고만 싶었다.

그리고 배신감에 몸을 떨었다. 그들은 내가 첫 사업을 하던 당시 일자리를 구하지 못하고 있어 취직을 시켜서 어떻게든 도와주려 했던 친구들이었다. 게다가 모두가 그토록 좋아했던 친구의 생일 파티에, 그것도 몇 주 전부터 약속이 되어 있었음에도 대부분 양해조차 구하지 않고 오지 않은 것은 '나를 만나기 싫어서'라는 생각이 들었다.

자격지심일 수도 있지만 근거가 전혀 없는 결론은 아니었다. 그때까지 그런 일은 단 한 번도 없었기 때문이다. 이유 불문하고 이전에는 내가 그 정도 인원에게 연락을 돌리면 20~30명은 기본으로 모였었다. 당일이나 전날쯤 갑자기 연락해도 그랬다. 다른 점이 있다면 그때까지는 내가 잘나가는 사업가였고, 이때는 빚을 잔뜩 진 실패한 사업가가 되어 있었다는 것뿐……

그제야 나는 쓰라린 진실을 알게 되었다. 나를 롤모델이라며 따르던 사람들 대부분은 '인간 켈리'가 아닌 '잘나가는 사업가 켈리'를 따랐던 것임을, 내 돈과 배경을 보고 따르는 척했던 것뿐임을 말이다. 그날 이후로 나는 대인기피증까지 얻어 사람들을 만나지 않게 되었다.

이제는 잘 안다. 그들이 잘못하기도 했지만, 나도 잘못이 있었다. 물론 누군가를 도와주겠다는 사명감 자체가 잘못된 것은 아니다. 하지만 내가 완전히 잘되고 나서 어려운 친구들에게 일자리를 제공하고 이끌어준 게 아니라, 밑바닥에서부터 같이 잘되고자 했던 게 문제였다. 그때 나는 누군가를 돕는 데도 현명함이 필요하다는 사실을 절실히 깨달았다.

절망의 끝에서
놓지 말아야 할 것

"잊지 말자,
나는 어머니의 자부심이다"

센강 앞에서 얼마나 넋을 놓고 있었을까? 문득 정신을 차렸을 때는 어느덧 밤이었다. 이제 센강이 흐르는 모습조차 보이지 않았다. 덜컥 겁이 났다. 이대로 더 있다가는 정말로 뛰어내릴지도 모른다는 생각이 들었다. 후배를 만난 카페에서 집까지는 걸어서 한 시간도 채 안 되는 거리였으니, 원래대로라면 해가 떨어지기 전에 집에 도착했어야 했다. 하지만 나는 자정이 넘어 집 앞에 다다랐다. 무려 여덟 시간 이상을 걸은 것이다.

'이대로 지쳐 잠들 수 있으면 좋겠다'고 생각하며 현관문 앞에 섰다. 역시나 문을 열기가 겁이 났다. 어린 시절 서울로 올라와 공장에서 생활했던 때 이후로 나는 늘 혼자였다. 그래서 항상 외로웠고, 언제나 혼자서 어두운 집에 불을 켜고 들어가야 한다는 사실이 무척이나 슬프고 힘들었다.

'철컹!'

열쇠를 넣고 돌리는 소리가 귓가를 때렸다. 어둠 속에서 나는 불을 켜기 위해 서둘러 스위치로 향했다. 5초 남짓한 그 짧은 순간이 영겁처럼 길었다. 그 몇 초 동안, 나는 세상에 홀로 내던져진 기분이었다. 몇 년 전에 개봉한 〈그래비티〉라는 영화에서는 주인공이 광활한 우주에 덩그러니 혼자 내던져진 장면이 나오는데, 그 5초밖에 안 되는 순간이 내게는 그렇게 느껴졌다. 이 세상에 오로지 나 혼자인 듯한 느낌, 그 외로움은 온전히 내 몫이었고, 그게 몸서리치게 싫었다.

스위치를 올리자, 불이 켜졌다. 방문을 열고 들어가니, 세상에서 가장 보기 싫었던 물건이 떡하니 서 있었다. 바로 거울. 거울을 제대로 들여다본 게 언제였는지조차 가물가물했다.

그런데 그날은 달랐다. 나도 모르게 무언가에 이끌리듯 천천히 거울 앞에 섰다. 어쩌면 후배를 만나면서 지난 몇 년간 잊고 살았던 나의 모습을 거울 안에서 다시 찾으려 한 건지도 모른다. 그러나 거울 앞에서 나는 경악하고 말았다.

'어쩌다 이렇게 됐지?'

마음만 먹으면 무엇이든 이룰 수 있을 것처럼 당당했던, 자신을 꾸미고 가꿀 줄도 알던 당찬 여성 사업가의 모습은 온데간데없었다. 거울 안에는 화장기 없는 푸석푸석한 얼굴에 꼬질꼬질한 옷을 입고 펑퍼짐하게 살이 찐, 스스로도 외면하고 싶은 몰골의 한 아줌마가 서 있었다. 자존감이라고는 눈곱만큼도 찾아볼 수 없이 위축된 그 모습을 보고 있으려니 서러움이 복받쳤다.

그런데 문득 거울 속에서 엄마의 모습이 보이는 게 아닌가. 곧이어 엄마가 두 팔을 벌리며 날 부르는 목소리가 생생하게 들려오기 시작했다.

"자랑스러운 우리 셋째 딸, 엄마한테 와 봐."

어릴 적, 엄마는 자주 그렇게 말하며 나를 안아주곤 했다. 엄마는 나를 정말 자랑스러워했다. 가난 때문에 우리 육 남매는 대부분 고등학교를 진학하지 못했는데, 나는 혼자 상경하여 고등학교도 나오고, 일본과 프랑스로 유학도 가고, 세계적인 패션 학교도 다니면서 공부도 많이 했으니 엄마는 나를 참 대견하게 여겼다. 패션쇼를 연 것도, 한때나마 성공한 사업가였던 것도, 자동차 전시회 때 마을 사람들과 함께 방문했던 것도 엄마에게는 큰 자랑거리였다. 항상 "키도 크고 예쁜 내

딸", "나의 희망"이라 부르며 그토록 나를 예뻐하고 아껴주셨던 엄마……. 그런데 지금 이런 내 모습도 엄마가 자랑스러워할까? '나의 희망'이라 불리던 그 모습이 내게 남아 있기는 한 걸까? 이토록 볼품없고 패배의식에 찌든 지금 이 모습을 엄마가 본다면 얼마나 마음 아파할까?

결혼 직후에 집안이 기울었고, 몸이 아픈 아버지 대신 실질적인 가장 역할을 하면서도 우리 육 남매에게 헌신적이었던 엄마는 남자들도 힘들어한다는 과수원 일을 나갔다. 나와 동생은 엄마가 과수원에서 간식으로 나오는 단팥빵을 가져오는 그 순간만을 기다렸다. 한번 일하고 오면 며칠간 앓는 엄마를 보면서도 과수원 일이 얼마나 고된지, 우리를 먹여 살리려고 그 고된 노동을 꿋꿋이 해내는 엄마가 얼마나 힘들지 또 얼마나 대단한지 그때는 잘 알지 못했다.

직장인들의 애환을 다룬 만화 『미생』에서 주인공이 읊었던 대사 한마디는 대한민국의 수많은 청년과 직장인에게 큰 힘을 주었다.

"잊지 말자. 나는 어머니의 자부심이다."

나 역시 밑바닥까지 갔을 때 결국 떠올린 건 엄마였다. 내게 남은 건 10억 원의 빚, 10킬로그램의 늘어난 살뿐이고, 나라는 사람의 가치는 무엇인지, 도대체 나는 왜 살아야 하는지에 대한 답을 한 가지도 찾기 어려워지자, 결국 떠오르는 단 한 사람은 엄마였다. 이렇게 비참하고 보기 싫은 모습의 나라 해도 엄마한테만큼은 여전히 세상에서 가장 소중한 존재일 테니까. 그것만으로도 내가 지푸라기라도 잡고 일어나야 하는 이유로 충분했다.

갑자기 가슴속에서 뜨거운 무언가가 용솟음쳤다.

'그래, 이대로 무너질 수는 없어! 난 자랑스러운 우리 엄마의 딸이야. 다시 그렇게 될 거야!'

나는 그때 처음으로 엄마가 생각하는 나의 행복은 무엇일까 생각해보았다. 사실 그동안 나는 돈을 많이 벌고 누가 봐도 성공한 삶을 사는 게 곧 행복이라 여겼다. 그런 관점에서 본다면 빚을 지고 사업에 실패한 나는 패배자일 수밖에 없었다. 하지만 엄마라면 그저 내가 건강하고, 큰돈을 벌지는 못하더라도 좋아하는 일을 하면서 스스로의 삶에 만족하며 살기를 바라지 않을까? 그렇다면 나는 패배자가 아니라, 잠시 힘들어서 주저앉은 사람일 뿐이다.

엄마의 눈으로 나의 행복을 바라보자, 뭐라도 해야겠다는 생각이 들었다. 하지만 도무지 무엇부터 해야 할지 갈피가 잡히지 않았다. 그래서 우선은 다음 날부터 밖으로 나가 걸어보기로 했다. 걷다 보면 분명 무언가 떠오를 것이고, 그냥 그것을 천천히 시작하면 될 거라 믿었다. 그렇게 마음을 먹자 2년간 단 한 번도 얼굴을 내밀지 않았던 '희망'이라는 녀석이 존재를 드러냈다.

비참한 과거에 얽매여 봤자 무슨 소용이 있단 말인가. 그저 잘못된 것들이 쌓여 현재의 내가 된 것뿐이다. 누구나 실수를 하고, 실패를 한다. 그리고 밑바닥으로 떨어진 내가 유일하게 믿을 수 있고 바꿀 수 있는 것은 세상도 아니고, 남도 아니고, 지금의 나뿐이다. 그러니 지금 내가 할 수 있는 것부터 시작하면 된다.

후배를 만나 커피값 하나에 자존심을 다 버리고 10억 원의 빚, 10킬로그램의 늘어난 살과도 완전히 대면한 그날, 센강에서 나는 죽었다. 그리고 다시 희망이라는 끈을 부여잡았다.

딱 한 칸만
더 내려갈 용기

센강에서 죽어버린 나는 결국 밑바닥에서 다시 엄마로부터 두 번째 생을 선물 받았다. 행복에 대한 관점을 바꾸고 그렇게 조금씩 기운을 차리자, 처음 상경할 때의 기억과 당시의 기분까지 생생히 되살아나기 시작했다. 가족이나 친구의 도움 없이 무언가를 혼자 해내야 한다는 두려움과 더불어 새로운 삶이 펼쳐질 거라는 설렘과 기대감, 자신감, 오기 등이 다시 복

합적으로 휘몰아쳤다.

무엇이든 시작하려면 우선 체력부터 길러야겠다고 생각했다. 정신이 약해지니 체력이 나빠지고, 체력이 나빠지니 다시 정신이 약해지는 악순환의 고리부터 끊어야 했다. 그래서 매일 물병 하나를 들고 나가 걷고 또 걸었다. 그렇게 걷다 보니 어느 순간 정신이 맑아지고, 내 몸에 다시 긍정적인 에너지가 조금씩 솟아나는 게 느껴졌다.

그러고 나서, 나는 '잘나가던 나'를 내려놓고 '현재의 나'에 집중하기로 했다. 그때부터 다른 사람도 아닌 내가, 언젠가가 아닌 지금 당장 시작할 수 있는 게 무엇인지 점검하기 시작했다. 원래 상황이 어려울수록 지금 당장 할 수 있는 사소한 것부터 시작해야 하는 법이다.

나는 이미 40대에 접어들었다. 은행 잔고는 바닥이었고 게다가 10억 원의 빚이 있었다. 게다가 나를 도와줄 사람은 아무도 없었다. 하지만 예전처럼 나의 현실을 절망적으로만 바라보지는 않았다.

'이전의 실패를 교훈 삼아 제대로 된 인간관계를 새롭게 쌓아갈 수 있다는 건 어쩌면 축복인지도 몰라.'

그렇게 생각하자, 마음이 한결 편안해졌다.

정리해보면 '10억 원의 빚을 지고 누구의 도움도 받을 수 없는 상태로 프랑스에서 살아가는 40대 초반의 한국인 여성',

그냥 그게 당시의 나였다. 그저 그 사실을 인정하면 되는 일이었다. 무척 괴로운 과정이지만, 새로운 시작의 첫 스텝은 '현실 직시'라는 점에서는 그 누구도 벗어날 수 없는 법이다.

현실과 마주하고 나니, 내게 남아 있는 것들이 서서히 눈에 들어왔다. 내게는 아직 집과 차가 있었다. 어려운 상황에서도 끝끝내 팔지 않은, 나의 허세와 허영심, 쓸데없는 자존심의 집약체 같은 것들이었지만, 마음을 다르게 먹고 나니 그것들이 재기의 수단으로 보이기 시작했다.

그때부터 나는 할 수 있는 것들을 따져보기로 했다. 내게는 집과 차가 있고, 3개국어(한국어, 일본어, 프랑스어)를 할 줄 안다는 강점이 있었다. 주로 한국인들과 일하다 보니 프랑스어가 유창하진 않았지만 일상적인 의사소통은 가능했고, 다시 공부를 시작하려던 차였다.

밑바닥에서 희망을 발견한 그 순간, 놀랍게도 기적이 찾아왔다. 그 시기에 친구 중 하나가 내게 방 한 칸을 빌려달라고 부탁한 것이다. 지난 2년간 유일하게 자주 만난 사람이 근처에 사는 언니였는데, 주말마다 그녀를 차로 교회까지 데려다주고 함께 교회에 있다가 돌아오곤 했다. 그런데 그때 알게 된 사람이 이제 중학생이 된 친구의 조카가 유럽 여행을 하러 프랑스에 오는데, 입국 심사 시 집 주소와 연락처가 필요하니 내 집에서 머물게 해달라고 부탁한 것이다. 물론 그쪽에서 돈을 주기로 했는데, 그 금액이 어지간한 호텔 이용료 이상이었다.

비슷한 시기에 두 번째 '고객'이 생겼다. 프랑스에서 유학 후 직장을 구하면서 집을 찾던 사람이었다. 파리의 방값이 너무 비싸서 마음에 드는 곳을 찾지 못하다가 결국 내 집에서 지내기로 했다. 이 일을 계기로 나는 내 집을 민박과 하숙에 이용하기 시작했다.

분명 이전에도 민박에 대한 유혹은 있었다. 그런데 왜 그때는 그러지 않았을까?

실패한 사업가가 재기하기 어려운 가장 큰 이유는 사실 빚 때문이 아니다. '잘나가던 시절의 나'를 한 칸 내려놓지 못하기 때문이다. 어렵게 지냈던 시절에 대한 기억은 사라지고 오로지 잘나가던 때의 모습을 자기 자신이라 믿는 것이다. 그래서 당장 할 수 있는 일에도 손을 대지 않는다. '내가 어떤 사람인데 이런 걸 해?'라는 생각이 좀먹기 시작하면 재기는 요원해진다.

이번에 세계 여행을 하면서 스페인의 한 섬에서 만난 사업가 부부도 비슷한 이야기를 했다.

"우리는 예전에 정말 남부러울 것 없는 성공한 사업가였어요. 그런데 이제 먹고살기 위해 식당을 하자니, 솔직히 죽고싶을 만큼 싫었죠. 한 2년은 너무 부끄러워서 주방에서 나가지도 못했어요. 아는 사람을 만나기라도 하면 참을 수 없을 것 같았거든요."

이제 인근에서 가장 장사가 잘되는 식당의 주인이 된 그 부부는 그때 왜 그리 부끄러워했는지 모르겠다며 웃었다.

주변에서도 큰돈을 벌어봤거나 높은 지위에 올랐다가 나락으로 떨어진 사람 중에는 기회가 와도 잡지 않는 경우가 많다. 조금만 생각해보면, 자신을 한 칸 내려놓는다고 해서 큰일이 나기는커녕 오히려 새 출발을 할 수 있는 길을 열게 될 가능성이 높다. 그럼에도 많은 사람이 체면과 자존심 때문에 자신을 계속해서 불행에 빠뜨리는 선택을 한다. 어차피 과거의 부귀영화는 지금 당장 돌아오지 않는다. 현실을 벗어나기 위해서는 반드시 과거의 내가 아닌 현재의 나를 정확히 볼 수 있어야 하고, 나를 한 칸만 더 내려놓고 작은 것부터 시작할 수 있는 용기를 발휘해야 한다.

지금 내가 할 수 있는
가장 작은 일부터 시작하라

나는 민박 일을 좀 더 본격적으로 하기 시작했다. 집의 시설과 입지가 워낙 좋았기에 어지간한 호텔보다 비싼 가격을 매겼음에도 손님이 제법 많았다. 고객 중에는 사업가와 대학 교수도 많았는데 이들에게 그 정도 비용은 큰 문제가 되지 않았다. 또한 가이드 일도 병행했다. 3개국어가 되니 다양한 사람들에게 가이드가 가능했다.

민박과 가이드 일을 통해 나는 재기의 발판이 될 자금뿐 아니라 더 큰 것들을 얻었다. 우선 자신감이 생겼다. 아무것도 없는 밑바닥에서도 내가 할 수 있는 것에 집중하면 무언가를 이뤄낼 수 있다는 사실을 깨달은 것이다. 또한, 사람들의 시선을 견딜 줄 아는 용기를 얻었다.

실제로 내가 민박을 시작하자, 아니나 다를까 사람들은 뒤에서 수군댔다.

"쟤 그렇게 어깨에 힘주고 다니더니 저거 봐."

"그러니까. 잘난 척하더니 이제 민박집 아줌마 다 됐네."

그러나 이전에는 그리도 신경 쓰였던 이런 시선이 당시에는 오히려 자극제가 되었다.

'너희가 지금은 나를 그렇게 비웃지만, 난 멋지게 재기해서 더 크게 성공할 거야. 두고 봐.'

2년간 밑바닥에 있다가 다시 두 발로 일어서야 했던 이 처절한 경험을 통해 나는 결코 포기하지 않는 법을 배웠다. 그리고 모두가 절망적이라 여겼던 상황에서도 이를 이겨냈으니 앞으로 이보다 더 큰 절망이 오더라도 이겨낼 수 있으리라는 믿음이 생겼다.

누군가는 당신은 집도 있고, 차도 있고, 외국어도 할 줄 알았으니 그것마저 없는 사람보다는 더 나은 조건이 아니냐고 할지도 모르겠다. 하지만 위에 구구절절 썼듯이, 2년이란 시간 동안 나 또한 모든 걸 잃었다고 여겼고, 그것들을 내 강점이라 생각한 적은 단 한 번도 없었다. 결국 생각하기 나름인 것이다. 설사 그것들이 없었다 해도, 살아 있다는 사실만으로도 무언가를 새로 시작할 조건은 충분하다고 생각한다.

아무리 가진 게 없다 해도 몇십 년을 살았다면 분명 내가 조금이라도 잘했거나 재미를 느꼈던 게 단 한 가지라도 있을 것이다. 어차피 밑바닥이니 잃을 것도 없다. 그 한 가지가 무엇인지 알았다면 그때부터 그것을 그냥 시작하면 된다. 그게 사소하고 돈을 당장 벌어들이지 못하는 것일지언정 일단 한 스텝을 밟기 시작하면, 그때부터 희망은 솟아나게 되어 있다. 기적은 움직이는 자에게 찾아오는 법이다.

PART2

최정상으로 가는 7가지 부의 시크릿

진정한 성공과 자유에 도달하는 법

"시도해보지 않고는
누구도 자신이 얼마만큼 해낼 수 있는지 알지 못한다."

– 푸블릴리우스 시루스(고대 로마의 노예 출신 작가)

법칙 1

일어서기만 해도
삶은 다시 시작된다

실패하고도
또 도전한 이유

걷다가 지치면 쉬어가며 숨도 고르고, 급할 때는 전력 질주를 하기도 해야 하는 게 우리네 인생이다. 사람은 누구나 한 번은 넘어진다. 그럴 때는 툭툭 털고 일어서면 된다. 예전에는 이 간단한 이치를 머리로만 알았던 것 같다. 일단 일어서기만 하면 삶은 다시 이어진다는 사실을, 다시 시작하는 데 있어 가장 중요한 건 마음가짐임을 깨닫기까지 2년이란 긴 시간이 걸렸다.

하지만 알다시피 두 발로 일어선 것만으로 인생이 변하지는 않는다. 발을 내밀어 앞으로 나아가야만 변화가 찾아오기 시작한다. 따라서 원하는 것이 있다면 가만히 기다리기만 해서는 안 된다. 행운과 우연에 인생을 거느니 내가 직접 찾아가는 편이 더 쉽고 빠르고 흥미진진할 뿐 아니라, 원하는 바를 이룰 가능성도 높다.

그렇게 나는 다시 선택의 기로에 섰다. 내 앞에는 몇 가지 갈림길이 있었다. 일단 일어섰고 걸어보기로 했는데……. 이제 어디로 가야 할까?

진부하지만, 나의 궁극적인 목표는 행복해지는 것이었다. 그렇다면 남들에게 보여주기 위해서가 아닌, 나 자신의 행복을 위해서는 어떤 길로 가야 할까?

이에 답하기 위해서는 어떤 일을 하며 살아갈 것인지부터 결정해야 했다. 민박 일은 마이너스였던 내 삶을 출발선으로 되돌려놓기 위한 과정이었을 뿐, 내가 평생 가야 할 길은 아니었다. 평생 민박집을 운영하면서 살아가는 삶이 나에게는 그리 행복할 것 같지 않았기 때문이다.

간단히 정리해보면, 내게는 크게 세 가지 길이 있었다. 사업을 하거나, 다시 취직을 하거나, 새로운 분야를 공부하거나.

마흔이 넘은 나이가 누군가에게는 굉장히 많게 느껴질 수 있지만 이 또한 생각하기 나름이다. 당시 나는 아직 반백 년도 살지 않았으니 무언가를 새로 시작하기에 결코 늦은 나이는 아니라고 여겼다. 그렇기에 다시 새로운 공부를 한다는 선택지도 나쁘지는 않았다. 하지만 패션 공부를 할 때만큼 내 가슴이 뛸 정도로 크게 관심이 가는 분야는 없었기에 세 번째 선택 사항은 지웠다.

나에게 '가슴이 뛴다'는 건 무언가를 선택하는 데 있어 매우 중요한 기준이다. 가슴이 뛴다는 것은 흥분되고 설렌다는 의미이고, 이는 곧 행복의 다른 말이기도 하기 때문이다. 『나는 4시간만 일한다』라는 책에서 저자는 '행복의 다른 말은 흥분'이라고 주장한 바 있는데, 이에 어느 정도 공감한다. 누구나 가슴이 뛰고 흥분되고 설레는 일을 할 때 행복을 느끼게 마련이다.

그렇다면 다시 패션계로 돌아가는 것과 새로운 사업을 하는 것 중 어느 쪽이 더 행복할까? 답은 이미 나와 있었다. 내가 잠시나마 패션계를 떠났던 이유는 그 일이 마음에 들긴 했지만 기대한 만큼 가슴 뛰는 하루하루를 살아갈 수는 없었기 때문이다. 또한 더 가슴 뛰는 일을 찾고 싶었기 때문에 그때 찾아온 친구의 사업에 합류한 것이었다. 그리고 결정적으로, 결과가 좋지 않았다 해도 사업을 하는 과정에서 내가 느낀 행복은 진짜였다.

친구의 사업을 함께한 것뿐인데도 행복을 느꼈다면, 온전한

'내 사업'을 할 때는 더 큰 행복을 느끼지 않을까? 그렇게 생각하자, 가슴이 뛰었다.

'이번에도 결과가 좋지 않으면?'

이런 질문을 나 스스로도 하지 않은 것은 아니다. 하지만 최악을 먼저 상정하고 두려워한다면 그 무엇도 시작할 수 없다.

경제적인 기준에서라면 직장 생활이 더 안정적일 수 있으나 '행복'을 기준으로 할 경우에는 결코 그렇지 않았다. 나는 이왕이면 내가 주도하고 결정하고 책임지는 일을 하고 싶었고, 그래야 일을 하면서도 행복할 거라 믿었다. 그리고 그건 직장인보다는 사업가가 되어야 가능했다. 그래서 사업의 쓴맛을 처절하게 경험하고 나서도 다시 사업을 하기로 결심한 것이다.

사업가가 짊어져야 하는 짐의 무게

사업을 하기 위해서는 도대체 얼마나 준비를 해야 할까? 여기에 대해서는 의견이 분분하다. 누군가는 준비 없이 일단 시작하라고 말한다. 일단 시작한 후 몸으로 부딪혀가며 배우고 익히고 개선해 나가면 된다는 것이다. 이들 대부분은 사업에서 '속도'가 생명이라고 주장한다.

한편, 어떤 사람들은 기본적인 최소한의 준비만 하고 시작하면 된다고 말한다. 자본, 인력, 전략 등에서 최소한의 틀만 갖춘 후 시작하라는 것이다. 또 어떤 사람들은 준비란 아무리 많이 해도 부족한 것이므로 최대한 많이 준비한 후 시작하라고 말한다. 사업의 성패를 운에 맡길 게 아니라면 당연히 철저한 준비로 성공 가능성을 높여야 한다는 의미다.

어떤 게 정답인지는 나도 모른다. 왜냐하면 상황에 따라, 어떤 사업이냐에 따라, 자신의 현재 상태가 어떠하냐에 따라, 그밖에도 수많은 요소들에 따라 준비 기간과 정도는 달라질 수밖에 없기 때문이다. 만약 본인이 이미 잘 알고 있는 분야인 데다 자금도 있는 상황이라면 준비 시간이 줄어들 것이다. 반면 완전히 생소한 데다 경쟁까지 치열한 분야의 사업을 별다른 준비 없이 시작한다면 백전백패가 될 가능성이 높다.

어쩌면 '일단 시작하라'는 말이 멋져 보일 수도 있다. 특히나 그렇게 말하는 사람이 성공 가도를 달리고 있는 걸 보면 나역시 당장 시작하기만 해도 저 사람처럼 될 것 같다는 착각에 빠지기도 한다. 하지만 명심해야 할 것은 그건 그 사람의 이야기일 뿐이라는 사실이다.

확실한 건 별다른 준비 없이 시작해 성공한 사람은 정말 뛰어난 재능이 있었거나 운이 좋았을 가능성이 크다는 점이다.

누구나 그럴 거라는 보장은 없다. 나는 항상 '처음부터 사업가로 태어나는 사람은 없다'라고 말하는데, 다시 말하면 '사업가는 만들어진다'는 뜻이다. 내 주변에도 평범한 사람이 사업에 성공한 경우를 보면, 십중팔구 철저히 준비를 했다는 공통점이 있었다.

'일단 시작하라'는 말만 믿고 사업을 시작했다가 망하면 책임은 누가 지는가? 부추긴 그 사람은 아무런 책임을 지지 않는다. 책임은 항상 자신의 몫이다. 물론 내 말대로 철저히 준비하고도 실패할지도 모르지만, 최소한 실패할 가능성을 줄일 수 있다는 건 확실하다.

일전에 이런 말을 들은 적이 있다.

"요즘 같은 시대에 사업은 도박 같은 거야."

분명 일부는 맞는 말이다. 일단 성공 가능성이 워낙 낮기도 하고, 잘되면 보통 직장 생활로는 얻기 힘들 정도의 부와 명성을 누리게 되지만 실패하면 엄청난 빚더미에 앉기도 한다. 그래서 나도 누구에게나 사업을 권하지는 않는다.

켈리델리에는 나와 남편이 안식년으로 1년간 자리를 비우는 동안 우리의 역할을 대신했던 네 명의 직원이 있다. 하나하나가 모두 똑똑하고 열정적이다. 그들 중 한 명이 나와 이야기를 나누던 중 이렇게 말했다.

"음⋯⋯. 저도 제 사업을 해야 할까요?"

나는 그 친구에게 말했다.

"모두가 꼭 사업을 할 필요는 없어요. 사업은 자신의 삶뿐만 아니라 가족의 삶도 걸어야 하는 거예요. 싱글이라면 모를까, 부인과 자녀도 있는 상황에서 사업에 실패하면 가족이 뿔뿔이 흩어지게 될지도 몰라요. 그렇게 되더라도 괜찮겠어요?"

물론 이는 내 생각일 뿐이다. 본인이 정말 사업을 하고 싶고 성공할 거라 믿는다면 가족을 설득하고 시작하는 게 맞을지도 모른다. 하지만 여지껏 '왜 나는 사업을 하지 않았을까?'라는 질문에 답조차 내지 못하고 있다면, 그건 아직 사업에 큰 뜻이나 열정이 없다는 의미일 것이다. 사업은 필수가 아니니 누구나 사업을 해야 할 이유는 없다. 게다가 무거운 짐을 짊어지는 게 두렵고 무섭다면 하지 않는 게 맞다.

커피를 좋아한다고
꼭 카페를 차릴 필요는 없다

이처럼 실패하면 가족의 삶에 먹구름이 낄 수도 있는 게 사업임에도 불구하고 쉽게 결정하고 준비 없이 시작하는 경우도 많다. 회사에서 정년퇴직이나 명예퇴직 후 울며 겨자 먹기로 창업 시장에 들어선 사람들이 주를 이루는 '치킨집 창업'은 여전히 '준비 없는 창업'의 대명사처럼 사용되고 있지 않은가. 이들 대부분이 어떤 결말을 맞는지는 말하지 않아도 잘 알 것이다.

그렇다면 '자발적 창업자'들은 다를까? 최근 젊은 세대들의 카페 창업이 거의 붐처럼 일고 있다. 하지만 이들도 3년 이내 폐업률이 무려 36퍼센트, 1년 이내 폐업률도 9.9퍼센트에 이른다고 한다. 즉, 카페 창업자 10명 중 1명은 1년 이내에, 3명 중 1명은 3년 내에 망한다는 뜻이다. 이들 대부분은 자신이 원해서 창업의 길로 들어선 것이다. 그럼에도 창업까지의 준비 기간은 고작 3~6개월, 그나마도 회사를 다니면서 틈틈이 준비하는 데 그친다고 한다.

이들은 '남들이 많이 하니까', '창업이 쉬우니까', '내가 좋아하는 거니까' 사업을 시작했다는 공통점이 있다. 단순히 '커피를 좋아하니까' 카페를 차리면 잘될 거라는 착각이 그런 어리석은 판단을 부추기는 게 아닐까 싶다. 커피를 좋아하는 것이 카페 창업을 하는 한 가지 이유는 될 수는 있을지 몰라도, 그것이 창업을 하는 유일한 이유라면 문제가 있다. 카페 운영은 카페에서 커피 한잔을 즐기는 고객이 아닌, '경영자'의 영역이다. 카페를 차리는 순간 아마도 커피를 마시는 것과는 비교도 안 될 만큼 훨씬 더 귀찮고 부수적인 일들을 하게 될 것이다. 아무리 작은 카페라 할지라도 카페를 운영하는 것과 커피를 즐기는 것은 완전히 다른 문제다.

언젠가부터 창업자들 사이에서 실행력과 추진력이 사업가의 첫 번째 덕목인 것처럼 은연중에 퍼져가는 것 같다. 하지만 명심해야 한다. 준비가 뒷받침되지 않은 상황에서 실행력과 추진력만 발휘하는 건 눈을 감고 시속 200킬로미터로 차량을 모는 것과 같다. 따라서 사업을 하면서 오랫동안 돈도 벌고 행복하고 싶다면, 반드시 철저한 조사와 준비가 선행되어야 한다. 단, 책상에 앉아서 인터넷으로 검색하는 게 아니라, 직접 발로 뛰고 눈으로 보면서 하는 준비여야 한다는 점을 꼭 강조하고 싶다.

나만의
기준을 세워라

실패의 경험으로 얻은
사업의 세 가지 기준

주위에 사업이나 장사를 하겠다는 사람들을 살펴보면 대부분은 오늘 저녁은 무엇을 먹을지보다도 덜 고민하는 것 같다. 그냥 이 사업이 '쉬워 보여서', 저 장사가 '돈이 되는 것 같아서', 아니면 '남들이 많이 하니까' 따라 하기도 한다.

쉬워 보여서? 세상에 쉬운 사업은 없다.

돈이 될 것 같아서? 겉보기와 다를 가능성도 높고, 돈을 버는 건 지금 잠깐일 수도 있다. 잠시 유행하다 사라진 것들이 얼마나 많은지 생각해보라.

남들이 많이 하니까? 그러니까 경쟁이 심한 거다. 거기에 나까지 뛰어들어 경쟁을 더 치열하게 만들고 살아남을 가능성이 얼마나 될까? 사업을 하는 대부분의 사람이 전 재산을 털어도 부족해서 빚까지 져가며 창업을 하는데 이렇게 고민 없이 결정해도 되는 걸까?

생각해보면 사업은 결혼과 닮은 점이 많다. 나와 잘 맞는 사람과 결혼해야 행복하게 잘살 수 있는 것처럼, 나에게 맞는 사업을 해야 즐겁게 일하면서도 성과도 올릴 수 있다. 마찬가지로 결혼할 상대를 찾을 때 남의 말만 듣거나 무턱대고 다른 사람을 따라 하면 안 되는 것처럼, 다른 사람의 생각이 내 사업의 기준이 되어서는 안 된다.

돌아보면 첫 사업을 할 때 나 또한 명확한 기준이 없었다. 재미있고 돈을 벌 수 있을 것 같아서 시작했었는데, 이는 단지 재미있고 돈 많은 사람이라는 이유만으로 덜컥 결혼을 해버린 것과 같다. 그러니 얼마쯤은 재미도 있었고 돈도 벌 수 있었지만, 9년도 채 되지 않아 접을 수밖에 없었던 것이다. 그런 아픈 경험이 있었기에 나는 이번 사업에서만큼은 확고한 기준을 세우기로 했다.

나는 행복해지기 위해 사업을 하고 싶었다. 첫 번째 사업이 재미있긴 했어도 온전한 행복을 느끼지는 못했는데, 이는 다음 세 가지 이유 때문이었다.

첫째, 나의 능력으로 어찌해볼 수 없는 환경의 영향을 너무 많이 받았다. 대기업의 부도와 해외 기업 인수 등은 내가 막을 수 없는 일이었다. 충분한 자금력과 해당 분야에 대해 누구에게도 뒤지지 않을 정도의 전문성이 있는 게 아니라면, 경기의 영향을 크게 받는 업종을 택할 때 매우 신중해야 한다.

둘째, 끊임없이 돈을 빌려야 했다. 실패했을 때 빚으로 돌아온다는 것도 문제지만 돈을 빌리는 행위 자체가 행복과는 거리가 멀고, 갚기 전까지는 계속해서 마음의 짐으로 남는다. 그리고 빨리 벌어서 갚아야 한다는 마음에 조급해진다.

셋째, 내 사업이 아닌 친구의 사업이었다. '망하더라도 내가 해보고 싶었던 일을 신나게 해보고 망했더라면 적어도 후회는 덜하지 않았을까?' 이런 생각이 2년간 나를 쫓아다녔다. 성공하든 실패하든 내 사업이어야 더 신나게, 더 열심히, 더 잘할 수 있을 것이다. 이 세 번째가 아마도 내가 온전한 행복을 느끼지 못했던 가장 큰 이유였던 듯하다.

그리고 이 세 가지 이유는 곧바로 세 가지의 사업 선정 기준으로 이어졌다.

① 경기를 타지 않을 것
② 돈이 많이 들지 않을 것

③ 내가 잘하고 좋아해서 재미있게 할 수 있는, 다시 말해 미쳐서
  할 수 있는 일일 것

　명확한 기준에 따라 사업을 선택하면 성공 가능성이 높아
질 뿐만 아니라, 흔들림이 사라진다. 내가 아닌 남들의 기준에
맞춰 사업을 선택한 사람들은 돈이 더 될 것 같거나 더 좋아
보이는 사업을 발견하면 쉽게 흔들린다. 아마 여건만 된다면
쉽게 갈아타려 할 것이다. 하지만 사업이란 수도꼭지를 돌리
면 물이 쏟아져 나오는 것처럼 곧바로 성과가 나기 힘든 법이
다. 오랫동안 철저히 준비하지 않는다면 장기적으로 살아남기
어렵다. 어떤 사람은 '사업은 누가 더 잘 버티느냐의 싸움'이
라고 말하기도 한다. 그만큼 인내심을 갖고 힘겨운 시간을 버
텨내야 하기에 자신만의 명확한 기준을 세우고 그에 맞는 사
업을 시작하는 게 중요하다.
　자신만의 기준 없이 사업을 선정하면 운 좋게 성공한다 해
도 행복하지 않을 가능성이 높다. 사업을 해본 사람은 알겠지
만 사업가는 아무래도 보통의 직장인보다 훨씬 바쁠 수밖에
없다. 나 역시 회사의 시스템이 정착되기 전까지는 하루 12시
간을 일하고도 집에 가서 또 일을 해야 했고, 주말은 집에서
일하는 날 그 이상도 이하도 아니었다. 그럼에도 내가 견뎌낼
수 있었던 이유는 나의 사업이 바로 나만의 기준에 딱 부합하

는, 그래서 즐겁게 할 수 있는 일이었기 때문이다. 만약 그런 기준 없이 하루 12시간씩 일하고 주말도 반납해야 한다면 돈을 많이 벌어도 결코 행복하지 않을 것이다.

왜 초밥 도시락을
팔기로 했는가

결론부터 말하자면, 현재 나는 초밥 도시락 사업을 하고 있다. 유럽 각지의 대형 마트들과 계약해 그 안에서 즉석 초밥 도시락을 만들어 파는 것이다. 2021년 현재 유럽 11개국에 약 1200여 개의 매장이 있는데, 대형 마트의 가장 목이 좋은 곳에 자리 잡은 매장에서 아시아인 요리사들이 마치 공연을 하듯 사람들이 보는 앞에서 초밥을 만들어 판다.

이런 콘셉트가 나온 과정에도 앞서 말한 사업의 세 가지 기준, 즉 경기를 타지 않을 것, 돈이 많이 들지 않을 것, 내가 잘하고 좋아해서 재미있게 할 수 있는, 즉 미쳐서 할 수 있는 일일 것이어야 한다는 원칙이 작용했다.

나는 내가 제어할 수 없는 문제 때문에 일을 그르치는 게 너무 싫었다. 경기가 휘청거릴 때마다 위기를 겪거나 사업을 접어야 한다면 그보다 억울한 일도 없을 것이다. 내가 경험한 패션이나 전시·광고업은 경기의 영향을 크게 받는 분야라 경기에 따라 사업이 이리저리 흔들리는 것을 이미 충분히 겪은 터였다. 사실 알고 보면 모든 사업은 알게 모르게 경기의 영향을 받는다. 따라서 경기 때문에 스트레스를 받길 원하지 않는다면 상대적으로 영향을 덜 받는 분야, 경기가 안 좋아진다고 해서 한순간에 사라지지 않을 분야를 찾아야 한다.

경기를 가장 적게 타는 사업, 주머니 사정이 좋지 않아도 사람들이 포기하지 않는 사업은 대개 인간의 기본적인 욕구를 충족시키거나 인력으로 어찌할 수 없는 일들과 관련이 있다. 내가 조사해본 결과, 여기에는 장례업, 섹스산업, 요식업 등이 있었다. 경기가 안 좋아도 사람은 죽고, 장례를 치른다. 마찬가지로 사람이 태어나는 것도 막을 수 없는데, 이는 섹스산업과도 관련이 있다. 전쟁 중에도 인간의 성욕은 사라지지 않는데 하물며 경기가 좀 좋지 않다고 본능이 없어지겠는가? 마지막으로, 성욕 못지않은 인간의 기본 욕구인 식욕을 충족시키는 요식업도 경기의 영향을 덜 받는 편이었다.

이 중 내가 할 수 있고 하고 싶은 것은 요식업뿐이었다. 그러나 요식업은 너무 광범위하다. 그러니 그 안에서도 무엇을 팔지 생각해야 한다. 중식? 일식? 한식? 술? 커피? 샌드위치? 아이스크림?

여기서 '내가 잘하고 재미있어 하는 일일 것'이라는 세 번째 기준이 필요했다. 내가 잘할 수 있는 것, 다시 말해 내가 강점을 가질 만한 아이템은 무엇일까? 먼저 프랑스에 살고 있는 한국인인 내가 강점을 가질 수 있는 분야는 아시아 요리라 생각했다. 고객들 입장에서도 유럽 음식은 유럽인이, 아시아 음식은 아시아인이 만들 때 신뢰를 더 느낄 것이다. 또한 내가 더 자주 접했고 잘 아는 쪽이 아시아 음식이기도 했다. 그중에서도 한식, 일식, 중식이 가장 익숙했고, 나와 잘 맞겠다는 생각이 들었다.

이 무렵 나는 한창 나와 비슷한 환경에 있는 사람, 즉 한국인이나 일본인, 중국인 중 유럽, 미국, 캐나다 등 영미권에서 무일푼으로 창업해 성공한 사례를 찾고 있었다. 방송, 신문, 뉴스, 책 등을 보거나 지인들에게 물어보니 많지는 않지만 성공 사례를 찾을 수 있었다.

경기의 영향을 덜 받고(요식업) 그중 내가 강점을 가질 수 있으면서(유럽에서 아시아인이 운영하는 아시안 푸드) 이미 성공한 사업의 사례를 종합해보니 김밥이나 삼각김밥, 초밥 등의 메뉴가 가장 적합하다는 걸 알 수 있었다. 모두 내가 좋아하는 음식들이었고, 특히 초밥은 내가 가장 좋아하는 음식 중 하나였다. 일본 유학 시절에는 짧게나마 초밥집에서 일을 하기도 했다.

사실 처음에는 삼각김밥이 더 좋을 것 같았다. 내가 조사한 사례 중에는 미국에서 삼각김밥을 만들어 마트나 슈퍼에 납품해 성공을 거둔 사람이 제법 있었는데, 아직 유럽에서는 그런 사례가 없었기 때문이다.

그때부터 삼각김밥에 대한 연구를 시작했다. 한국의 삼각김밥 공장도 견학했고, 기계를 찾으러 출장도 많이 다녔다. 그 비용은 모두 민박집 수익으로 충당했다. 다만 시간 확보를 위해 한국인 학생을 고용해 민박집 운영을 맡기고 나는 사업 공부에 집중했다.

하지만 그렇게 한창 열을 올려가며 삼각김밥 사업을 조사하던 중, 심각한 문제를 발견했다. 유럽에서는 내가 내 가게를 차리고 그 안에서 음식을 만들어 직접 팔 때에 비해 제3자 가게에서 팔 때는 법적 제한이 많았다. 게다가 삼각김밥을 만들어 납품하는 사업을 하려면 무균 시스템을 갖춘 공장이 있어야 하고, 허가를 받아야 했다. 그런데 이 비용이 최소 10억 원이나 든다는 것이다. 더구나 그만큼 투자해 시설을 갖춘다고 해서 무조건 납품이 되는 것도 아니었다. 이는 납품을 위한 '최소한의 자격'을 갖춘 것에 불과했다. 이는 내가 정한 사업의 두 번째 기준인 '돈이 많이 들지 않는 사업'이라는 조건에 어긋났다. 그간 조사한 시간과 노력이 아깝긴 했지만, 더 늦기 전에 물러나는 게 낫다고 판단했다.

그 와중에도 사례 조사는 계속했는데, 때마침 미국에서 무일푼으로 시작해 대형 슈퍼마켓 체인에 김밥과 초밥을 납품해 연매출 수천억 원을 올린 김승호 회장의 『김밥 파는 CEO』를 읽게 되었다.

책을 덮고 '이거다!'란 생각이 들었다. 이미 그쪽 분야에 관심을 갖고 있던 터라 그때부터 김밥(소위 '롤'과 같은 형태의 음식)과 초밥 도시락을 대형 마트에서 판매하는 사업을 구상하기 시작했다. 특히, 당시 프랑스에서는 마트에서 파는 초밥 도시락이 서서히 인기를 끌기 시작해 여기에 관심을 두고 조사를 시작했는데, 먹어보니 맛도 없고 신선하지도 않았다. 이 부분에서 경쟁력을 갖춘다면 충분히 시장성이 있을 듯했다. 다시 말해 만들어진 도시락을 납품하는 형태가 아닌, 즉석에서 만들어 판다면 신선하고 맛있는 초밥을 제공할 수 있을 거라 생각했다.

초밥은 내게 단순히 맛있는 음식 이상이었다. 패션을 전공해 시각적인 요소에 민감한 나에게 초밥은 눈과 입을 모두 만족시키는 음식이었다. 게다가 김승호 회장이 비슷한 사업을 미국에서 '무일푼'으로 시작해 성공했다는 점도 매력적으로 다가왔다. 그렇게 '쇼 비즈니스와 접목해 즉석에서 만들어 파는, 마트 내 초밥 도시락 사업'이라는 콘셉트가 정해졌다.

그렇다면 이 사업은 내가 정한 사업의 세 가지 기준에 부합

할까? 우선 요식업은 경기의 영향을 덜 받는다. 더구나 조사해볼수록, 대형 마트는 조금 과장하자면 경기의 영향을 전혀 안 받는 게 아닐까 싶을 정도로 경기를 타지 않았다.

다음 기준인 '돈이 많이 들지 않을 것'이라는 부분은 내가 하기 나름이었다. 게다가 무일푼으로 해낸 사람이 있다고 하니 나도 할 수 있을 거라 생각했다.

마지막으로, 아시아인인 내가 프랑스를 비롯한 유럽에서 초밥 사업을 한다면 이미 큰 이점을 안고 가는 것이었다. 더구나 내가 생각해낸 콘셉트는 초밥을 만드는 과정을 즉석에서 쇼나 공연처럼 보여주는 것이었기에 신뢰도 측면에서 경쟁업체들보다 훨씬 앞서서 출발할 수 있었다. 당시 마트에서 팔던 초밥 도시락은 돈이 아까울 지경이었으니, 훨씬 신선하고 맛있게, 거기다 쇼 비즈니스 형태까지 접목한다면 두세 배 가격으로 팔아도 충분히 승산이 있을 거라는 확신이 들었다. 이 확신은 조사를 하면 할수록 커졌다. 게다가 나는 초밥에 완전히 매료되어 있었으므로, 행복하게 일할 수 있을 거라 믿었다.

그렇게 나는 초밥 사업, 좀 더 정확히는 '마트 내에서 쇼 비즈니스와 접목한 초밥 도시락 사업'으로 길을 정하고 다시 사업 공부를 시작했다.

준비는 철저히 하되
시작을 미루지는 마라

나는 첫 번째 사업 실패 후 경영자로서의 공부가 부족했음을 뼈저리게 느꼈다. 따라서 이번에는 사전에 내가 할 수 있는 공부는 최대한 다 해보기로 결심했다.

여러분은 사업의 시작이 언제라고 생각하는가? 사업장을 구하면 사업이 시작된 걸까? 아니면 사업자등록을 한 시점이 사업의 진짜 시작을 의미할까? 혹은 수익이 나면 그때부터 본격적으로 사업이 시작되었다고 볼 수 있을까? 이에 대해서는 해석하기 나름이겠지만, 나는 어떤 사업을 하겠다고 결심하여 그것에 대해 알아보고 공부를 할 때부터 이미 사업은 시작된 거라고 본다.

창업 전에 얼마나 철저히 준비하였는가는 후에 사업의 성패를 결정하는 중요한 변수가 되기도 한다. 하지만 여기서 꼭 짚고 넘어가야 하는 게 있다. 준비는 철저히 하되, 그 시작은 미루지 말아야 한다는 것이다. 만약 하고 싶은 일이 생각만 해도 내 가슴을 뛰게 하고 설레게 한다면, 더더욱 미뤄서는 안 된다.

그럼에도 여전히 많은 사람이 하고 싶은 일이 있어도 아직은 때가 아니라며 시기를 미룬다. 하지만 적절한 시기라는 건 결코 저절로 주어지는 게 아니다. 시작은 오로지 내가 만드는 것이다.

사업뿐 아니라 인생에서 새로운 도전을 하고 싶다면, 그것을 본격적으로 시도할 때보다 더 이전인, 그것에 대해 알아보고 공부하는 때부터가 시작 단계라고 생각해보자. 그러면, 그 일이 그렇게 크고 멀게 느껴지지만은 않을 것이다. 그렇게 매일매일 조금씩 관심 분야에 대해서 알아보고 조사하고 공부하며 자신의 꿈에 다가가면 된다.

100권의 책을
자기 것으로 만들어라

법칙 3

100권 독서를
강행했던 이유

사업을 준비할 때 현장 조사만 하고 책은 한두 권 손을 대거나 아예 읽지 않는 경우를 많이 본다. 솔직히 고백하자면, 나 역시 독서를 많이 하는 사람은 아니었다. 사실 약간의 난독증이 있기에 책 한 권을 읽는 것도 버거울 때가 많았다. 그래서 첫 사업을 할 때는 독서에 거의 시간을 쓰지 못했다.

그러나 처절한 실패 후 절대 다시 망하지 않기 위해 내가 할 수 있는 것을 다 해보고자 했고, 그중 하나가 독서였다. 책 읽는 게 힘들다 하더라도 아예 글을 읽지 못하는 건 아니니, 노력으로 충분히 해낼 수 있을 거라 믿었다. 게다가 책에는 이미 나보다 먼저 수많은 문제들을 해결해나가며 성공한 사람들의 지혜가 녹아 있다. 현장에서는 실시간으로 살아 있는 정보를 얻을 수 있다면, 책에서는 오랜 시간 축적되어온 경험과 지혜, 통찰력 등을 배울 수 있다는 큰 장점이 있으며, 때로 큰 감동을 받기도 하고 위로를 얻기도 한다. 실제로 2년간 처절한 실패를 맛보고 다시 일어설 때 장사 책, 경영 책 등을 통해 나처럼 큰 실패를 겪고 다시 일어나 성공한 사례 등을 접하며 큰 힘을 얻었다. 그리고 그런 일들이 꼭 세상에서 나한테만 일어나는 크나큰 비극만은 아니라는 데서 위로를 받을 수 있었다.

나는 독서의 중요성을 강조하기 위해 자주 이렇게 말한다.

"한 분야의 책 100권만 제대로 읽었다면, 그 분야 학위를 딴 것과 같다."

이 말을 듣고 내게 되물은 사람도 있었다.

"100권은 너무 많고 시간이 오래 걸리니 차라리 10권을 반복해서 읽는 게 낫지 않을까요?"

이 또한 맞는 말이다. 좋은 책일수록 반복해서 읽고 곱씹으면 더 많은 것을 얻을 수 있다. 하지만 10권보다는 100권이 더 낫다고 본다. 왜냐하면, 같은 주제의 책이라도 저자에 따라 다른 시각으로 접근하기도 하고, 다른 주장을 펼치기도 하기 때문이다. 또한, 한 권만 수십 번 읽다 보면 그 책의 내용이 진리인 양 맹목적으로 믿게 될 위험이 있다. 하지만 여러 권의 책을 읽다 보면 옥석을 가려내어 내게 필요한 것을 취사선택할 수 있는 변별력이 생긴다. 게다가 독서를 거듭할수록 속도가 빨라지고 내용을 이해하는 능력이 좋아진다. 그러니 100권을 읽는다고 해서 10권 읽을 때보다 10배 긴 시간이 필요한 건 아니다.

책을 고르는 것부터
독서의 시작이다

독서를 힘들어했던 나는 100권 읽기를 강행함으로써 조금씩 책에 익숙해졌고, 지금은 책에서 많은 인사이트를 얻고 있다. 뿐만 아니라 나의 멘토나 멘티, 직원들을 통해서도 100권 읽기의 힘을 확인한 바 있다.

나는 이번에 1년간 세계 여행을 떠날 때도 100권의 책을 정해서 읽었다. 1년에 100권을 읽으려면 적어도 2~3일에 한 권씩 읽어야 하니, 여행과 다른 업무를 병행해야 하는 상황에서는 매우 빡빡한 일정이었다. 하지만 나의 한계를 이겨내고 싶었기에 그렇게 목표를 정했고, 실제로 실천에 옮겼다.

이 기간에 읽을 책은 주로 리더십에 대한 것으로 목록을 구성했다. 회사가 워낙 가파르게 성장하고 있다 보니 새로운 직원들을 많이 뽑을 수밖에 없는데, 이들을 관리하고 교육하려면 새로운 리더십이 필요하다 여겼기 때문이다.

이때 '어떻게 책을 선정할 것인지'가 중요하다. 흔히 독서는 책을 읽는 것이라 생각하지만, 나는 책을 선정하는 단계부터 독서가 시작된다고 본다. 어떤 책을 선정하느냐에 따라 독서의 질이 완전히 달라지기 때문이다.

예전에 한국인들이 책을 고르는 기준에 대한 설문 조사 결과를 본 적이 있는데, '베스트셀러 목록에서 고른다'는 답변이 압도적인 1위였다. 그런데 이렇게 책을 선택하는 데는 약간의 문제가 있다. 베스트셀러를 읽는 게 잘못되었다는 것은 아니다. 이 방법만으로는 놓치는 책이 너무나 많을 뿐만 아니라, 지금 많이 팔리고 있다고 해서 꼭 나에게 도움이 되는 건 아니기 때문이다.

그래서 내가 선정하는 100권에는 현재 그 분야의 베스트셀러뿐 아니라 오랫동안 사랑받아 온 스테디셀러도 포함된다. 또한 유명 작가의 책 중 비교적 덜 알려진 것도 목록에 넣는다. 때로는 우연히 발견한 책들 중 관심이 가는 것을 리스트에 넣기도 한다.

하지만 이런 리스트를 혼자 일일이 찾기에는 시간이 너무 오래 걸린다. 그래서 나는 일차적으로 주변 사람들로부터 추천을 받는다. 페이스북, 친구, 멘토 등으로부터 최대한 추천을 받는데, 실제로 이렇게 읽게 된 책들 중에는 거의 알려지지 않았지만 내게 큰 도움이 되는 것도 여럿 있었다.

여기서 중요한 건 추천받은 책이라고 해서 무조건 읽을 필요는 없다는 것이다. 따라서 내가 찾은 책과 추천받은 도서들까지 포함한 목록을 찬찬히 살펴보면서 거르는 과정이 필요하다. 누군가가 아무리 강력히 추천하는 책이라 해도 나에게 도움이 되지 않을 수도 있는데, 이를 판단할 수 있는 건 나 자신뿐이다.

그렇게 100권 선정이 끝나면 그때부터 책을 읽기 시작한다. 그런데 만약 기한을 두지 않고 읽다가는 한없이 늘어질 수가 있기에 어느 정도 기한을 정하는 게 좋다. 기한을 정했다면, 한 권을 며칠에 걸쳐 읽어야 하는지를 대략 계산해본 후, 일정이 조금 여유 있을 때는 분량이 많거나 내용이 어려운 책을, 일정이 촉박할 때는 분량이 적고 편하게 읽을 수 있는 책 위주로 읽어나가면 된다.

신중히 고르고 고른 100권이라면 한 사람이나 집단이 가진 노하우와 정수가 담겨 있을 것이다. 물론 그런 책을 한 번 읽었다고 완전히 내 것으로 만들었다고 장담할 수는 없다. 정말 좋은 책은 수십 번을 읽어도 새로운 법이다. 하지만 현실적으로 모든 책을 수십 번씩 읽기에는 무리가 있으므로 나는 정말 좋았던 책만 네 번 읽는다.

처음에는 검은색 펜으로 인상적인 부분에 밑줄을 그으며 읽고, 그다음에는 밑줄이 그어진 부분만 다시 파란색 펜으로 밑줄을 그어가며 읽는다. 세 번째는 그중에서도 더 중요한 부분을 또 빨간색 펜으로 밑줄을 그으며 읽고, 마지막으로 그렇게 빨간색 밑줄이 그어진 부분 중 아이나 조카, 직원들에게 들려주고 싶은 내용을 노트에 옮겨 적는다. 이렇게 네 번을 읽으면 반복 효과를 충분히 누리면서 시간까지 단축시킬 수 있다.

읽은 것을 '머리'에서 '몸'으로 옮기는 방법

책을 읽는 방식 중에는 '깊게' 파는 방법과 '넓게' 파는 방법이 있다. 전자는 그 분야의 좋은 책 서너 권만 골라 낱낱이 분석하고 깊이 있게 파헤치는 것이다. 반면 후자는 그 분야의 좋은 책 여러 권을 최대한 폭넓게 읽고 그중 내게 필요한 부분만을 가려내는 방식이다.

여기서도 어떤 방식이 더 좋은지에 대해서는 의견이 갈릴 수 있다. '처음에는 최대한 다양하게' 읽고, 어느 정도 내공이 쌓인 후에는 좋은 책 몇 권만을 '깊게 파고들어야 한다'고 하는 사람이 많긴 하지만, 나의 경우 그 반대로 했다.

예를 들어 리더십 책을 처음 읽을 때, 나는 유명한 책 몇 권을 골라 여러 번 읽고 깊이 공부했다. 그랬더니 그 책들에서 본 것을 그냥 그대로 따라 하게 되었다. 마치 우리 회사의 경영을 다른 사람에게 맡기는 리더가 된 기분이 들었다. 그래서 그 뒤로는 100권의 리더십 책을 찾아 읽으면서 내게 필요한 부분들만 골라냈다. 그러자 여러 권의 책으로부터 쌓은 지식과 지혜가 무의식중에 녹아들어 자연히 내 것이 되었고, 여러 지식과 지혜를 조합하여 사업에 적용할 수 있었다.

정리하면, 몇 권만 계속해서 파다 보면 그 책에 나온 것들을 나도 모르게 그대로 따라 하게 된다. 물론 이런 방식에도 장점이 있다. 나를 멘토라 부르는 멘티들에게 나는 몇 권의 책을 골라 깊이 있게 읽고 책에 나온 것들을 따라 해보라고 조언하기도 한다. 이는 아직 경험이 부족하고 자신의 길을 제대로 닦기 전 단계에 있는 사람들에게는 매우 효과적인 방법이다.

하지만 남을 따라 하기만 해서는 평생 2인자밖에 될 수 없다. 더 성장하려면 결국 책에서 얻은 지혜를 자신에게 맞게 변형하고 적용하여 활용할 수 있어야 한다. 그때는 최대한 폭넓고 다양하게 읽는 게 도움이 된다.

그래서 나는 항상 직원들에게도 독서를 강조한다. 나는 가능한 한 직원들과 자주 대화를 나누는 편인데, 이때 직원에게 필요한 책을 추천해주는 것 또한 즐긴다.

예를 들어 원래 켈리델리의 CEO는 나와 남편이지만, 세계여행을 하며 안식년을 보내기 전에 우리 대신 CEO 역할을 할 수 있게 네 명의 직원에게 그 직위를 맡겼다. 그랬기에 창업한 지 6년도 채 되지 않은, 그것도 폭발적으로 성장하고 있는 회사를 두고 1년이라는 긴 시간 동안 여행을 떠날 수 있었던 것이다(지금은 안식년을 마쳤기에 다시 나와 남편이 CEO로서 경영을 하고, 네 명은 원래의 역할로 돌아갔다).

그런데, 그중 한 명이 아직 자신은 준비가 덜 되어 있다며 지레 겁을 먹었다. 그래도 나는 이 친구의 가능성을 믿었기에 그 자리를 맡겼다. 대신 그녀가 성장할 수 있도록 최대한 지원하고 돕기로 했다. 원한다면 대학원에서 공부할 수 있도록 지원하기로 했고, 그녀에게 도움이 될 만한 리더십 관련 책 리스트를 정리해서 보냈다. 그리고 그 뒤로도 함께 읽어볼 만한 책에 관한 정보를 계속해서 수정해나갔다.

결국 배운 것은
써먹어야 빛을 발한다

몇 년 만에 책을 3천 권을 읽었느니 5천 권을 읽었느니 하는 이야기가 심심찮게 언론을 통해 나온다. 그 짧은 시간에 그만큼의 책을 읽었다는 것만으로도 충분히 박수받을 만하다. 하지만 나는 그런 사람들의 기사를 접할 때마다 궁금해진다.

'과연 저들은 그렇게 읽은 책들에서 무엇을 배웠고, 이를 어떻게 실제로 적용하고 있을까?'

그저 읽은 책의 권수만 늘리는 다독은 뿌듯함을 줄지는 몰라도 사실 권하고 싶지는 않다. 좋은 책이라면 몇 번을 읽어도 질리기는커녕 매번 새로운 감동을 느끼게 되어 있다. 그런데 불과 몇 년 만에 3천 권을 읽었다는 것은 책을 읽은 후 곱씹는 과정이 생략되었음을 뜻한다. 이들이 하루에 한 시간도 채 잠을 자지 않는 사람이 아니라면 말이다.

나는 이처럼 머릿속에만 들어 있고 아직 체화하지 못한 지식은 '죽은 지식'이라 생각한다. 결국 모든 지식은 실제로 활용되어야 의미를 갖기 때문이다.

예를 들어, 사업을 준비할 때에는 그와 관련된 책들을 주로 읽었다. 카페 창업처럼, 꼭 초밥 사업과 관련되지 않다 하더라도 도움이 될 것 같으면 읽었다. 이런 책들에는 창업 전에 준비하고 조사해야 할 것들, 시장 조사 방법 등이 꽤나 자세히 나와 있었다. 또한 장사에 대한 책들은 고객을 이해하는 데 큰 도움이 되었다.

최근에 큰 영감을 얻었던 책은 일본의 대형 서점인 츠타야의 설립자 마스다 무네아키의 『지적자본론』과 『라이프스타일을 팔다』였다. 츠타야라는 서점은 스스로를 책을 파는 곳이 아닌 '라이프스타일을 제안하는 회사'라 칭한다. 이 책들을 읽은 후에 나는 켈리델리의 가야 할 길 또한 단순히 초밥을 파는 회사가 아니라, '아시아의 라이프스타일을 유럽에 알리는 회사'라 명명했다. 이처럼 책은 내가 이미 갖고 있는 생각이나 관점에 힘을 불어넣어줄 뿐 아니라, 중요한 결정을 내리는 데 큰 도움을 준다.

사업 공부를 위한 책 100권 리스트

내가 사업 준비를 할 때 읽었던 책들은 오래전에 출판된 책들이 대부분이다. 그래서 내가 읽었던 책 목록에 최근 인상적으로 보았거나 주변 지인들로부터 추천을 받은 책들을 추가하고 다시 100권을 선별하여 <사업 공부를 위한 책 100권 리스트>를 뽑아보았다. 이 100권 리스트를 아래와 같이 총 여덟 가지 주제로 분류하여 소개하고자 한다. 사업뿐 아니라 가슴 뛰는 일에 도전하고자 하는 분들이 아래 목록을 통해 그동안 몰랐던 새로운 책과 소중한 연을 맺길 바란다.

경영·장사 공부를 위한 책(총 25권)

01. 『좋은 기업을 넘어 위대한 기업으로』(짐 콜린스 저/김영사/2021)

02. 『왜 일하는가』(이나모리 가즈오 저/다산북스/2021)

03. 『최강의 조직』(벤 호로위츠 저/한국경제신문사/2021)

04. 『제로 투 원』(피터 틸, 블레이크 매스터스 공저/한국경제신문사/2014)

05. 『슈독』(필 나이트 저/사회평론/2016)

06. 『원칙 Principles』(레이 달리오 저/한빛비즈/2018)

07. 『피터 드러커의 최고의 질문』(피터 드러커 외 공저/다산북스/2017)

08. 『장사의 신』(우노 다카시 저/쌤앤파커스/2012)

09.『사업을 한다는 것』(레이 크록 저/센시오/2019)

10.『아이디어 불패의 법칙』(알베르토 사보이아 저/인플루엔셜/2020)

11.『순서 파괴』(콜린 브라이어, 빌 카 저/다산북스/2021)

12.『초격차 : 리더의 질문』(권오현 저/쌤앤파커스/2020)

13.『이나모리 가즈오 사장의 그릇』(이나모리 가즈오 저/한국경제신문사/2020)

14.『룬샷』(사피 바칼 저/흐름출판/2020)

15.『린인』(셰릴 샌드버그 저/와이즈베리/2013)

16.『살아남은 것들의 비밀』(이랑주 저/샘터/2014)

17.『생각의 비밀』(김승호 저/황금사자/2015)

18.『파타고니아, 파도가 칠 때는 서핑을』(이본 쉬나드 저/라이팅하우스/2020)

19.『비즈니스 모델의 탄생』(알렉산더 오스터왈더, 예스 피그누어 공저/타임비즈/2011)

20.『온워드 ONWARD』(하워드 슐츠, 조앤 고든 공저/8.0(에이트포인트)/2011)

21.『구글의 아침은 자유가 시작된다』(라즐로 복 저/알에이치코리아/2015)

22.『라이프스타일을 팔다』(마스다 무네아키 저/베가북스/2014)

23.『미친 듯이 심플』(켄 시걸 저/문학동네/2014)

24.『상도』(최인호 저/여백미디어/2013/총3권)

25.『스몰 자이언츠』(보 벌링엄 저/팩컴북스/2008)

자기관리를 위한 책(총 22권)

26.『시크릿』(론다 번 저/살림Biz/2007)

27.『아주 작은 습관의 힘』(제임스 클리어 저/비즈니스북스/2019)

28.『어떻게 말할 것인가』(카민 갤로 저/알에이치코리아/2014)

29.『데일 카네기의 자기관리론』(데일 카네기 저/더클래식/2010)

30.『프리워커스』(모빌스 그룹 저/알에이치코리아/2021)

31.『마지막 몰입』(짐 퀵 저/비즈니스북스/2021)

32.『절제의 성공학』(미즈노 남보쿠 저/바람/2013)

33.『미라클 모닝』(할 엘로드 저/한빛비즈/2016)

34.『레버리지』(롭 무어 저/다산북스/2019)

35.『그림의 힘』(김선현 저/8.0(에이트포인트)/2015)

36.『체 게바라 평전』(장 코르미에 저/실천문학사/2005)

37.『마인드셋』(캐롤 드웩 저/스몰빅라이프/2017)

38.『오리지널스』(애덤 그랜트 저/한국경제신문사/2016)

39.『에이트』(이지성 저/차이정원/2019)

40.『나는 세계일주로 경제를 배웠다』(코너 우드먼 저/갤리온/2011)

41.『나는 4시간만 일한다』(팀 페리스 저/다른상상/2017)

42.『스티브 잡스』(월터 아이작슨 저/민음사/2011)

43.『아웃라이어』(말콤 글래드웰 저/김영사/2009)

44.『성공하는 사람들의 7가지 습관』(스티븐 코비 저/김영사/2003)

45.『넛지』(리처드 탈러, 캐스 선스타인 공저/리더스북/2009)

46.『스위치』(칩 히스, 댄 히스 공저/웅진지식하우스/2010)

47.『프로페셔널의 조건』(피터 드러커 저/청림출판/2012)

리더십 공부를 위한 책(총 6권)

━━━━

48. 『왜 리더인가』(이나모리 가즈오 저/다산북스/2021)

49. 『존 맥스웰 리더십 불변의 법칙』(존 맥스웰 저/비즈니스북스/2010)

50. 『리더의 용기』(브렌 브라운 저/갤리온/2019)

51. 『실리콘밸리의 팀장들』(킴 스콧 저/청림출판/2019)

52. 『사장의 생각』(신현만 저/21세기북스/2015)

53. 『피터드러커, 성공하는 리더의 8가지 덕목』(피터 드러커 저/타임스퀘

    어/2013)

사람 공부를 위한 책(총 8권)

━━━━

54. 『삼국지』(요시카와 에이지 저/문예춘추사/2013/총10권)

55. 『미움받을 용기』(기시미 이치로, 고가 후미타케 공저/인플루엔셜/2014)

56. 『명심보감』(추적 엮음/홍익출판사/2005)

57. 『논어』(공자 저/홍익출판사/2015)

58. 『행동경제학』(리처드 탈러 저/웅진지식하우스/2021)

59. 『콰이어트』(수전 케인 저/알에이치코리아/2012)

60. 『생각에 관한 생각』(대니얼 카너먼 저/김영사/2012)

61. 『인간 본성의 법칙』(로버트 그린 저/위즈덤하우스/2019)

세상 공부를 위한 책(총 10권)

━━━━

62. 『문명이야기 5-1,2: 르네상스』(윌 듀런트 저/민음사/2011/총2권)

63. 『문명이야기 4-1,2: 신앙의 시대』(윌 듀런트 저/민음사/2013/총2권)

64. 『지리의 힘』(팀 마샬 저/사이/2016)

65. 『코로나 사피엔스』(최재천 외 공저/인플루엔셜/2020)

66. 『역사의 쓸모』(최태성 저/다산초당/2019)

67. 『만들어진 신』(리처드 도킨스 저/김영사/2007)

68. 『자유론』(존 스튜어트 밀 저/책세상/2018)

69. 『12가지 인생의 법칙』(조던 B. 피터슨 저/메이븐/2018)

70. 『사피엔스』(유발 하라리 저/김영사/2015)

71. 『국가는 왜 실패하는가』(대런 애쓰모글루, 제임스 로빈슨 공저/시공사/2012)

마케팅 공부를 위한 책(총 10권)

━━━━

72. 『모든 비즈니스는 브랜딩이다』(홍성태 저/쌤앤파커스/2012)

73. 『마케팅 불변의 법칙』(알 리스, 잭 트라우트 공저/비즈니스맵/2008)

74. 『포지셔닝』(잭 트라우트, 알 리스 공저/을유문화사/2002)

75. 『스틱!』(칩 히스, 댄 히스 공저/엘도라도/2009)

76. 『프로파간다』(에드워드 버네이스 저/공존/2009)

77. 『모두 거짓말을 한다』(세스 스티븐스 다비도위츠 저/더 퀘스트/2018)

78. 『필립 코틀러의 마케팅 모험』(필립 코틀러 저/다산북스/2015)

79. 『나인』(조이 이토, 제프 하우 공저/민음사/2017)

80. 『좋아 보이는 것들의 비밀』(이랑주 저/인플루엔셜/2016)

81. 『팔지 마라 사게 하라』(장문정 저/쌤앤파커스/2013)

거시적 안목과 통찰력 향상을 위한 책(총 14권)

82. 『제4차 산업혁명』(클라우스 슈밥 저/새로운현재/2016)

83. 『화폐전쟁 1,2,3,4』(쑹훙빙 저/랜덤하우스코리아/2008~2012/총4권)

84. 『90년생이 온다』(임홍택 저/웨일북/2018)

85. 『뉴 맵』(대니얼 예긴 저/리더스북/2021)

86. 『2030 축의 전환』(마우로 F. 기엔 저/리더스북/2020)

87. 『볼드 BOLD』(피터 디아만디스, 스티븐 코틀러 공저/비즈니스북스/2016)

88. 『1등의 통찰』(히라이 다카시 저/다산3.0/2016)

89. 『인플레이션』(하노 벡 외 공저/다산북스/2021)

90. 『구글의 미래』(토마스 슐츠 저/비즈니스북스/2016)

91. 『필립 코틀러의 마켓 4.0』(필립 코틀러 외 공저/더퀘스트/2017)

92. 『지적자본론』(마스다 무네아키 저/민음사/2015)

93. 『호모 데우스』(유발 하라리 저/김영사/2017)

94. 『넥스트 소사이어티』(피터 드러커 저/한국경제신문사/2007)

95. 『21세기 자본』(토마 피케티 저/글항아리/2014)

좋은 부모가 되기 위한 책(총 5권)

96.『내 아이를 위한 감정코칭』(존 가트맨 외 공저/한국경제신문사/2011)

97.『당황하지 않고 웃으면서 아들 성교육 하는 법』(손경이 저/다산에듀/2018)

98.『못참는 아이 욱하는 부모』(오은영 저/코리아닷컴/2016)

99.『엄마의 말 공부』(이임숙 저/카시오페아/2015)

100.『아이의 자존감』(정지은, 김민태 공저/지식채널/2011)

법칙 4

결국 답은
현장에 있다

가능한 모든 것을
공부하고 찾아보라

"지금 다시 첫 사업을 하던 때로 돌아간다면 가장 먼저 무엇을 하고 싶으세요?"

누군가가 나에게 이런 질문을 한다면, 주저하지 않고 이렇게 대답하고 싶다. 가장 먼저 '공부'를 할 것이다. 사장에게는 사장에게 맞는 공부가 있다. 나는 퀄리델리를 시작하기 전에 10억의 빚, 실패자라는 낙인에 억눌려 아무것도 하지 못했던 끔찍한 과거를 다시는 반복하지 않기로 굳게 마음먹었기에 내가 할 수 있는 모든 것을 철저히 준비하는 데 열과 성을 다했다. 그렇게 대략 2년에 걸쳐 철저히 시장 조사를 하고 차별화 방안과 전략을 세웠다. 당시로서는 당연한 선택이었다. 나는 요식업에 대해 아무것도 몰랐고, 유통에 대해서도 아는 게 없었다. 심지어 초밥을 만들 줄도 몰랐다. 게다가 경영자로서의 소양도 부족했다. 이런 상황에서 기존에 없던 새로운 콘셉트의 사업을 시작하는 것이었기에 2년이라는 준비 기간이 결코 길게 느껴지지 않았다.

나는 2년의 준비 기간이 현재의 켈리델리를 만드는 데 크게 기여했다고 생각한다. 짧은 기간에 이토록 급격히 성장할 수 있었던 것도, 높은 성장세가 계속 이어지고 있는 것도 이 2년이란 시간의 덕이 크다.

요즘 젊은 친구들은 워낙 컴퓨터에 능하다 보니 무언가를 준비하라고 하면 인터넷만 파는 경우도 있다. 물론 그렇게 조사해야 하는 것들도 분명 존재하지만, 사업 준비에 있어 책이나 인터넷은 보조 수단일 뿐이다. 반드시 고객과의 만남이 이루어지는 '현장'을 찾아가 직접 보고 느끼며 피부로 감각을 익혀야 한다.

나는 2년간 마트로 출근했다. 그리고 그 기간, 나는 마트 직원들보다도 더 자주 마트에 갔고, 그들보다 더 오래 머물렀다.

그렇다면 도대체 마트에서 무엇을 조사했을까?

우선 마트에 초밥이 있는지 없는지부터 파악했고, 있다면 얼마나 신선하고 맛이 있는지, 유통기한은 어떤지 확인했다. 이들 제품은 대체로 유통기한을 3일 정도로 두었는데, 이 경우 신선도를 유지하는 건 어려웠다. 왜냐하면 이들은 중앙 공장에서 제품을 만드는 데 하루, 배송하는 데 하루에서 이틀이 걸리기 때문에 그때부터 3일 후라는 말은 결국 생산된 지 5일째라는 뜻이 된다. 초밥에 있어 신선도가 얼마나 중요한지를 생각해본다면 이런 제품은 돈을 주고 사 먹기 꺼려질 수밖에 없다. 그래서 나는 즉석에서 만들어 당일 판매가 되지 않으면 전량 폐기하는 전략을 고수했고, 이는 큰 효과를 보고 있다. 고객들에게 '켈리델리의 제품은 항상 신선하고 맛있다'는 인식을 심어주는 데 성공한 것이다.

그리고 기존 초밥들의 가격대는 어떠한지, 팔린다면 얼마나 팔리는지 등을 확인했다. 이를 통해 적정 가격대를 선정할 수 있었다. 또한 그 초밥들을 모두 먹어보았고, 이를 구매하는 고객층과 그들의 반응, 구매 패턴 등을 빠짐없이 기록하고 분석했다.

더불어 초밥 외의 다른 아시안 푸드 제품을 판매하고 있는지, 판매하고 있다면 어떤 것들을 팔고 있는지도 같이 조사했다. 나는 초밥과 김밥 사업을 기반으로 하되 궁극적으로 다른 아시아 음식들도 다양하게 판매할 계획이었기 때문이다. 이런 제품들에 대해서도 가격과 품질 등을 철저히 조사했음은 물론이다.

마트와 고객에 대한 연구도 필수였다. 우선 마트별로 잘 팔리는 제품이 다르다면 이유가 무엇인지 알아보았다. 예를 들어 주차장에 고급 차량이 많은 곳일수록 초밥 구매도 많았고, 이들이 구매하는 제품의 평균 가격도 올라갔다.

또, 프랑스 마트에는 대부분 꽃가게가 있다. 여기서는 여러 종의 싱가포르 난초를 팔았는데, 그중 하얀 꽃이 잘 팔리는 곳일수록 초밥의 판매도 많았다. 하얀 꽃이 잘 팔린다는 건 무엇을 의미할까? 싱가포르 난초 중 하얀색이 가장 비싸고, 이는 프랑스 부자들이 선호하는 꽃이라고 한다. 또한 와인과 샴페인 진열대에 가보면 지역에 따라 종류가 다른데, 고급 와인과 샴페인이 많이 진열된 곳일수록 초밥이 잘 팔렸다. 이런 점들을 종합해볼 때, 부유한 사람들이 많은 곳일수록 초밥의 판매량도 많다는 점을 알 수 있었다. 이렇게 알게 된 사실은 후에 점포 자리를 선정할 때 큰 도움이 되었다.

마트 방문 고객들의 동선도 조사 대상 중 하나였다. 마트의 형태가 대체로 비슷하다는 점을 감안해 고객들이 가장 많이 다니는 곳은 어디인지, 가장 판매가 활발히 일어나는 곳은 어디인지를 파악했다. 또한 같은 동선 내에서도 왼쪽과 오른쪽 중 어느 쪽에 진열된 것들이 더 많이 판매되는지도 조사했다.

그 결과, 카트를 밀고 들어와 왼쪽으로 돌아 오른쪽에 나오는 상품의 매출이 높았다. 아무래도 오른손잡이가 훨씬 많다 보니, 오른손으로 물건을 집기 편한 곳의 매출이 잘 나올 수밖에 없었다. 이렇게 미리 매출이 더 잘 오르는 동선을 파악했기에 마트와 협상할 때 내가 원하는 위치를 고수할 수 있었다.

이외에도 식사 대용으로 잘 팔리는 음식의 종류와 가격대, 판매량 등을 조사했다. 초밥 대신 살 만한 음식이 무엇인지 알아야 가격이나 여러 면에서 경쟁력을 갖추고 대비할 수 있기 때문이다. 또한 표를 만들어 시간대별 매장 입장 손님의 연령도 체크했다. 특히 식사 시간에는 어느 지역 매장에 어떤 연령대의 사람이 주로 오는지를 파악했다. 그래야 그에 맞게 초밥을 준비할 수 있기 때문이다.

그리고 마트에서 음식 코너가 얼마나 큰지, 그 코너에서는 얼마나 다양한 메뉴를 파는지도 알아보았다. 음식 코너가 잘되는 지점일수록 사람들이 음식 코너에 더 오래 머물렀고, 그런 곳일수록 초밥 장사 또한 잘될 가능성이 높기 때문이다.

그렇게 2년간 매일을 조사하고 다니다 보니 이제 '촉'이라는 게 자연스럽게 장착되었다. 그래서 이제는 새로운 매장을 오픈할 때면 어느 정도 매출이 나올지 감이 잡힌다. 그리고 이렇게 내가 예측한 수치는 상당히 잘 들어맞아왔다.

이런 일이 반복되자, 이제 마트 측에서도 예상 매출액에 관해서는 내 말을 거의 믿는다. 그러니 어디에 먼저 새로운 매장을 오픈할지를 정할 때도 내가 주도하는 편이다. 이는 단순히 매장 오픈 계획을 내가 하게 되었다는 걸 넘어서서 마트가 그만큼 나를 신뢰하게 되었다는 뜻이기도 하다.

이 모든 결과는 직접 관찰하고 발로 뛰며 준비를 했기에 가능했다. 2년간 마트 직원들보다도 더 마트에 관심을 가지고 살피고 조사한 결과가 사업 성공의 밑바탕은 물론, 마트와의 파트너십을 다지는 밑거름이 된 것이다.

법칙 5

도움을 받고 싶으면
도움을 청하라

진심을 다해
도움을 청해본 적이 있습니까

생각해보면 나는 사업가로서 장점보다 단점이 많은 사람이
다. 켈리델리를 처음 창업할 때는 더욱 그랬다. 경영을 전공한
것도 아니고, 사업을 시작할 자금이 풍부했던 것도 아니며, 요
식업에 대해 아는 것도 없었다. 초밥을 만들 줄도 몰랐고 유통
이나 판매에 대해서도 몰랐다. 그 외에도 모르는 것과 못하는
것투성이였다. 이것들을 일일이 다 공부하고 익히려면 10년도
부족할 것이다.

이때 방법은 하나였다. 내가 부족한 부분을 채워줄 사람을 만나 배울 건 배우고 맡길 일은 맡기는 것. 그래서 나는 나를 도와줄 사람을 찾았고, 그들에게 도움을 청했다.

생각해보면 당장 사업을 시작해도 아무런 문제가 없을 만큼 모든 게 준비되어 있는 사람이 있을까? 아무리 직장에서 능력을 인정받았던 직원이라 하더라도 회사를 나와 사업을 할 때는 다시 '초보 사업가'로 돌아가게 마련이다. 누가 조금 더 유리한 위치에서 시작하느냐에 차이는 있더라도, 결코 처음부터 혼자서 모든 걸 해낼 수는 없다는 건 자명한 사실이다.

사업 준비를 하다 보면 도움을 요청해야 할 일이 생각 이상으로 많다. 그러나 많은 사업가가 초창기에 다른 사람에게 적절한 도움을 받지 못해 좋은 아이디어와 열정을 가지고도 실패하기도 한다. 이들이 도움을 받지 못하는 이유는 간단하다. 바로, 도움을 요청하지 않았기 때문이다.

예전에 스티브 잡스의 인터뷰 영상을 본 적이 있다. 젊은 시절에 촬영한 듯한 그 영상에서 잡스는 "누군가의 도움을 받고 싶으면 일단 전화번호부에서 그 사람의 번호를 찾아내세요. 그리고 전화를 걸고, 도와달라고 하세요"라고 말한다. 그냥 말뿐이었다면 그의 말은 힘을 잃었을 테지만, 그는 본인의 사례를 덧붙여 이야기했다. 이제는 유명해진 '빌 휴렛과의 통화'가 그것이다.

12살이었던 스티브 잡스는 '주파수 계수기'라는 것을 만들어 보려 했지만 부품이 부족했고, 살 돈도 없었다. 그 부품을 만드는 회사는 HP였다. 잡스는 전화번호부에서 HP의 공동창업자인 빌 휴렛의 번호를 찾았고, 전화를 걸었다. 놀랍게도 빌 휴렛은 직접 전화를 받았다. 그는 20여 분이나 통화를 한 끝에 원하는 부품을 주기로 약속한 것은 물론, 잡스에게 방학 기간 동안 주파수 계수기를 만드는 공장에서 일할 기회까지 주었다. 이 경험에서 용기를 얻은 잡스는 그 후로도 누군가의 도움이 필요하면 전화번호부부터 꺼내들었다고 한다.

영상에서 잡스는 마지막으로 이런 말을 한다.

"전화해서 도움이 필요하다고 말했을 때 이를 거절한 사람은 한 명도, 단 한 명도 없었습니다. 그런데도 사람들은 전화를 걸지 않아요. 대부분의 사람들은 요구하거나 요청하려 하지 않지요. 그것이 무언가를 이루어내는 사람과 그저 꿈만 꾸는 사람의 차이이기도 합니다."

나 또한 잡스의 말대로 도움이 필요하면 도움을 요청했고, 대부분은 이를 무시하지 않았다. 그럼에도 여전히 많은 사람이 누군가에게 도움을 요청하는 일을 어려워한다. 특히 사업 초창기에는 자금도 없고, 가진 게 별로 없으니 더더욱 도움을 청하는 게 떳떳하지 못하다는 생각에 머뭇거린다.

하지만 분명히 말하건대, 생각보다 많은 사람이 어떤 물질적 대가도 바라지 않고 당신을 도울 것이다. 나의 멘토들 역시 그랬고, 나 역시 그렇게 하고 있다. 그러니 도움이 필요하다면 일단 연락을 취할 방법을 찾고, 연락을 하라. 그리고 진심을 다해 도움을 요청하라. 줄 게 없어도 걱정할 필요는 없다. 사람을 움직이는 것은 돈이 전부가 아니기 때문이다.

무일푼으로
최고의 전문가와 함께하다

멘토를 찾는 기준에도 여러 가지가 있을 것이다. 당시의 나는 '전문가 중의 전문가, 최고 중의 최고여야 한다'는 심플한 기준을 세웠다. 내 목표는 우리 회사가 프랑스에서, 나아가 유럽에서, 궁극적으로는 세계에서 최고가 되는 것이었다. 그러니 당연히 최고에게 배워야만 했다. 물론 내 정보력에는 한계가 있고, 내가 찾은 멘토보다 더 뛰어난 사람이 있을 수도 있으나, '내 기준에서 보았을 때 최고인 사람'를 찾으면 그만이었다.

세계 최고의 초밥을 만들기 위해

| 초밥 장인, 야마모토 선생 |

우선 세계 최고의 초밥을 팔아야만 하니, 당연히 초밥에 대해서 가르쳐줄 스승이 필요했다. 내 기준에서 야마모토 선생은 초밥 스승으로서 더없이 적합한 사람이었다. 그가 운영했던 일식당에서 식사를 하려면 30분 이상 줄을 서는 건 예사였고, 1시간을 기다리는 일도 부지기수였다. 게다가 직접 먹어본 바로도 정말 최고였다. 그는 초밥을 좋아하는 사람들에게 물었을 때 가장 먼저, 가장 자주 언급되는 사람이었고 일본 대사관을 비롯한 국가 기관이나 유력 단체에서 중요한 손님이 있을 때 초청받는 요리사였다.

나는 야마모토 선생의 식당으로 찾아가 줄을 섰다. 그를 처음 본 순간, '이 사람과 함께해야 한다'는 직감이 왔다. 하지만 나는 빈털터리에 가까워 그에게 보수를 주기는 어려웠다. 그래서 잘나가는 식당을 운영하고 있을 뿐 아니라, 최고의 초밥 장인이라는 명성과 명예를 갖고 있는 사람을 어떻게 설득해야 할지 막막했다.

처음 만난 야마모토 선생은 역시나 대하기에 편한 사람은 아니었다. 깍듯하게 예의를 지키기는 했으나 일본 장인 특유의 무뚝뚝한 얼굴로 시종일관 말도 별로 없었다. 하지만 내 차례가 돌아와 식당으로 들어간 나는 용기를 갖고 이런저런 이야기를 꺼냈다.

당장은 돈이 없지만 이 사업은 틀림없이 성공할 거다, 그럼 그때 충분히 사례하겠다, 프랑스를 비롯해 유럽 전역의 유명 마트 C사 지점마다 당신의 초밥이 있는 것을 상상해보라, 유럽 최고의 초밥 장인으로 인정받게 될 것이다……

수많은 이야기를 했건만, 그는 별다른 반응을 보이지 않았다. 하지만 이렇게 포기할 수는 없었다. 자리에서 일어나기 전, 마지막으로 그의 식당을 둘러보며 말했다.

"하루에 손님이 몇 명쯤 오나요? 천 명쯤 되나요? 물론 천 명은 많은 사람이지만, 저는 이 맛있는 음식을 하루에 만 명, 10만 명, 천만 명이 먹어보게 하고 싶어요. 더 많은 사람이 당신의 음식을 먹고 행복해졌으면 좋겠어요. 저도 이 초밥을 먹을 때마다 행복함을 느끼니까요."

이 말은 진심이었다. 마지막 말에 조금 표정이 풀어진 듯한 그는 잠시 나를 바라보더니 생각할 시간이 필요하다고 했다. 오래 기다릴 수 없었던 나는 딱 사흘 후, 부푼 기대를 안고 다시 그를 찾아갔다. 그러나 돌아온 답변은 아래와 같았다.

"나는 세상에서 가장 맛있는, 세계 최고의 음식을 만들고 싶소. 그런데 마트에서 판매하는 대량생산 초밥으로는 그게 불가능할 것 같군요. 그리고 르 꼬르동 블루(Le Cordon Bleu)

의 교수직을 받아들이려던 참이라, 미안하지만 다른 사람을 알아보는 게 좋겠소."

르 꼬르동 블루는 120년이 넘는 전통의 유명 프랑스 요리 학교로, 그는 여기에 신설되는 일본 음식 관련 수업에 교수로 와 달라는 요청을 받은 상황이라고 했다. 아쉬웠지만, 나의 꿈만큼이나 그의 꿈도 중요하다는 걸 알기에 어쩔 수 없이 집으로 돌아왔다.

내가 많이 침울해 보였던지 당시의 남자친구, 그러니까 지금의 남편은 나를 따뜻하게 위로해주었다. 실망하지 말고 다른 사람을 찾아보자며 이렇게 열심히 하고 있으니 곧 또 좋은 사람을 찾을 수 있을 거라는 그의 말에 조금 기운을 차릴 수 있었다.

하지만 그 이후로도 야마모토 선생이 가장 적임자일 거라는 생각에는 변함이 없었다. 이렇게 포기하기에는 너무 아쉬웠다. 그렇게 며칠간 고민에 빠져 있던 중 문득 그런 생각이 들었다.

'아니, 마트에서 파는 초밥이라고 꼭 세계에서 가장 맛있는 초밥이 되지 말란 법 있어? 가장 맛있는 초밥은 꼭 그렇게 좁은 식당에서 만들어야만 나오는 거야?'

다시 며칠이 지나고, 나는 세 번째로 야마모토 선생을 찾아갔다. 삼고초려라는 말을 떠올렸던 건 아니지만, 최소한 세 번은 시도해봐야 미련이 없지 않겠느냐는 마음이 있었다.

그의 식당 앞에 가서 줄을 섰고, 한참을 기다려 내 차례가 왔다. 다시 나를 본 야마모토 선생은 당황할 법도 하건만 여전히 무뚝뚝한 표정이었다. 어떻게 말할까, 무슨 말을 해야 할까 고민이 많았지만, 그의 얼굴을 보는 순간 내 입에서는 이런 말이 튀어나왔다.

"세상에서 가장 맛있는 초밥, 그거 나랑 만들어요. 나도 제일 맛있는 초밥 만들 거예요!"

이 말을 끝으로 나는 입을 다물었고, 마치 눈싸움이라도 하듯 야마모토 선생의 눈을 응시했다. 그 역시 마치 '뭐지?'라는 듯한 표정으로 나를 쳐다보았다. 그런데 그가 갑자기 피식 웃는 게 아닌가. 그러더니 오늘 장사가 마무리되면 찾아갈 테니 식당 앞에 있는 카페에서 기다리란다.

야마모토 선생을 기다리는 동안 내 마음은 초조함과 홀가분함이 뒤섞여 있었다. 그가 거절하면 어쩌나 하는 생각에 초조했고, 그래도 내가 할 수 있는 건 다했으니 오늘도 거절당한다면 좀 더 편한 마음으로 포기할 수 있을 듯해 홀가분하기도 했다.

노천카페에서 마시던 커피가 다 식어갈 무렵, 그가 왔다. 다시 특유의 웃음기 없는 얼굴로 돌아간 그는 한 달쯤 후에 다른 사람에게 식당을 넘길 생각이라고 했다. 당시의 그는 60대로 접어든 시기였기에 종일 일을 하기보다는 일선에서 물러나 교수로서 후배를 양성하고 컨설팅에 주력하려던 차였다. 어쨌든 그는 식당을 넘기면 일본에서 몇 달간 휴가를 보내고 돌아올 예정이며, 그때까지도 자신의 마음에 변함이 없다면 나를 도와주겠다고 했다. 순간, 내 귀를 의심했다. 마치 벌써 사업이 성공하기라도 한 듯이 기뻤다.

하지만 걱정되는 바가 있었다. 그 정도로 대단한 사람이라면 몸값이 만만치 않을 텐데, 나는 무일푼에 가까웠다. 그러나 마치 내 상황을 짐작이라도 한 듯, 야마모토 선생은 돈은 필요 없다고 했다. 직접 초밥을 만들거나 사업에 참여하지는 않겠지만, 무상으로 자신의 노하우를 전수하고 레시피를 개발하는 것까지 도와주겠다고 했다.

그 후 야마모토 선생은 정말로 나와의 약속을 지켰다. 그는 4개월 정도 일본을 다녀와서는 그때부터 6개월간 하루도 빠짐없이 나의 집으로 찾아왔다. 아침 9시부터 오후 5~6시까지 매일 생선 손질하는 법과 초밥의 초 만드는 법을 비롯해 수많은 노하우를 내게 전수했다. 그리고 처음 사업을 시작할 때 있던 약 100여 가지 메뉴 중 내가 개발한 것을 제외한 '클래식 메뉴' 50여 가지의 개발을 도와주었다. 나의 염원대로 정말 고마운 은인이자 스승이 되어준 것이다.

그가 왜 그렇게 나를 도와줬을까 항상 궁금했었는데 후에 직접 들은 바로는 '그 정도 열정이라면 도와줘야겠다는 생각이 들었다'고 한다.

야마모토 선생은 내가 첫 매장을 프랑스 리옹에 열면서 한동안 만나지 못하다가 파리에서 두 번째 매장을 연 이후로는 가끔 나를 만나러 왔을 뿐, 판매하는 초밥을 먹어보지도 않았다. 그렇게 시간이 흘러 고객들의 반응이 엄청 좋다는 걸 그도 느끼게 되었고, 그의 친구가 일본인 지인의 결혼식 때 켈리델리의 초밥을 내놓는 것을 보자 조금씩 내 말이 진심임을 알게 되었다. 그때부터는 좀 더 자주 매장에 들렀고, 나를 만나러 왔다.

명목은 심심해서 놀러 오는 것이었지만, 그렇게 올 때면 우리 직원들에게 많은 조언을 해주었다. 오랜 연륜과 사업 경험, 여기에 장인 특유의 철학까지 더해지다 보니 이 조언은 큰 도움이 되었다. 직원들 역시 야마모토 선생의 이야기에 항상 귀를 기울인다.

그런 그를 보면서 나는 무척 고마우면서도 미안했고, 또 걱정이 되었다. 조언을 아끼지 않으니 고마웠고, 그에게서 그토록 많은 것을 받았으면서도 제대로 갚지 못한 듯해 미안했으며, 연로한 그가 건강이라도 상할까 봐 걱정이 된 것이다.

나는 그에게 꼭 컨설팅 비용을 주고 싶었다. 물론 야마모토 선생은 단호히 고개를 저었다. 절대로 돈을 받을 생각은 없다고, 그저 네가 잘하는 것 같아 기특해서 조금이라도 도움을 더 주고 싶을 뿐이라고 했다. 진심으로 감동했다. 그래도 내 마음이 편치 않았기에 결국은 컨설팅 비용을 주고 있다.

"이 비용은 앞으로 더 도와달라는 뜻에서 드리는 게 아니라, 제게 6개월간 초밥 만드는 노하우를 알려주셨고 지금까지 많은 도움을 주셨으니까 드리는 거예요. 그러니 부담 갖지 마시고, 이제 건강도 좀 챙기세요."

진심이었다. 야마모토 선생은 내게 가족과도 같은 존재다. 그가 무리하지 말고 건강하게 오래오래 살기를 진심으로 바란다. 그럼에도 그는 여전히 일주일에 한두 번은 회사에 나와서 우리에게 많은 조언을 해주고 있다. 심지어 그는 1년에 한 번씩 일본에 갈 때마다 새로운 메뉴나 트렌드를 공부해와서 우리에게 전수해준다. 이 역시 대가를 바라지 않고 하는 것이지만, 나로서는 최소한 그에 맞는 대가를 조금이라도 지불하고 싶었다.

현재 야마모토 선생은 새로운 메뉴 개발 외에도 최고의 재료를 선별하는 작업을 하고 있다. 일주일에 한두 번밖에 오지 않는다고 해서 그의 영향력을 낮게 봐서는 안 된다. 켈리델리에서는 그가 마음에 들어 하지 않는 그 어떤 재료도 쓸 수 없다. 요식업계 회사들은 규모가 커질수록 비용을 아끼려고 점점 질이 떨어지는 재료를 쓰는 경우가 많은데, 우리는 이를 용납하지 않는다. 그것이 세상에서 가장 맛있는 초밥을 만들겠다는 우리의 철학과 야마모토 선생과의 약속을 지키는 길이기 때문이다. 그래서 켈리델리는 여전히 어떻게 하면 세상에서 가장 맛있는 초밥을 만들 수 있을지를 고민할 뿐 아니라, 새로운 메뉴를 개발하는 데 매진하고 있다.

경영을 배우기 위해

| 무일푼으로 성공한 김승호 회장 |

야마모토 선생이라는 최고의 스승에게서 초밥에 대해 배웠고 메뉴도 어느 정도 나왔지만, 그때까지 경영자로서의 준비는 충분하지 않았다. 그래서 나에게 경영자 수업을 해줄 만한 사람이 필요했다.

경영을 가르쳐줄 스승으로서는 앞서 나에게 큰 영감을 주었다고 소개했던 책 『김밥 파는 CEO』의 저자이기도 한 김승호 회장이 가장 적임자 같았다. 이 책에는 김승호 회장이 무일푼으로 시작해 수천억 원 매출을 올리는 회사의 CEO가 되기까지의 과정이 잘 나타나 있다. 나는 그로부터 경영 노하우와 기업가정신 등에 대해 배우고 싶었다.

나는 인터넷을 뒤지고 출판사에도 연락해보고 수소문한 끝에 김승호 회장의 개인 메일 주소를 알아냈다. 그리고 곧바로 메일을 보냈다. 많은 사람이 이 메일을 도대체 어떻게 썼는지 궁금해하는데, 사실 아주 간단하게 핵심만 정리해서 보냈다.

나는 프랑스에 사는 40대 초반 여성으로, 사업에 한 번 실패하여 10억 원 넘는 빚을 지고 있으며, 이제 막 사업가로 재기하기 위해 다시 일어서려는 상황이다. 당신도 나처럼 힘겨운 상황에서 성공한 것으로 알고 있다. 나에게 그 노하우를 알려주었으면 좋겠다. 나는 돈도 없고 가진 게 없으니 대가로 줄 수 있는 건 없지만, 대신 나도 성공하면 후배들에게 그 노하우를 공유하겠다.

대략 이런 내용을 담아, 약 10~15줄 정도로 메일을 보냈다. 바쁜 사람들에게는 간결하게, 단 현재 상황과 앞으로의 계획이 명확히 드러나도록 메시지를 쓰는 것이 중요하다. 무엇보다 중요한 건 절박함과 의지, 진정성을 담는 것이다.

나는 내 현재 상황을 여실히 적었고, 반드시 재기에 성공하겠다는 의지와 열정을 보였으며, 비록 내가 당신에게 해줄 수 있는 건 없어도 대신 나와 같은 어려움에 처한 후배들을 보면 반드시 그들에게 돌려주겠다는 진정성을 보였다. 이것이 김승호 회장의 마음을 움직였고, 나는 그 뒤로 한동안 메일과 전화

통화로 궁금한 것들을 물어보고, 이에 대한 답변을 들을 수 있었다. 그리고 시간이 좀 더 흐른 후에는 김승호 회장의 초청으로 미국까지 가서 직접 보고 들으며 많은 것을 배웠다.

이후로는 오빠, 동생으로 지내며 더욱 친밀하게 관계를 유지해오고 있고, 여전히 나에게 많은 영감과 도움을 주고 있다. 최근에도 세계 여행을 다녀온 후 김승호 회장 부부가 우리 집에 찾아와 오랜만에 같이 여행 이야기, 사업 이야기를 하며 뜻깊은 시간을 보낸 바 있다.

나 같은 후배를 돕는 것으로 은혜를 갚겠다던 약속대로 나역시 지금 되도록 많은 사람에게 멘토링을 해주고 있는데, 그때마다 김승호 회장이 자주 떠오른다.

한번은 네덜란드에서 유학 중이라는 한 학생이 유럽에서 김밥을 팔고 싶다며 멘토링을 요구한 적이 있다. 그런데 업종도, 지역도 켈리델리와 겹치는 게 아닌가. 만약 예전의 나였다면 '나한테 배워서 내 경쟁자가 되겠다니, 이런 배은망덕한 말이 어디 있어?'라고 생각했을지도 모른다. 하지만 지금은 다르다.

'내게 도전하겠다, 이거지? 좋아, 얼마든지 받아주지.'

그래서 나는 멘토링을 할 때 이런 말을 덧붙이는 것을 잊지 않는다.

"내게 상담을 받는 것은 좋은데, 나도 경쟁자임을 잊지 마세요. 어떤 이야기든 내게 말할 때는 조심해야 할 거예요."

물론 후배의 아이디어를 가로챌 마음은 추호도 없다. 하지만 나 역시 언젠가 다른 사람들에게 나의 아이디어를 이야기했다가 아이디어를 뺏긴 적이 있었다. 따라서 그들이 다른 사람에게 자신의 사업에 대해 이야기할 때 좀 더 신중하고 조심스러울 수 있도록 경각심을 심어주는 것 역시 내가 해야 할 일이라 생각한다.

글로벌 프랜차이즈로 성장하기 위해

| 맥도날드 CEO 출신 경영자 |

◈

켈리델리가 처음 오픈했을 때, 말 그대로 폭발적인 반응이었다. 세계 각지의 대형 마트는 물론 온갖 요식업계 종사자들이 견학을 왔을 정도였으니 말이다. 한국에서도 모 프랜차이즈 마트에서 회장이 직접 찾아왔다. 우리는 그 정도로 프랑스에서 확고하게 자리를 잡은 후, 처음 사업을 시작할 때 계획했던 대로 글로벌 시장으로 진출하고자 했다.

이처럼, 유럽에서 최고가 된 후 세계 1위 기업이 된다는 게 나의 목표였다. 하지만 나는 요식업계에 대해서도, 프랑스를 제외한 유럽과 글로벌 시장에 대해서도 아는 게 없었다. 따라서 이 문제를 해결해줄 사람이 필요했다. 요식업계에서 최고의 글로벌 프랜차이즈의 대표라면 어디가 떠오르는가?

나는 바로 맥도날드가 생각났다. 세계 최고의 글로벌 프랜차이즈 브랜드를 만드는 게 목표이므로 나는 주저없이 맥도날드 관계자와 만나는 걸 또 다른 목표로 삼았다.

그렇게 맥도날드의 중역과 CEO에 대해 조사하던 중, 드니 하네칸(Denis Hannequin)이란 사람에 대해 알게 되었다. 그는 유럽의 맥도날드 CEO를 거쳐 유명 호텔 체인인 어코드(Accord)의 CEO로 스카우트되었다가 물러난 후 유로스타와 프랑스 철도청, 영국의 유명 호텔과 슈퍼마켓 체인 등의 이사직을 겸하고 있는, 화려한 이력의 스타 경영자였다. 아르바이트부터 시작해 지점장, 유럽 총괄 팀장을 거쳐 유럽 맥도날드 CEO에까지 오른 입지전적인 인물이기도 했다.

그를 만나고 싶어진 나는 그 방법을 생각해내기도 전부터 여기저기에 이야기를 하고 다녔다.

"이러이러한 경력을 가진 드니 하네칸이라는 사람이 있는데, 꼭 그 사람을 만날 거야."

한번은 프랑스에서 변호사로 일하고 있는 친구를 만나 같은 이야기를 했다. 그때까지도 그를 만나는 데 어떤 방법이 가장 효과적일지 고민하고 있었는데, 뜬금없이 친구가 내게 이렇게 이야기하는 게 아닌가.

"가만, 그 사람 얘기 들어본 적 있어. 내 친구가 그 사람 수행비서였던 것 같은데……."

이런 드라마나 영화에서만 볼 것 같은 우연이 있다니, 정말 믿을 수 없었다. 어쨌든 기회를 놓칠 수는 없었기에 바로 친구에게 부탁했다. 그는 수행비서였다는 자신의 친구에게 연락했고, 그 친구가 수고를 해준 덕에 나는 그토록 만나기를 바랐던 드니 하네칸을 만날 수 있었다.

처음 그를 만난 곳은 우리 매장 앞이었다. 당시 켈리델리는 무서운 기세로 성장하고는 있었지만 그가 보기에는 매우 작은 회사였을 것이다. 게다가 그는 수많은 대기업의 이사직을 가지고 있고 컨설팅 비용만으로도 어마어마한 돈을 벌고 있는 사람이었다. 그런 분에게 나는 당당하게 "우리 회사 매장 앞에서 보죠"라고 말했던 것이다.

물론 그렇게 말해서 미팅을 거절당할 수도 있을 거라 생각했지만, 그럼에도 그렇게 했다. 우리 매장이 어떻게 운영되고 있는지를 현장에서 봐야 조언을 제대로 해줄 수 있을 거라는 기대에서였다. 만약 그가 원한다면 기사를 보내 모셔 올 생각도 있었다.

그러나 그는 순순히 매장으로 찾아와주었다. 그것도 자전거를 타고서 말이다. 가까운 거리이긴 했지만 그래도 그의 사회적 지위나 경제력을 고려했을 때 다소 의외였다.

첫 만남에서 우리는 두세 시간을 매장 앞에 서서 이야기를 나누었다. 그는 매장을 둘러보고 이런저런 질문을 하고 우리의 초밥을 먹어보고 다시 질문을 했다. 그리고 결국 우리를 도와주기로 했다.

경제적으로 전혀 아쉬울 게 없는 그가 우리처럼 조그만 회사를 돕기로 한 이유는 무엇이었을까? 우선 그는 나와 내 남편을 마음에 들어 했다. 그리고 그는 여러모로 우리 회사와 잘 맞는 사람이었다. 그는 시내에서 이동할 때는 항상 자전거를 탄다고 했는데, 그 이유는 바로 건강 때문이었다. 이를 봐도 알 수 있듯이, 그의 가치관은 '고객에게 건강한 음식을 제공하는 것'을 무엇보다 중시하는 켈리델리의 경영 철학과도 상통했다.

또한 그는 원래 젊은 스타트업 사업가를 좋아하고 그들에게 멘토링하는 것도 즐겼다. 그의 눈에는 비슷비슷한 수준의 업체들만 난립해 있는 초밥 도시락 시장에서 무일푼으로 새로운 형태의 사업을 시작하려는 내가 스타트업 사업가로 보였을 것이다. 게다가 매장에서 직접 고객의 반응을 보고 초밥을 먹어보기까지 했으니 성장 가능성도 높게 평가한 듯했다.

2016년까지 드니 하네칸은 소정의 컨설팅 비용만 받고도 대개 3개월에 한 번씩 우리를 만났다. 그와 만나는 날에는 아침부터 저녁까지 미팅을 했고, 지난 3개월간 경영하면서 쌓였던 궁금증을 풀었으며, 다음 단계에 대한 조언을 들었다. 정말 급한 일이 있을 때는 중간에 한 번씩 만나기도 했다. 3개월의 기간을 둔 이유는 그와의 미팅에서 나왔던 이야기들을 실제로 실행해보고 그 효과를 살펴보는 시간이 필요했기 때문이다. 한 달에 한 번 혹은 더 짧은 주기로 만났다면 오히려 역효과가 났을 게 분명했을 정도로 미팅에서는 많은 이야기가 오갔다.

최근에는 우리와 협력하여 네다섯 명으로 구성된 외부 자문단을 만들어 유럽을 넘어 세계화하는 데 도움을 주기로 했다. 사실 우리처럼 아직 규모가 크지 않은 회사에서 이런 도움을 받으려면 어마어마한 돈이나 회사 주식의 상당 부분을 줘야 가능하다. 그러나 그는 훨씬 적은 비용만으로 우리와 함께하고 있다.

이 이야기를 들은 지인 중에는 나에게 운이 좋았다고 하는 사람이 많았다. 물론 사실이다. 내가 꼭 만나보고 싶었던 사람의 수행비서가 내 친구의 친구라니, 정말 운이 좋았다. 하지만 운이란 준비된 자에게만 오는 법이다. 대부분은 그렇게 높은 위치에 있는 사람이라면 절대 만나주지 않을 거라는 생각에 쉽게 포기해버리게 마련이다. 하지만 나는 계속해서 방법을 모색했고 주위에 이야기했다. 친구의 친구가 아니라 친구본인이 수행비서였다 해도 말하지 않았으면 모르고 넘어갔을 일을, 내가 먼저 말을 꺼냈기에 알게 된 것이다. 그리고 친구의 도움이 아니었더라도 어떻게든 그를 만날 자신이 있었다. 지금까지 '저 사람을 꼭 만나야겠다'고 결심하면 만나지 못한 적이 없었다. 다만 그러려면 시간과 노력이 더 필요했을 텐데, 친구 덕에 한결 쉽고 빠르게 만난 건 정말 운이 좋았다.

이렇게 사업적으로 도움을 요청할 때 반드시 기억해야 하는 점이 있다. 그 사람이 추구하는 가치, 비전, 철학, 전략 등이 나와 회사가 추구하는 그것과 잘 맞아떨어져야만 한다. 아무리 좋은 사람이라 하더라도 이 부분에서 어긋난다면 만남이 계속 이어지기도 어렵고, 사업적으로도 서로 긍정적인 영향을 주고받기 어렵기 때문이다. 따라서 누군가에게 도움을 청하기 전에 반드시 그 사람의 철학과 비전 등을 조사해야 한다.

만약 도움을 요청하고 싶은 사람이 지금 보기에 너무 멀고 높아 보인다 해도 지레 겁먹고 포기할 이유는 없다. 그런 사람들이라고 해서 꼭 당신의 등골이 휠 정도로 큰돈을 요구하는 건 아니다. 그에게 당신과 당신 회사의 비전이나 발전 가능성 그리고 성공에 대한 열정과 의지를 보여라. 모든 사람이 당신을 돕지는 않겠지만, 그렇게 시도를 해본다고 해서 손해 볼 건 없지 않은가. 단 0.1퍼센트라도 사업의 성공 가능성을 높여야 하는 마당에 거절이 두려워 도움조차 청하지 않는다는 것은 처음부터 사업에 대한 의지가 부족하다는 사실만 증명하는 꼴이다.

정말 성공하고자 하는 의지가 있다면, 거절을 두려워하지 말고 도움을 요청하고 또 요청하는 것이 성공 가능성을 조금이라도 높이는 방법이다. 그리고 만나고 싶은 사람이 있다면 기꺼이 주위에 이야기하라. 나처럼 뜻하지도 않은 데서 그 사람과의 연결고리를 잡게 될 수도 있을 테니 말이다.

법칙 6   운을 내 편으로 만들어라

100페이지를 이긴
4페이지짜리 계획서

드디어 본격적으로 출사표를 던져야 하는 시간이 찾아왔다. 원하는 직업이 있다면 공부가 어느 정도 된 후에는 이력서를 내든 창업을 하든 반드시 뭔가 시도해야 하는 것처럼, 나도 본격적으로 사업을 시작해야 하는 때가 찾아온 것이다.

초밥 도시락 사업으로 아이템을 정했을 때 고려해야 할 것들이 여러 가지 있었다. 어떤 마트와 함께할지도 매우 중요했다. 고민은 길지 않았다. 유럽에서는 C사가 1위를 차지하고 있었기 때문이다.

그때부터는 그들이 나와 함께하고 싶게 만들어야 했다. 하지만 나는 요식업계 사업 경력이 일천했고, 이미 C사 내에서는 기존에 있던 초밥 도시락 판매가 제법 잘되고 있었다. 게다가 그들과 함께하고 싶은 사람들이 하루에도 수백 개의 사업계획서를 보내는 마당에 어떻게 그들과 접촉할 수 있을지도 의문이었다.

결국 나는 정공법을 택하기로 했다. 그들도 어쨌든 사업계획서를 확인하지 않겠는가. 그렇다면 그들이 연락을 할 수밖에 없는 사업계획서를 만들면 되겠다고 생각했다.

나와 남편은 C사의 회장을 염두에 두고 사업계획서를 작성하기 시작했다. 우선 내가 확인한 바로 그는 60대 중반이었다. 이 나이대의 경영자들은 젊은 사람들과 달리 대체로 화려한 PPT 파일을 그다지 선호하지 않는다. 겉으로 드러나는 것보다 문서 안의 내용과 텍스트를 훨씬 중시하는 경향이 강하므로, 워드 파일로 작성하기로 했다.

다음으로, 그 정도 기업의 경영자라면 바쁠 수밖에 없다. 수십 쪽짜리 사업계획서를 보내봐야 거들떠보지도 않을 것이다. 무조건 간략해야 했다. 나는 꼭 필요한 내용만 채워 넣기로 했다. 분량을 줄이는 건 물론이고 집중도를 높이고 싶기도 했다.

또, 그가 받아볼 수많은 사업계획서에 어떤 맹점이 있을지도 파악했다. 일단 앞서 말한 두 가지, 그러니까 화려한 PPT를 만드느라 정작 중요한 내용은 안 보이고 분량만 잔뜩 늘어난다는 게 가장 큰 맹점이었다. 게다가 이들은 철저히 '우리 사업은 이렇습니다'라고 자기들 사업에 대해서만 이야기하는 경우가 많았다. 하지만 마트와의 협업은 말 그대로 '협업'이다. 따라서 윈-윈(Win-Win)이 되지 않으면 아무런 의미가 없다.

여기서 더 고려해야 하는 것이 있었는데, 바로 마트에 아이디어를 뺏기지 말아야 한다는 점이었다. 모든 마트가 그런 건 아니지만, 마트가 어떤 업체의 아이디어를 채택하여 잠깐 동안 계약을 맺고 일할 수 있게 자리를 내줬다가 1년쯤 지나 재계약을 하지 않고 내쫓은 뒤 자기들이 직접 운영한, 대형 마트의 횡포가 이슈가 된 적이 있다. 심지어 영화로 나와 큰 인기를 끌기도 했다. 한국에서는 〈내가 속인 진실〉이라는 제목으로 개봉되었는데, 이 영화에는 그 외에도 여러 부당한 횡포가 잘 그려져 있다.

마트가 그렇게 사업을 직접 운영하는 이유는 사업성이 좋으니 더 많은 수익을 올리기 위해서이기도 하고, 때로는 아이디어를 낸 업체가 제대로 운영하지 못했기 때문이기도 하다. 어쨌든 아이디어를 낸 입장에서는 억울할 가능성이 높다. 나역시 대형 마트만 좋은 일을 시킬 생각은 없었다.

이제 사업계획서에 내용을 채워 넣을 차례였다. 먼저, 꼭 필요한 내용이 무엇인지 세 가지로 추려보았다.

첫째, 내가 하려는 사업이 어떤 사업이고, 차별점과 콘셉트는 무엇인가?

둘째, 시장 상황은 어떠한가?

셋째, 이 사업을 하는 사람이 왜 켈리 최여야 하는가?

이 내용을 줄이고 줄여서 질문당 1쪽씩, 총 3쪽으로 사업계획서를 작성하기 시작했고, 뒤에는 말로만 설명하기 힘든 사업 콘셉트와 메뉴 등을 3D 이미지와 사진으로 첨부했다.

우선 첫 장은 회사 이름과 콘셉트 위주로 작성했다. 라이브 쇼 비즈니스와 초밥 도시락 사업을 접목한다는 점, 기존 초밥 도시락과의 차별점은 무엇인지를 설명했다.

두 번째 장에는 프랑스의 패스트푸드 시장에 대해 조사한 내용을 넣었다. 몸에는 좋지만 먹고 나면 금방 배가 고픈 샐러드, 배는 부르지만 건강에 좋지 않고 열량이 높은 피자 등의 문제를 나열하고 초밥 도시락이 그 대안이 될 수 있음을 설명했다.

마지막 장에는 이 사업을 내가 해야 하는 이유를 담았다. 그 내용은 대략 다음과 같았다.

- 나는 디자인을 전공했고 패션계에 종사했던 경험이 있기에 맛과 건강에는 물론, 보기에도 좋은 초밥을 만들 수 있다.
- 프랑스만이 아니라 미국과 유럽에서 성공한 초밥 식당은 한국인이 운영하는 경우가 많다.
- 피자는 분명 이탈리아 음식이지만 이제 대중화되어 누구도 이탈리아 음식으로 여기지 않는 것처럼, 한국에서도 초밥과 김밥이 인기가 많기 때문에 일본 음식이라 생각하지 않는다. 특히 김밥은 오히려 한국에서 더 많이 먹고, 맛과 건강 면에서도 한국 김밥이 더 뛰어나다.
- 유럽인들에 비해 손이 작고 젓가락 사용으로 세심한 손놀림이 가능한 한국인이 만든 초밥이 더 맛있을 수밖에 없다.

본질과 핵심만
남기는 법

결과부터 말하자면, C사에서는 나의 사업계획서를 보았고, 연락을 해왔다. 그것도 회장이 직접 읽어보고 연락해서 미팅을 잡으라고 지시했다고 한다. 그날 회장의 지시로 우리에게 연락한 사람은 C사 전체의 생선 코너 기획실 팀장이었는데, 후에 그에게서 어떻게 회장이 사업계획서를 보게 되었는지를 들었다.

그날은 토요일이었는데, 그와 회장 모두 일이 있어서 출근을 했다고 한다. 그런데 약속이 있어서 일찍 퇴근하려던 회장이 잠깐 시간이 남아 책상에 쌓인 수십 개의 서류 더미에서 가장 얇은 것을 집어 들었는데, 그게 우리 사업계획서였다는 것이다. 잘될 거라 직감한 회장은 C사 전체를 담당하는 기획 팀장에게 이 사업계획서를 보여주었고, 그가 다시 생선 코너 기획실 팀장에게 미팅을 지시했다. 그에게 들은 바로는 C사에 오는 사업계획서의 수와 분량이 너무 많다 보니 회장이 거의 확인하지 못하는 게 일반적인데, 이는 매우 이례적인 일이었다고 한다.

이 이야기를 들은 지인 중 하나가 그런 말을 했다.

"그런데 회장이 그걸 집어봤다니, 운이 정말 좋았네. 토요일인데 회장이 출근한 것도 그렇고, 일 마친 다음에 잠깐 시간이 남았던 것도 그렇고, 하필 켈리델리의 사업계획서를 집어든 것도 그렇고……."

맞는 말이다. 정말 운이 좋았다. 그런데 운 또한 아무한테나 가는 게 아니라 준비하는 자를 따르게 마련이다. 작은 성공은 혼자서도 할 수 있다. 하지만 큰 성공은 반드시 운이 따라줘야만 하는데, 사실 운은 평소에 준비가 되어 있는 자가 아니면 찾아오지도 않고 잡을 수도 없는 법이다.

첫 미팅에서 C사 측 직원들이 우리 사업이 잘될 리가 없다는 부정적인 말을 한참이나 늘어놓은 것만 봐도 사업계획서를 회장이 아닌 다른 사람이 봤더라면 걸러냈을 가능성이 높았다. 이렇게 본다면 정말 순전히 운인 것만 같다. 운이 좋았던 건 분명한 사실이지만, 너무 바빠서 어지간한 사업계획서는 펼쳐보지도 못하는 회장이 하필 우리 사업계획서를 살펴본 또 다른 이유는 무엇이었을까? 약속 시간 전에 잠깐 남은 시간에도 충분히 볼 수 있을 정도로 '간략'했기 때문이다. 그건 우리가 '이걸 읽을 사람이 누구인가'를 고려해 작성한 덕이다.

만약 내가 책 한 권 분량의 사업계획서를 보냈더라면 어떻게 되었을까? 회장에게는 우리가 보낸 사업계획서가 책상에 쌓인 수많은 다른 서류들과 똑같아 보였을 것이고, 당연히 들어보지도 않았을 것이며, 이로써 우리 사업은 그대로 폐기되었을 가능성이 높다. 그럼 나는 될 때까지 사업계획서를 보내거나 다른 마트 쪽으로 방향을 바꿔서라도 반드시 계약을 성공시켰겠지만, 지금처럼 빠르고 가파르게 성장하기는 힘들었을 것이다.

좋은 제안서 또는 기획서는 반드시 간결해야 한다. 그런데도 여전히 많은 분량이 기획서의 질을 보장한다고 착각하는 사람이 많다. 솔직히 말하자면 간략하게 줄일 수 있는 기획서를 수십에서 수백 페이지로 만든다는 것은 시간이 남아돈다는 사실을 증명하는 꼴밖에 안 된다. 아주 중요한 정보와 좋은 내용이 들어가 있다 해도 아무도 거들떠보지 않는 기획서는 아무런 가치가 없다. 시간과 노력을 들여가면서 무의미한 종이 더미를 만들고 싶은 게 아니라면 기획서를 간략하게 축약하는 데 집중해야 한다. 그리고 그렇게 해야 문서에는 본질만 남게 된다.

운명이 걸린
단 한 시간

C사와의 미팅을 앞두고 나와 남편은 또다시 비상이었다. 기업과의 미팅에서 특히나 상대가 대기업인 경우 괜히 주눅이 들어 꼭 해야 할 말도 못 하고 나오는 경우가 있는데, 그런 일을 방지하려면 전략과 준비가 필요했다.

우선 C사 입장에서 우리에게 궁금해하거나 질문을 할 만한 내용을 최대한 뽑아 목록으로 작성해 답변을 준비했다. 답변 역시 간결하면서도 충분히 이해할 수 있도록 만드는 데 주력했다. 이유는 크게 세 가지였다.

첫째, 사업계획서와 마찬가지로 질문에 대한 답변 역시 간결하면서도 핵심을 짚어야 전문가라는 인식을 심어줄 수 있다. 이는 실제로도 그렇다. 중언부언 떠드는 것보다 핵심만을 짚어내는 게 훨씬 더 어렵고 더 많은 공부를 필요로 하기 때문이다.

둘째, 어차피 미팅 시간은 정해져 있을 테니 그 안에 상대측이 우리에게 하나라도 더 물어보고 답변을 듣게 된다면 서로에게 더 좋을 거라 판단했다. 만약 그들이 준비한 질문조차 하지 못하고 끝난다면 미팅을 다시 잡아야 하거나, 최악의 경우 켈리델리에 대해 확신하지 못해 없던 일로 할지도 모른다.

셋째, 그들의 질문에 답변하는 것도 중요하지만 사업계획서에 모두 담지 못했던 우리 사업의 가능성과 앞으로의 계획에 대해서도 이야기하고 싶었다. 그러려면 시간을 최대한 확보해야 했기에 질문에는 가능한 한 짧게, 그러면서도 핵심은 놓치지 않도록 답변하는 편이 유리했다.

미팅 당일, C사에서는 두 사람이 나왔다. 인사를 나눈 뒤, 나는 준비한 대로 그들에게 첫 번째 질문을 던졌다.

"오늘 미팅 시간은 얼마나 되죠?"

왜 이런 질문을 던졌을까? 미팅 시간이 얼마나 되느냐에 따라 우리가 준비한 것들을 어떻게 풀어낼지, 즉 어떤 것을 빼거나 더 자세히 이야기해야 할지를 정할 수 있기 때문이다. 개인적으로는 최소한 1시간 반에서 2시간 정도는 되기를 바랐다. 하지만 대기업은 바쁘게 돌아가기 때문에 그 정도의 시간이 주어질 거라고 기대하지는 않았다. 때로는 단 10분에서 15분만 주기도 한다. 그래서 우리에게 주어진 시간이 1시간임을 알았을 때 나는 안도했다. 그보다 짧을 경우를 대비해 미팅을 준비했으니 질문 선택의 폭이 넓어졌기 때문이다.

나는 미팅 때 나눌 이야기를 크게 세 가지로 준비했다.

첫째, 우리 사업에 대한 소개
둘째, 그들의 질문과 그에 대한 답변
셋째, 앞으로의 계획

그리고 각각에 30분, 20분, 10분을 쓸 수 있도록, 말을 하면서 준비한 내용을 조금씩 조정하기로 마음먹었다.

이런 미팅에서 중요한 것은 우리가 이런 주제로 시간을 안배해서 미팅을 진행할 거라는 사실을 상대 측에 미리 알려줘야 한다는 점이다. 그래야 상대 측도 미팅을 전체적으로 어떻게 진행할지 머릿속에 그릴 수 있기에 이야기를 좀 더 수월하게 나눌 수 있다. 우리는 미팅이 있을 때마다 이 점을 항상 유의하고 있다.

그리고 상대 측이 우리에게 궁금한 것을 물어볼 시간도 필요하지만, 우리가 궁금해하는 점 또한 절대 빠뜨려서는 안 된다. 같이 사업을 하려면 우리도 알아야 할 것들이 많다. 우리는 C사와 함께 사업을 하는 '파트너'지 결코 그들의 하청업체는 아니기에 더더욱 그래야 했다. 그래서 이런 질문들 역시 틈틈이 섞을 수 있도록 적절히 시간을 안배했다.

철저한 준비 덕분에 우리는 1시간 안에 그날 해야 할 이야기들을 충분히 나눌 수 있었다. 더구나 미팅이 잘 진행되자 그들도 관심을 가지고 더 많은 질문을 했고, 결국은 1시간 반 동안 이어졌다. 이야기를 하는 도중에도 상대의 표정과 반응을 살피면서 그들이 의문을 갖거나 이해하지 못하는 눈치면 더 자세히 설명했고, 간혹 별 관심이 없어 보일 때는 꼭 필요한 내용이 아니면 과감히 건너뛰기도 했다. 미팅이란 나 혼자 떠드는 자리가 아니라, 서로에게 어떤 이득이 있을지를 '주고받는' 자리이기 때문이다.

취업을 하려면 이력서를 잘 쓰는 것도 중요하지만 면접도 그에 못지않게 중요하다. 사업을 제안할 때도 마찬가지다. 사업계획서로 상대의 관심을 끌었다면, 미팅에서는 서류에 미처 담지 못한 이야기를 충분히 풀어내고, 내가 어떤 사람인지를 알려야 한다. 당연히 많은 준비가 필요한 일이다.

법칙 7

비전을
제시하라

돈이 아닌
상상력으로 설득하라

사업을 준비하는 과정에서 착착 준비가 되어가고 있는 부분이 있었던 반면, 위기 또한 여러 차례 찾아왔다. 그중 가장 큰 위기에 대해서 이야기하고자 한다.

프랑스는 요식업의 위생관리가 정말 철저한 나라다. 그중에서도 유통업체 C사는 세계적인 마트답게 위생에 있어서는 숨이 막힐 정도로 깐깐하다. 이 정도로 해야 이렇게까지 큰 회사가 유지되는구나 싶을 정도다.

오픈 준비로 한창 바쁘게 보내던 중, 마트 측에서 연락이 왔다. HACCP(Hazard Analysis and Critical Control Point, 해썹)을 제출하라는 내용이었다. 요식업 창업을 준비하던 사람으로서는 부끄러운 이야기이지만, 사실 그때만 해도 HACCP이 무엇인지도 몰랐다. 하지만 그렇게 말할 수는 없었기에 "알겠습니다. 지금 준비 중이니 좀 기다려주세요"라고 둘러댄 후 인터넷에서 검색해보았다.

HACCP은 '식품안전관리인증기준'으로, 쉽게 말하자면 위생으로 인해 생길 수 있는 위해(危害) 요소를 규명하고 이를 관리하기 위한 일종의 '위생관리 체계'를 뜻한다. 원재료부터 제조, 보존, 유통, 조리 및 판매에 이르기까지가 HACCP의 관리 범위에 포함된다. HACCP이 없으면 요식업은 아예 시작조차 할 수 없다.

HACCP은 보통 책 한 권 분량에 이를 정도로 꼼꼼히 작성해야 한다. 나는 이 작업도 최고와 함께하고 싶다는 생각에 프랑스의 유명한 연구소를 찾아갔으나, 한 권 만드는 데 6개월이 걸리고 비용도 대략 1억 원에 가깝다는 말을 들었다.

또다시 막막한 벽이 나타났다. 가뜩이나 자금이 부족한 상황에서 그런 돈이 있을 리가 없지 않은가. 나는 연구소를 대상으로 여러 가지 방법으로 협상을 시도했다.

"우리는 당장 그렇게 큰 비용을 낼 돈이 없어요. 만약 비용을 낮춰줄 수 없다면 우리가 매장을 오픈한 후에 수익이 났을 때 지불하는 건 안 될까요?"

역시나 연구소 측에서는 황당하다는 반응을 보였다. 하지만 그 뒤로 몇 번이나 더 요청을 했더니, 그들도 '우선 반만 받고 나머지는 후불로 받겠다'고까지 양보했다. 아쉬울 것 없는 대형 업체로서는 최선의 제안을 한 셈이었다. 하지만 나에게는 그 정도의 돈도 없었다. 게다가 다른 업체들도 비용과 기간에 별 차이가 없었고, 후불로 해달라는 내 제안을 받아들이는 곳은 찾지 못했다.

사실 이 시기는 매장 설치비와 운영 자금 등의 문제를 해결할 때보다 더 전이었다. 어찌 보면 처음으로 찾아온 큰 위기였던 것이다. HACCP이 없으면 사업은 시작조차 할 수 없다고 하지 않는가! 정말 생각지도 못했던 문제가 우리의 앞을 가로막은 것이다.

나와 남편은 계속해서 다른 위생 전문가를 찾았다. 그러던 중 로즈마리라는 여성이 직원 몇 명과 함께 운영하는 작은 업체를 알게 되었다. 그들은 주로 베이커리를 대상으로 위생교육을 하고, 위생법에 어긋나지 않게 음식을 만들도록 돕는 일을 하고 있었다. 작은 업체였으나 그간의 경력으로 보아 능력에는 의심의 여지가 없었다.

연락을 받은 로즈마리는 마침 며칠 후에 우리 집 근처에서 교육이 있으니 끝나고 만나자고 했다. 미팅 날 우리는 조금 일찍 가서 그녀가 교육하는 현장을 잠시 견학하고 근처 카페에 자리를 잡았다. 우리는 HACCP이 무엇인지도 몰랐고, 기간이나 비용이 얼마나 드는 건지도 몰랐다는 사실까지 솔직하게 털어놓았다. 그러고 나서 매장 오픈 후에나 비용을 지불할 수 있다는 말까지 덧붙이고 나니, 내가 다 민망할 지경이었다.

로즈마리는 우리의 이야기를 곰곰이 듣고 있었다. 그녀는 주로 베이커리 쪽에서 일을 했던 터라 초밥 분야는 조금 생소한 듯했다. 게다가 아무리 작은 규모라고는 해도 회사를 이끄는 입장에서 많은 돈을 주지도 못할 우리와 일을 하겠다는 결정을 내리기란 쉽지 않았을 것이다. 더구나 켈리델리가 성공하지 못하면 아예 돈을 받지 못할 수도 있을 테니 말이다.

나는 마지막으로 진심을 담아 이렇게 말했다.

"우리는 지금까지 세상에 없던 비즈니스를 할 거예요. 마트에서도 가장 사람이 몰리는 곳에서 깔끔한 옷을 입은 아시아인들이 예술적인 손놀림으로 초밥을 만들면, 사람들은 넋을 놓고 구경하겠죠. 기존의 공장에서 미리 만들어둔 맛없고 신선하지도 않은 초밥 도시락이 아니라, 즉석에서 좋은 재료로 만든 맛있고 신선한 초밥을 파는 거예요. 아직 세상 어디에도 없는 이 비즈니스에 당신이 꼭 함께해줬으면 좋겠어요."

사실 이렇게 말하는 내내 그녀가 무슨 생각을 할지, 어떤 답변을 할지 노심초사했다.

드디어 그녀가 입을 열었다.

"재미있겠는데요? 좋아요, 같이해요."

역시나 기적은 일어났다. 그렇게 그녀는 우리와 함께했다. 그것도 HACCP이 완성되는 6개월간 단 한 푼도 받지 않고 말이다. 그때부터 6개월간 일주일에 한두 번은 나의 집으로 로즈마리 본인이 직접 오거나 직원을 보내서 나와 야마모토 선생이 초밥 만드는 모습을 지켜보며 이를 꼼꼼히 기록했다. 그녀가 도와주지 않았더라면 위생 문제 때문에 오픈조차 불가능했을 것이다.

예를 들어, 야마모토 선생을 비롯해 일본의 초밥 장인들은 생선 한 마리를 손질하는 데 30여 분이 걸린다. 비늘을 하나하나 다 긁어내는데, 여기까지만 해도 15분 정도가 소요된다. 그 후 껍질은 포를 뜨고, 그때부터 본격적인 손질이 시작된다. 그런데 프랑스의 위생법상 생선을 실온에서 15분 이상 꺼내놓아서는 안 된다. 이 사실을 몰랐더라면 어땠을까? 상상만으로도 아찔하다.

우리가 찾아낸 방법은 단순했다. 비늘을 긁어내는 과정을 생략하고 바로 포를 뜬 것이다. 야마모토 선생은 정통 초밥 장인답게 반대했지만, 법을 지키지 않으면 사업을 할 수 없으니 어쩔 도리가 없었다.

약 6개월 후, 로즈마리와 나는 드디어 HACCP을 완성했고, 이후로도 우리 회사의 위생 교육을 담당하며 여전히 함께하고 있다.

이처럼 초창기에는 HACCP도 모르고 시작했지만, 현재 켈리델리는 네덜란드에 있는 몇 개의 매장에서 ISO22000(식품안전경영시스템) 인증을 받은 상황이다. 이는 사업장에서 발생할 수 있는 식품 위해 요소를 사전에 예방하고 관리하기 위한 것으로, 식품 산업에 속한 업체들이 일정 기준의 위생관리 설비와 품질경영 체제를 갖춰야 하고 문제가 있는 식품 등을 유통했을 경우 리콜을 의무화하는 내용 등을 담고 있다. 쉽게 말해, HACCP과 ISO9001(품질경영시스템), ISO14000(환경경영시스템) 등 식품 안전에 관한 기존 국제인증 규격을 모두 통합한 것으로 볼 수 있다. 이를 인증받은 기업이라는 건 반드시 식품 안전을 기준으로 경영을 한다는 뜻이고, 소비자의 안전과 기대를 충족시키며, 지속적인 성장 가능성을 확보했다는 뜻이기도 하다. 우리는 몇 개의 매장에서만 인증을 받긴 했지만, 모든 경영 시스템과 프로세스는 이 기준에 맞게 바꾸었고 그 과정은 결코 쉽지 않았다. 그럼에도 회사의 미래를 위해서는 반드시 거쳐야 하는 과정이라 여기고 대대적으로 변화를 꾀했고, 이처럼 국제적인 흐름을 최대한 따라가기 위해 대비하고 있다.

그렇다면 로즈마리는 왜 6개월이라는 긴 시간 동안 무보수로 일을 했을까? 우선 '상상력을 자극'받았기 때문이라고 생각한다. 세상에 없던 비즈니스를 시작한다는 점, 유럽 최초로 초밥 도시락에 대한 HACCP을 만드는 개척자가 될 수 있다는 점에 그녀는 흥미를 느꼈다. 즉, 나는 그녀에게 '우리와 함께하는 것은 흥미진진하고 의미 있는 일이 될 거라는' 확신을 준 것이다.

하지만 단순히 장밋빛 미래를 약속하고 이를 자극하는 것만으로는 사람을 움직이기 어렵다. 사실 대가를 바라지 않고 어떤 사람과 무언가를 하고자 할 때는 결국 '그 사람'이 괜찮은 사람이라는 확신이 있어야만 하고, 설사 결과가 좋지 않더라도 같이하는 것만으로 재미있고 의미 있다고 여길 수 있어야 한다. 제안을 받아들이는 입장에서 결과가 좋지 않을 수도 있다는 가능성을 완전히 배제하기는 어렵기 때문이다.

그러므로 그 사람과 함께하는 '현재'가 좋아야 하는 게 먼저다. 따라서 누군가를 설득할 때는 현재 나의 마음가짐이나 열정, 진심과 철학이 어떠한지, 나는 좋은 사람인지 등에 대해서 진지하게 생각해볼 필요가 있다. 너무 당연한 말이지만, 먼저 호감과 믿음을 주는 사람이 되어야 하는 것이다.

포장지가 아닌
내용으로 승부해야 한다

창업 초기, 나는 사무실을 따로 구하지 않고 집에서 일을 했다. 덕분에 목표한 대로 고정비용을 줄일 수 있었다. 단, 여기에 문제가 없었던 건 아니다. 초기에는 많은 사람을 만나고 설득해야 했는데, 그들 눈에 '사무실도 없는 회사'가 그리 믿음직하지는 않았을 테니 말이다.

우선 새로 매장을 열 때마다 점주와 직원들을 뽑아야 하는데, 사무실도 없는 상황에서 그들을 설득하는 일도 만만치 않았다. 실제로 지금 함께하고 있는 한 점주는 이제 와서 고백하건대 당시 우리 회사가 정말 이 세상에 존재하긴 하는 건지 궁금했다고 이야기하기도 했다.

게다가 그들 대부분은 다른 식당에서 일을 하고 있는 사람들이었다. 그러니까, 다니고 있던 직장을 나와서 아직 열지도 않은 식당에서 함께 일하자고 그들을 설득해야 하는 상황이었다. 더구나 당시에는 매장도 없었으니 그들 입장에서는 더더욱 우리를 믿기 어려웠을 것이다.

미심쩍은 눈으로 쳐다보는 그들에게 믿음을 주기 위해서 나는 C사에 입점한다는 사실을 강조했다.

"그래요, 사무실도 없고 매장도 없으니 내 말을 믿기는 힘들겠죠. 하지만 C사는 믿을 수 있겠죠? 우리는 그 C사와 계약이 되어 있거든요. 그러니 나를 못 믿겠거든 C사를 믿고 같이 일해보는 건 어때요?"

이 방법은 제법 잘 통했다. C사를 모르는 사람은 없었고, 그런 기업에서 믿고 계약했다는 건 우리의 가능성을 인정받았음을 의미하기 때문이다.

"하루에 C사를 방문하는 사람이 얼마나 많은지 알아요? 우리는 그 안에서도 가장 눈에 잘 띄고 고객이 반드시 지나갈 수밖에 없는 주요 통로에 매장을 열 거예요. 그런 곳에서 당신과 직원들이 깔끔한 옷을 입고 전문가처럼 멋진 손놀림으로 초밥을 척척 만들어서 진열하는 모습을 상상해봐요. 마치 쇼를 하는 것처럼 말이에요. 얼마나 많은 사람이 몰려들겠어요?"

끝내 결정을 내리지 않는 사람들도 있었지만, 결국 많은 사람이 우리와 함께하기로 결정했다.

사업을 하는 사람 중에는 내용보다 포장지를 중시하는 경우가 꽤 있다. 이들은 사업설명회를 한답시고 5성급 호텔을 빌려 고급 승용차를 타고 나타나 자사의 좋은 점만을 부각하곤 한다. 물론 이런 모습에 혹해서 투자하려는 사람이 많이 모일 수도 있다. 그러나 속 빈 강정은 결코 오래가지 않는 법이다. 분명 조만간 누군가는 속았다는 생각을 할 수밖에 없으니 기업의 평판은 점차 나빠질 것이다. 또, 고급 호텔에서 사업설명회를 할 수 있었던 건 그 회사가 정말 잘되고 있어서라기보다 그런 식으로 혹한 사람들이 낸 돈 덕분이었음을 알게 되는 순간, 큰 배신감을 느낄 것이다.

물론 우리처럼 사무실도, 매장도 없는 상황에서 사업설명회를 하는 데는 많은 어려움이 따른다. 하지만 중요한 건 지금 당장 수많은 사람을 혹하게 만들어서 우리 회사로 오게 하는 게 아니라, 우리가 하는 비즈니스가 무엇인지, 우리가 추구하는 비전, 가치가 무엇인지 정확하게 전달하고, 이에 공감하게 만드는 것이다. 설사 우리의 철학에 가슴으로 공감한 사람이 소수일지라도, 그렇게 진심이 통한 사람만이 오랫동안 함께하는 파트너가 될 수 있다는 점을 명심해야 한다.

우리 회사는 새로운 나라에 진출할 때면 사무실을 따로 구하지 않고, 미팅 시에는 주로 카페를 이용한다. 시장을 조사하고 거래처를 확보하기도 전부터 사무실 고정비용이 나가는 건 낭비라 여기기 때문이다. 하지만 그 때문에 역시나 점주들과 거래처는 미심쩍은 눈길을 보낸다. 그러다 보니 사람을 직접 뽑아야 하는 각 나라의 지사장들은 하나같이 점주 모집에 있어 어려움을 토로했다.

허나 그들이 설득하기 어렵다는 점주들 중에서도 나와 진솔하게 대화를 충분히 나누고 나서 함께하기로 결정한 경우가 종종 있었다.

"조만간 회사를 퇴직하고 바로 준비할게요."

사실 나는 결코 달변가가 아니다. 내게는 한국어든 일본어든 프랑스어, 막힘없이 청산유수로 말하는 재주가 없다. 그럼에도 왜 그들은 나의 말에 믿음을 갖고 움직이는 걸까?

사람을 설득할 때 이런 차이를 보이는 것은 '얼마나 확신에 차 있는가'의 차이라고 본다. 확신에 차 있다는 건 내가 꿈꾸는 미래에 대한 믿음이 확고하다는 뜻이고, 그러한 확신은 말에 힘을 실어줄 수밖에 없다. 또한 설득을 할 때는 반드시 나 혼자만 잘되겠다는 것이 아닌, '우리가 함께 원하는 바를 이루고 성공할 수 있다'는 비전을 담아야 한다. 우선 나부터 믿음과 확신을 갖고 상대방을 위하는 진심을 담아 비전을 제시해 보자. 아마도 상대는 오히려 당신에게 고마워하며 기꺼이 함께하고자 할 것이다.

켈리델리는 어떤 기업인가

켈리델리가 프랑스 경영대학원 석사과정 교재에 쓰일 정도로 주목받은 데는 여러 이유가 있다. 유럽 기업임에도 회장이 한국인 여성이라는 점, 혁신적인 콘셉트, 고객 만족도가 높은 양질의 제품과 서비스, 독특하고 혁신적인 기업문화 등 다양하다. 여기서는 그중 가장 중요한 요소 중 하나인 '비전의 공유'에 대해 이야기해보고자 한다.

켈리델리는 어떻게 전 직원에게 비전을 공유하는가

현재 11개국에 각각 지사가 있고, 각 지사마다 직원들이 있다. 만약 각 지사의 지사장과 직원들이 모두 제각기 결정하고 행동한다면 켈리델리는 지금처럼 성장할 수 없었을 것이다. 반드시 이들이 모두 같은 비전을 가지고 행동하고 판단할 수 있어야만 한다. 그러려면 끊임없이 이들과 비전을 공유해야 한다.

비전은 평소에도 여러 방법을 통해 공유하지만, 가끔은 다 함께 모여 공개적으로 비전을 선포하고 공유하며 소통할 수 있는 자리를 마련한다. 그래서 생겨난 켈리델리의 문화 중 하나가 바로 '올핸즈(All Hands)'라는, 일종의 워크숍이다.

올핸즈는 1년에 총 네 번 열리는데, 두 번은 각국에서 화상으로 진행하고, 두 번은 대개 3박 4일 동안 모임을 갖는다. 화상으로 진행할 때는 직원들이 인근 국가의 지사 미팅실 몇 군데에 모인다. 그다음, 다 같이 화상으로 각 지사에서 하고 있는 프로젝트 진행 상황이나 그간 있었던 일들을 공유하는 것이다.

밖에서 올핸즈를 진행할 때는 답답한 사무실을 벗어나 몸과 마음을 환기할 수 있는 곳에서 함께한다. 그동안의 업무나 성과를 평가하고 회의를 하는 게 아니라, 다 같이 한자리에 만나서 친목을 다지고 서로의 업무, 아이디어, 비전 등을 공유하고 소통하자는 게 취지다. 따라서 딱딱하고 경직된 분위기가 아닌, 자유롭고 활기찬 분위기에서 진행한다. 2016년에는 스페인령 발레아레스제도에 있는, 아름다운 경치를 자랑하는 마요르카섬(Mallorca)에서 올핸즈를 진행하기도 했고, 2017년에는 켈리델리와 비전 및 철학이 유사한 네덜란드의 테마파크, 에프텔링(Efteling)을 대관하기도 했다.

총 일정 중 업무에 대해 이야기하는 날은 하루 반에서 이틀 정도 되는데, 이때도 주로 회사의 비전을 공유하는 데 주력한다. 누가 무엇을 잘하고 잘못했는지 평가하거나, 억지로 아이디어를 짜내라고 강요하는 자리가 아니라, 앞으로 회사가 나아갈 방향에 대해서 서로 이야기를 나누는 자리다.

그리고 나머지 시간은 쉽게 말하면 '논다'. 11개국에서 모인 직원들을 구분 없이 뒤섞어 팀을 짜서 여러 가지 게임을 진행하기도 하고, 가장 무도회와 같은 파티를 열기도 한다.

이는 별것 아닌 듯해도 큰 효과가 있다. 서로 다른 나라에서 온 다양한 국적의 직원들이 방도 같이 쓰고 하나의 팀으로 묶여 게임을 진행하는 동안 켈리델리의 핵심 가치 중 하나인 '전적으로 함께(Totally Together)'가 자연스레 이루어진다. 다른 나라의 지사 역시 '우리'라는 울타리 안에 있는 한 가족이고, 그곳의 직원들 또한 '나의 동료'라는 인식이 있어야만 하는데, 올핸즈는 여기에 큰 공헌을 한다.

또한 여러 지사의 직원들이 같은 방을 쓰고 같은 팀을 이루다 보니 자연스레 많은 대화를 주고받게 되면서 사이가 돈독해진다. 그래서 회사와 개개인의 비전에 대한 공유가 더욱 활발히 이루어진다. 이들은 각자의 지사로 복귀한 후로도 SNS 등으로 연락을 주고받으면서 서로의 꿈을 응원하고 돕는다. 같은 비전에서 나오는 이런 결속력은 켈리델리 성장의 주요 원동력 중 하나라 할 수 있다.

켈리델리 본사 및 지사의 위치

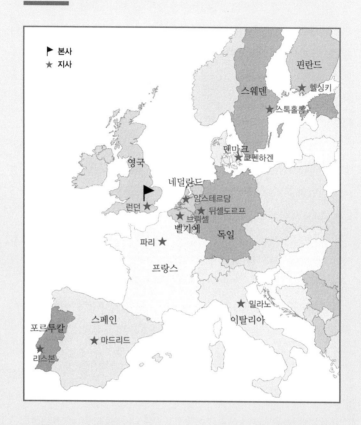

▶ 본사
★ 지사

핀란드
스웨덴 ★ 헬싱키
★ 스톡홀름
덴마크
★ 코펜하겐
영국
네덜란드
★ 암스테르담
런던 ★ ★ 뒤셀도르프
★ 브뤼셀
벨기에 독일
파리 ★
프랑스
★ 밀라노
이탈리아
포르투갈 스페인
★ 마드리드
리스본

영국이 유럽에서 요식업계 트랜드가 가장 빠르게 전파되는 곳일뿐 아니라, 세계화를 시키기에 수월한 비즈니스 환경을 갖추고 있고, 여러 법적 문제에 있어서도 유리하다는 점 때문에 본사는 영국 런던에 위치하고 있다. 그리고 11개의 지사 중 독일과 이탈리아를 제외한 나머지 9개 지사는 각 나라의 수도에 위치하고 있다.

숫자로 보는 켈리델리

(기준: 2021년 6월 현재)

진출 국가	11개국(영국, 프랑스, 스페인, 벨기에, 독일, 네덜란드, 핀란드, 이탈리아, 스웨덴, 포르투갈, 덴마크)
매장 수	1199개(2021년 예정: 1645개)
정직원 수	407명(사무실: 171명 / 매장: 236명)
브랜드	Sushi Daily / Kelly Loves / TukTuk / BamTuk / Korma Kitchen / Kalei Poke / Sticks, Bowls and Rolls
직업 창출	3천 400여 개(가맹점주와 그 직원들 포함)
누적 도시락 판매량	대략 3억 3천만 개 이상(메뉴별 가격차를 고려해 추산함)
2021년 예상 매출액	5천 400억 원(2020년 연매출 약 4천 700억 원)

PART3

어떻게 사업을 하면서 행복할 수 있을까?

지속가능한 성공과 행복을 꿈꾸다

"성공이 행복의 열쇠가 아니라, 행복이 성공의 열쇠다.
만약 당신이 지금 하고 있는 일을 사랑한다면
당신은 성공한 것이다."

– 알베르트 슈바이처(의사 · 사상가)

무엇을 하든
행복이 일 순위다

온종일 일만 하려고
창업한 건 아니다

처음 켈리델리를 시작했을 때의 짜릿함을 나는 아직도 기억한다. 초밥을 만들어서 진열할 새도 없이 도시락이 팔려나가고, 손님들이 밖에 서서 즐겁게 그 장면을 구경하던 모습, 제법 오랜 시간 기다려야 했음에도 전혀 불쾌해하거나 지루해하는 기색 없이 자신의 차례가 왔음을 기뻐하며 계산하던 모습도 기억난다. C사에서는 고객들의 반응에 놀라면서도 소위 '오픈빨'이 아닐까 하는 우려도 했다. 나는 그렇지 않다고 확신했지만, C사는 항상 나보다 조심스러울 수밖에 없는 입장이었다.

하지만 시간이 지나도 손님이 줄어들 기미는 보이지 않았고, C사도 우리의 성과를 인정하기 시작했다. 덕분에 2호점인 파리 지점에서도 주요 통로에 매장을 오픈하는 데 합의가 되었다.

그때부터는 더욱더 바쁜 나날이 이어졌다. 당시 나는 파리에서 주관하던 벤처창업지원 프로그램을 신청해놓은 터라 리옹과 파리를 일주일에 한 번씩 오가야 했다. 그렇다고 매장 관리에도 소홀히 할 수는 없었기에 몸이 열 개라도 부족할 만큼 바빴다.

리옹에서 1호점을 오픈하고 일주일쯤 되었을까? 다행히 리옹 매장 근처에 친구의 아파트를 얻을 수 있었다. 그때부터 나와 남편은 매일 새벽 5시에 출근해서 마트의 오픈 시간 오전 9시가 될 때까지 준비를 끝냈다. 그러고 나서 나는 온종일 초밥을 만들고 남편은 진열대 밖에서 직원과 손님을 관리하며 바삐 일하느라 둘 다 녹초가 되었다. 그러나 집에 왔다고 해서 쉴 수 있는 건 아니었다. 저녁 8시 30분경에 문을 닫으면 밤 10시까지 정리 작업을 했고, 밤 11시가 다 되어 집에 도착해서도 당일의 매출과 비용을 따지고, 각 도시락 제품별 반응은 어땠는지, 그 이유는 무엇인지도 파악해야 했다. 그러니까 하루 종일 일하고 들어와서 또 일을 한 것이다.

물론 힘들고 피곤했지만, 그래도 나는 행복했다. 지난 2년 간 누구보다도 열심히 준비했던 노력에 대해 보상받는 기분이 었다. 내가 그린 그림대로 손님들이 반응하고, 그 이상의 매출을 올릴 때의 기쁨은 경험해봐야만 알 수 있다. 그런데 남편은 그날따라 기분이 좋지 않은 듯했다. 무슨 일인지를 묻자, 남편이 다소 슬픈 목소리로 말했다.

"우리…… 언제까지 이렇게 일해야 되는 거야? 하루 종일 일만 하려고 사업을 시작한 건 아니잖아."

솔직히 그때 나는 좀 충격을 받았다. 회사가 잘되니 좋은 거 아닌가 싶었지만, 남편의 생각은 좀 달랐다. 생각해보면 남편은 사업하기 전에 꿈의 직장이라 할 만한 곳에 다녔던 사람이다. 그 회사는 수억 원의 연봉과 좋은 자동차를 비롯한 많은 복지 혜택, 다양한 해외 출장 기회, 재택근무가 가능한 환경 등 많은 사람이 부러워할 만한 근무 환경을 갖춘 곳이었다. 다만 대기업에서 오랫동안 정체된 일을 하다 보니, 좀 더 변화가 눈에 보이고 성취감을 느낄 수 있는 일을 하길 원했다. 게다가 그는 다양한 관심사와 재주를 갖고 있어 스포츠에도 만능이고, 악기도 곧잘 다룬다. 이런 연유로 원래는 회사를 그만두고, 좀 더 빠른 의사결정을 필요로 하면서 다양한 재능을 펼칠 수 있는 작은 회사를 운영해보는 게 남편이 원하는 바였다. 그는 일을 하는 것도 좋아하고 중요하다 생각하지만 일에 치여 사는 삶은 원하지 않았으며, 일 못지않게 자기만의 시간과 가족과의 시간을 갖는 것을 매우 중시했다.

나는 남편의 심정을 충분히 이해했을 뿐 아니라, 남편과 같은 생각을 가진 직원이 있을 수도 있으니 이를 참조하여 회사 경영 체계를 만들어야겠다고 결심했다. 그래서 우리 부부뿐 아니라 직원들, 그리고 이해관계자들까지, 모든 이가 행복할 수 있는 경영 방법을 찾고 연구하기 시작한 것이다.

어떤 연구 결과에 의하면, 같은 일을 하더라도 자기가 의사 결정을 하고 그 일에 대한 권한을 갖고 있는 직원의 행복지수가 더 높다고 한다. 그래서 나와 남편은 '직원들이 스스로 일을 찾아서 진행하고 결정하게끔 하려면 어떻게 해야 할까'를 늘 고민해왔다. 먼저 우리는 직원들과 대화할 때 명령 대신 주로 질문을 하기 시작했다. "이렇게 하세요"가 아니라 "어떻게 하는 게 좋을까요?", "그렇게 하면 어떤 효과가 있을까요?"라고 물어봄으로써 직원이 스스로 고민하고 생각하고 결정하게끔 유도한 것이다.

이처럼 우리는 나와 남편이 하나하나 관여하지 않아도 직원과 회사가 함께 성장하는 회사를 만들고 싶었다. 그래서 '시스템으로 운영되는 회사', 나아가 '모든 직원이 자신의 하루에 관해서는 자기가 결정할 수 있는 의사결정 시스템'을 만들기로 했고, 현재의 켈리델리는 이미 이를 절반 이상 이루어냈다. 그렇기에 창업한 지 6년밖에 되지 않은 시점에 해마다 수십 퍼센트씩 성장하는 회사의 두 회장이 1년간 안식년을 갖고 세계 여행을 떠날 수 있었던 것이다.

물론 회장들이 자리를 비웠으니 직원들은 큰 부담을 느꼈을지도 모른다. 하지만 우리는 분명 그런 상황이 직원들에게 성장할 수 있는 기회가 될 수 있을 거라 믿었다. 그리고 현재 직원들 역시 우리가 1년 동안 떠난 덕에 자기들이 스스로 결정해야 할 일들이 자연스럽게 더욱더 많아졌고, 이로써 더 많이 배우고 성장할 수 있었다고 이야기한다.

인생을 바친
회사보다 중요한 것

나에게는 가족과 함께하는 모든 시간이 소중하다. 특히 아이는 금방 자란다. 이 시기가 지나버리면 다시는 되돌릴 수 없는 것들이 분명히 있다. 냉정하게 말해 아이가 더 크면 부모를 필요로 하지 않는다. 지금처럼 나의 손길이 필요할 때 옆에 있어주지 못한다면 장담컨대 몇 년 후 뼈저리게 후회할 것이다.

가족의 얼굴 볼 시간도 없는 사업가가 될 거라면, 세계 1위기업이고 100년 기업이고 내게는 동전 한 닢의 가치도 없다. 가족과 함께하는 순간순간이 내게는 축복이고 선물이며 삶의 진정한 가치이기 때문이다.

나와 남편이 1년간의 요트 세계 여행 계획을 이야기했을 때, 이를 말린 사람도 꽤 있었다.

"인생을 바쳐서 만든 회사가 잘되고 있는데, 그렇게 1년간 자리를 비워도 정말 괜찮겠어? 그렇게 해서 망하면 어떻게 할 거야?"

사실 1년간의 요트 세계 여행은 남편의 꿈으로, 처음에는 나도 잘 이해하지 못했다. 섣불리 결정하지 못했던 가장 큰 이유는 딸이었다. 당시 딸은 다섯 살로 프랑스에서는 네 살부터 학교를 다니는데, 학교를 다녀서 공부해야 할 시간에 해외로 여행을 다닌다는 게 걱정되었기 때문이다. 그런데 결국 여행을 가기로 결정한 가장 큰 이유 또한 딸이었다. 이때가 아니면 성장하는 모습을 가까이서 보기도 어렵고, 모험심을 길러줄 수 있는 좋은 기회라 생각했기 때문이다. 아이가 학교에서 받아야 하는 교육은 홈스쿨링으로 대신함으로써, 딸이 학습에서도 뒤처지지 않도록 조치를 취했다.

어떤 사람은 우리가 떠나기 전에 이런 말을 해주기도 했다.

"신중하게 생각해. 회사는 기다려주지 않아. 한번 기회를 놓치면 끝이야."

물론 맞는 말이다. 특히나 회사가 고속 성장하고 있을 때라 더욱 신중해야 했다. 하지만 기다려주지 않는 건 회사만이 아니다. 아이도 기다려주지 않는다.

회사의 일은 '내 일'이다. 그게 '가족의 일'이 되어서는 안 된다. 요트로 세계 여행을 하는 것은 남편의 오랜 꿈이었다. 내 꿈이 소중한 만큼 남편의 꿈도 소중히 여겨야 할 뿐 아니라, 나의 일 때문에 남편의 꿈을 더 이상 미루게 하고 싶지는 않았다.

물론 꼭 세계 여행을 함께하는 것만이 딸과 가족을 위하는 방법은 아니었을 것이다. 다만 그것은 일생에 손꼽을 정도로 특별한 경험이었다. 나는 일상에서도 딸에게 더 많은 것을 해주고, 가족과의 추억을 더 많이 선물해주고 싶었다. 아이들은 자라면서 점점 더 가족보다 친구를 더 찾게 되어 있다. 하지만 나는 딸아이가 자신의 친한 친구보다 더 많은 것을 공유하고 털어놓을 수 있는 엄마가 되어주고 싶다.

이를 위해 나와 남편은 여전히 아이에게 많은 정성을 쏟고 있다. 물론 우리가 원해서 하는 일이기에 그 모든 순간이 행복하다.

나는 아이가 한 살 반쯤 됐을 무렵부터 매일 동화책을 읽어주고 있다. 하루에 2권, 아이가 원하면 3권도 읽어주었는데, 지금까지 약 250권쯤 읽어준 듯하다. 그중에는 20~30번씩 읽어준 것도 있다. 아이가 글을 배우고 스스로 읽는 재미에 빠지게 될 때까지는 이렇게 매일 책을 읽어주려 한다. 그때가 되면 이 또한 아름다운 추억이 되고, 아이는 어른이 되어서도 이런 기억을 떠올리며 행복해하지 않을까?

게다가 딸아이는 영어, 프랑스어는 물론이고, 외국에서 태어나 자란 것치고 한국어 또한 매우 잘하는 편이다. 여기에는 내가 계속해서 한국어로 대화하고, 책을 읽어준 교육 방식이 큰 영향을 미쳤다고 본다.

뿐만 아니라 남들 앞에서 발표하는 것을 부끄러워하지 않는데, 이는 우리만의 특별한 문화 덕분이라 생각한다. 우리는 저녁 식사를 마친 후, 나와 남편, 딸이 돌아가면서 자신의 생각을 발표하거나 노래하고 춤을 추는 시간을 갖는다. 이때 중요한 건 모두 일어서서 해야 한다는 것이다. 이렇게 자신의 생각과 감정을 일어서서 표현하는 것이 특별한 일이 아니라 가족의 일상이기에 딸의 발표력이 크게 향상되었다고 생각한다.

그리고 나는 아이가 학교를 마치고 돌아왔을 때 맞아주는 것을 중요하게 여긴다. 이때 나와 딸아이가 빼놓지 않고 하는 일종의 '의식' 같은 인사법이 있다. 아이가 차에서 내리면 나를 보고 달려온다. 나는 두 팔을 활짝 벌리고 아이를 기다리다가 내게 다가오면 아이를 꼭 안아 들어, 빙글 한 바퀴를 돌려준다. 아이는 까르르 웃으며 즐거워하고, 나 역시 그런 아이의 웃음소리를 들으며 행복에 빠져든다.

알다시피 예민한 화초처럼 목이 마를 때면 바로 물을 줘야만 하는 존재가 바로 아이들이다. 아이에게 기다림의 시간은 너무 길고 가혹하다. 그래서 아이에게는 엄마, 아빠를 처음 만난 1초가 상당히 중요하다. 이때 아이와 눈을 마주치지 않거나 인사를 하지 않으면 아이는 관심을 기다리게 된다. 아이들에게 1초는 1분과도 같은 시간이고, 1분을 기다려야 한다면 그것은 1시간과도 같다. 하루를 기다려야 한다면 1년과도 같을 것이고, 1년을 기다려야 한다면 아마도 그건 영원히 기다리라는 말처럼 들릴 것이다.

"엄마 일하느라 바빠. 이따가 놀아줄게."

"지금은 안 돼. 내일 놀자."

이런 한마디가 아이에게는 타는 목마름이 된다. 이렇게 엄마와 함께한 기억이 적고 기다리는 시간이 많은 아이일수록 더더욱 엄마에게 집착하는 모습을 보인다. 그런 집착을 엄마에 대한 사랑이라고, 내 아이는 엄마를 정말 사랑한다고 착각했다가는 아이의 삶이나 엄마의 삶 모두 엉망으로 꼬일 수 있다. 진정으로 아이를 위한다면 아이와 함께할 시간을 조금이라도 늘리고, 같이 있는 순간만큼은 오롯이 아이에게 집중해야 한다.

그래서 아이가 돌아오자마자 30분에서 1시간 정도는 함께 놀아준다. 이때 무엇을 하고 놀지는 전적으로 아이가 정한다. 때로는 춤을 추고 싶다고도 하고, 때로는 노래를 부르고 싶다고도 한다. 그럼 나는 곧바로 음악을 틀고 아이가 춤추고 노래하고 그림 그리는 모습을 한순간도 빠짐없이 지켜봐준다. 모든 아이는 엄마가 자신을 봐주고 관심을 가져주길 바란다. 그것만으로도 아이는 기뻐하고 안도한다.

이렇게 엄마가 지켜봐주는 것도 중요하지만, 함께 놀고 같이하는 것 또한 중요하다. 딸도 자기 혼자 춤을 추는 것보다 엄마와 같이 춤을 추는 걸 선호한다. 딸이 가장 좋아하는 놀이 중 하나가 '나 잡아봐라'인데, 이 또한 엄마와 함께 뛸 수 있기 때문이라고 했다.

아침에 아이를 깨우는 그 순간도 내게는 소중하다. 나는 매일 아이의 귓가에 노래를 불러준다. 아이가 서서히 눈을 뜨고 잠이 좀 깨면 몇 분간 그 자리에서 대화를 나눈다. 그러다 보면 아이는 기분이 좋아져 콧노래를 부르며 일어난다. 그럼 나는 할 일을 다 한 것이다.

아이와 함께하는 시간을 소중히 여기는 건 나뿐만이 아니다. 아이를 돌봐주는 사람이 있음에도 남편은 일주일에 세 번은 꼭 아이를 직접 학교에 데려다주고 데려온다. 왕복 40분 남짓에 불과한 시간이지만 이 순간만큼은 누구에게도 방해를 받지 않는, 아빠와 딸만의 시간이 되는 것이다.

우리는 가능하면 나와 남편 중 한 명은 무조건 아이와 함께 할 수 있도록 일정을 조정한다. 예전에는 출장을 꼭 함께 다녔다. 하지만 이제는 꼭 함께 가야 할 이유가 있지 않으면 둘 중 한 사람만 간다. 사업 특성상 출장은 대부분 해외로 가는데, 둘 다 출장을 가버리면 아이는 부모 없이 며칠을 지내야 하기 때문이다.

그리고 나는 출장을 가더라도 아이에게 계속해서 소식을 전하고 또 소식을 받는다. 10초에서 30초쯤 되는 짧은 영상을 수시로 보내는 것이다. 이로써 아이는 계속해서 아빠와 엄마의 영상을 보며 함께 있는 느낌을 받을 수 있다.

"당신은 사업가고, 당신 회사를 가지고 있으니까 그렇게 맘대로 시간도 조정할 수 있는 거겠지."

이렇게 따지고 싶은 사람도 있을 것이다. 일부는 맞는 말이다. 특히 야근이 많기로 유명한 한국에서 보통의 직장인이 아이의 하교 시간에 맞춰 기다리다가 1시간씩 놀아주기란 힘들 수밖에 없다. 나는 사업가이기 때문에, 내가 회사의 소유주이기 때문에 그렇게 할 수 있는 것이다.

그러나 사실 나의 입장도 완전히 자유로운 건 아니다. 나라 하나에 매장 몇 개만 가지고 있어도 관리가 쉽지 않은 법이다. 하물며 11개국 1200여 개가 넘는 매장을 가진 글로벌 기업의 회장이라면 바쁘지 않을 수가 없다. 고백컨대, 나 역시 정말 바쁘게 일하고 있지만, 중요한 건 나는 아이와 함께 지낼 시간을 만들기 위해 '시스템'을 구축하여 할 일을 줄여나가고 있다는 점이다.

물론 이 역시 내가 일반 직장인이었다면 불가능했겠지만, 핵심은 '아이와 함께하는 시간을 소중히 여기고, 조금이라도 함께할 시간을 만들기 위해 노력하겠다'는 마음가짐이라 생각한다. 아이가 놀아달라고 할 때 잠깐이라도 자신의 일을 미루고 오롯이 아이와 노는 데 집중하는 게 정말 불가능할까? 아이가 10시간을 놀아달라는 것도 아니고, 길어야 1시간 남짓이다.

누구에게나 주어진 시간은 똑같다. 하루 24시간을 어떻게 쓸지는 온전히 자기가 결정해야 한다. 따라서 일하느라 아이를 위해 쓸 시간이 없다는 건 정확히 말하면 정말 시간이 없는 게 아니라, 우선순위에서 아이가 일보다 밀린 것이다. 따라서 아이와의 시간이 절대적으로 부족하다면 시간을 탓하기보다 인생의 우선순위에 대해서 다시 한번 점검해볼 필요가 있다.

사실 SNS를 하는 시간만 줄여도 시간은 생겨난다. 혹은 잠을 조금 줄이거나 텔레비전을 보는 시간을 줄일 수도 있다. 일단 자신이 할 수 있는 선에서 최대한 아이와 함께하기 위해 노력하는 게 중요하다.

특히 직장을 다니는 엄마들이 아이와 시간을 많이 보내지 못해 미안함과 죄책감을 안고 사는 경우가 많은데, 전혀 그럴 필요가 없다. 아이와 함께하는 시간의 양보다 질이 훨씬 더 중요하기 때문이다. 아이와 하루 종일 같이 있으면서도 옆에서 스마트폰을 보며 SNS를 하거나 텔레비전을 보면 아이는 소외감을 느끼게 된다. 반대로, 아이와 단 30분을 놀더라도 그 시간만큼은 온전히 아이에게만 집중한다면 짧은 시간이더라도 엄마의 진심은 충분히 전달된다. 아이 또한 그것을 충분히 느낄 수 있기 때문에 많은 시간을 한 공간에서 함께하는 것 자체가 중요한 건 아니다.

사장이 없어도
타격이 없는 회사

든 자리도, 난 자리도
티가 나지 않는 사장

이상하게 들릴 수도 있지만, 나는 처음 사업을 시작할 때부터 '사장이 일하지 않는 회사'를 만들고자 했다. 시작도 하기 전부터 일하지 않으려 했다니, 어이없게 들릴 수도 있다. 허나 이는 바꿔 말하면 '나 없이도 잘 돌아가는 회사를 만들겠다'는 결심이라 할 수 있다.

회사는 고속도로를 달리는 자동차와 같다. 자칫하면 사고가 날 위험이 있고, 제대로 길을 알지 못하면 빠져나가야 할 곳을 그냥 지나치기 십상이다. 특히 켈리델리는 많은 사람이 깜짝 놀랄 정도로 빨리 성장해왔고, 지금도 고속 성장을 이어오고 있다. 한마디로, 시속 200킬로미터로 달리는 자동차라고 할 수 있다. 만약 한번 길을 잘못 들어서면 다시 돌이키기란 거의 불가능할지도 모른다. 가능하다 하더라도 엄청난 시간과 비용을 필요로 할 것이다.

이때 갖춰야 하는 게 바로 내비게이션, 즉 '기업문화'다. 내가 과속을 하고 있는 건 아닌지, 언제쯤 속도를 줄여야 하고, 원하는 곳에 도달하려면 어디쯤에서 우회전 또는 좌회전을 해야 하는지 등을 알려주는 내비게이션 말이다. 제대로 된 기업문화가 있어야만 회사가 그리는 이상적인 방향대로 성장하고 있는지, 직원들 스스로가 자체 점검할 수 있는 법이다.

지도나 내비게이션의 기본적인 용도는 길을 찾게 해주는 동시에 길을 잃지 않게 해주는 것이다. 다시 말해, 기업문화가 제대로 잡혀 있으면 회사는 길을 잃지 않고 잘 나아갈 수 있다. 이는 사장이나 대표가 있든 없든 작동해야 한다.

보통 회사를 자동차에 비유할 때면 사장을 '운전대를 쥔 기사'라 생각하기 쉽지만, 내가 생각하는 이상적인 회사란 '빈틈없는 내비게이션을 갖춘 자율주행 자동차'와 같다. 좋은 기업문화를 바탕으로 훌륭한 인재들이 알아서 회사를 성장시키고 발전시키는 회사, 사장이 장시간 자리를 비워도 아무런 타격이 없는 회사가 바로 내가 만들고자 하는 회사다.

이런 회사에서 사장은 운전대를 쥐는 사람이 아니다. 사장은 통찰력을 발휘해 멀리 바라보고 목적지를 정하는 사람이어야 한다. 일단 목적지를 정하고 입력을 했다면 사장이 자리에 있건 없건 회사가 알아서 그곳에 도달해 있어야 하는 것이다.

"든 자리는 몰라도, 난 자리는 안다"는 말이 있다. 이 말은 흔히 평소에는 존재감이 잘 드러나지 않다가 막상 자리를 비우면 부각되는 사람에게 하는 말이다. 보통은 이 말을 칭찬으로 받아들인다.

하지만 사장이 이런 존재라면 역할을 제대로 하지 못했다는 의미다. 사장의 역할은 자신이 사장으로 있는 동안은 물론이고 그 자리에서 물러난 후에도 회사가 성장할 수 있도록 하는 것이다. 사장 혹은 스타 한 사람으로 인해 좌지우지되는 회사는 이미 그것만으로도 큰 위험을 갖고 있다. 그러니 사장이 이런 말을 들었다면 '내가 회사의 시스템을 제대로 만들지 못했구나', '우리 직원들의 성장을 제대로 돕지 못했구나' 하고 반성해야 한다.

사장이 자리에 없을 때도 회사가 성장하려면 크게 두 가지가 필요하다. 바로 '시스템'과 '인재'다. 시스템은 사장이 장기간 자리를 비워도 매끄럽게 회사가 돌아가도록 만들고, 이런 시스템은 결국 사람을 통해 실현되기 때문이다. 그리고 이런 시스템과 인재를 키워내는 힘이 바로 기업문화다.

사실 이런 시스템을 더 적극적으로 갖추게 된 특별한 계기가 있기도 했다. 사업을 시작하고 오래지 않아 한창 바쁘던 시기에 파리에서 몽펠리에(Montpellier, 프랑스 남부, 론강 하류 평야에 있는 상공업 도시)로 이사를 가게 되었다. 남편이 도심을 벗어나 한적한 곳에서 지내고 싶어했기 때문이다. 문제는 몽펠리에에서 파리까지는 대략 700킬로미터 떨어져 있는 데다 가장 빠른 기차로 이동해도 세 시간 반 정도가 걸렸다는 점이다. 나는 월요일부터 목요일까지는 파리에 있다가 목요일 저녁에 몽펠리에로 내려와서 일요일까지 머무는 게 현실적으로 불가능할 거라 생각했다.

하지만 막상 그렇게 지내다 보니 이 또한 가능했고, 심지어 회사와 직원들에게 도움이 되는 면도 많았다. 금요일에는 몽펠리에에 내려와 있어야 했기 때문에 이에 대비해서 직원들이 스스로 의사결정을 할 수 있도록 교육을 시행하게 된 것이다. 그래도 초반에는 금요일에 직원들로부터 전화가 많이 걸려 왔다. 그러나 어느 순간부터 전화는 오지 않았다. 이는 직원들이 알아서 움직이게 되었다는 뜻이다. 사무실에서 멀리 떨어진 집 덕분에 사장이 없어도 알아서 돌아가는 회사 시스템이 정착되기 시작한 것이다.

'가족 같은 기업'은
불가능할까?

우리 회사의 기업문화를 한 단어나 한 문장으로 표현하기
란 쉽지 않다. 생각해보면 문화라는 것 자체가 그렇게 쉽게 설
명할 수 있는 성격의 것은 아니다. 그렇다고 켈리델리의 기업
문화가 어떤지를 하나하나 설명하는 것은 독자들에게 큰 의미
가 없을 테니, 최대한 간단하게 소개해보겠다(225~226쪽 〈시크
릿 박스〉에 좀 더 자세히 정리되어 있으니 참고하기 바란다).

'Totally Together', 이는 켈리델리의 기업문화를 설명하는
다섯 가지 가치 중에서 가장 포괄적이면서 내가 가장 강조하
는 것이기도 하다. 한국어로 직역하면 '완전히 함께' 또는 '전
적으로 함께' 정도의 뜻이다. 나는 이 말을 '가족처럼'이라는
의미로 사용한다. 일반적으로 유럽, 특히 프랑스에서는 직장
동료끼리 사적인 이야기를 잘 나누지 않는다. 더구나 집안 이
야기를 나누는 건 극도로 꺼린다. 하지만 나는 직원들에게 내
개인적인 이야기도 자주 하고, 그들의 이야기나 희망 사항도
잘 물어본다. 소위 '가족 같은' 회사가 되어야 한다고 보기 때
문이다.

이러한 문화는 직원들이 스스로 키우고 싶은 능력을 개발
하고자 하는 데 큰 힘이 된다. 우리는 3개월마다 한 번씩 직원

들에게 끌어올리고 싶은 능력을 묻는데, 이때 다양한 대답이 나오곤 한다. 그러면 우리는 그 능력을 개발할 수 있는 방법을 제시한다.

예를 들어 프레젠테이션을 잘하고 싶다고 답한 사람이라면 사내에서 프레젠테이션을 잘하는 사람과 짝을 이루어 그 노하우를 전수받을 수 있게 한다. 그러면 그때부터 둘은 같이 점심 식사를 하면서 교육을 받고 연습을 하기도 한다. 만약 영어를 잘하고 싶다고 답한 사람이 있다면 주위의 직원들이 그와 대화할 때 최대한 영어로 대화를 하게끔 한다. 그렇게 따로 시간과 돈을 들여 배우지 않더라도 자연스레 영어를 익힐 수 있는 환경이 만들어진다. 다시 말해, 직원들의 성장 역시 시스템을 통해 저절로 이루어지는 것이다.

또, 이런 문화는 직원들 간의 사이를 돈독하게 만들어준다. 예를 들어 한 직원은 아버지가 암으로 투병 중이고 위독한 상황이었다. 유럽에서는 보통 이런 이야기를 회사 동료에게 하지 않는다. 하지만 만약 어느 날 아버지의 상태가 급속도로 악화되거나 돌아가시기라도 하면 그 직원은 갑자기 자리를 비워야 할 수도 있다. 그럴 경우 저간의 사정을 몰랐다면 대비할 수도 없음은 물론이고, 갑자기 자리를 비운 직원을 원망하는 경우까지 생길지도 모른다.

하지만 이미 그런 사정을 다 알고 있다면 이런 급박한 상황에 대비해 미리 업무 분담을 해둘 수 있다. 이로써 회사 입장에서는 불의의 상황이 생겨도 무리 없이 대처할 수 있고, 해당 직원 역시 비교적 마음 편히 일을 볼 수 있는 것이다. 또한, 이런 사정을 알고 있다면 평소 그 직원을 대할 때 실수로 마음 상하게 할 일도 만들지 않을 것이다.

그러나 요즘에는 '가족 같은 회사'라는 말을 부정적으로 바라보는 사람이 많은 것으로 안다. 심지어 그것을 코미디의 소재로 다루기도 한다. 하지만 이 말을 오용한 사람들 때문에 일어난 일일 뿐이지, 가족 같은 회사란 본래 매우 이상적인 곳이다. 물론 '이상적인 가족'을 지향한다면 말이다.

한번 생각해보자. 이상적인 가족은 어떤 모습인가? 가족 중 한 사람이 며칠간 자리를 비웠다고 가정해보자. 이때 이상적인 가족이라면 그 사람이 없다고 해서 탓하거나 원망하는 게 아니라, 그 사람이 하던 역할을 누군가가 완전히는 아니더라도 어느 정도는 대신하려 할 것이다. 드라마에서 엄마가 며칠간 집을 비우면 집안 꼴이 엉망이 되어 있는 장면이 자주 나오는데, 이는 현실에 가깝긴 해도 이상적인 모습은 분명 아니다. 엄마가 없다고 해도 내가 직접 밥을 해서 먹을 수도 있어야 하지 않을까? 처음에는 그 역할이 생소하고 어렵더라도 미리 요리 연습을 해둔다면 그 상황이 왔을 때 별 두려움 없이 해낼 수 있을 것이다.

회사도 마찬가지다. 누군가가 자리를 비우거나 심지어 갑자기 그만두더라도 회사는 이상 없이 운영되어야 한다. 그렇기에 켈리델리에서는 모든 직원이 갑자기 자리를 비우더라도 그일을 대신할 수 있는 사람들을 만들어둔다. 이런 조치는 '누군가의 부재로 인한 타격을 최소화한다'는 것보다 더 큰 효과가 있다. 서로 인수인계를 하기로 되어 있는 직원의 업무를 각자 틈틈이 보고 듣고 공유하며 연습해두었기 때문에 그 과정에서 많은 성장을 이루게 된다. 내가 엄마 대신 요리하게 될 때를 대비해 평상시 엄마로부터 김치찌개 끓이는 법을 배우고 자주 연습하면 맛있는 김치찌개를 끓일 수 있게 되는 이치와 마찬가지다.

이렇게 서로 완벽히 대체해줄 수 있어야만 시스템이 만들어진다. 자신의 역할을 대행할 사람들을 만들어두는 건 켈리델리에서 회장인 나와 남편을 포함한 모든 직원이 반드시 해야 할 일이다. 그러면 '권한위임'이 자연스레 일어날 수밖에 없다.

앞에서도 말했지만, 안식년을 보내기 전에 네 명의 직원을 뽑아 CEO 역할을 대신할 수 있게 교육했고, 덕분에 긴 시간 동안 여행을 하면서 자리를 비울 수 있었다. 이런 권한위임이야말로 '사장이 없어도 타격 없는 회사'를 이루는 시스템의 근간이 되었다.

또한 가족이라면 두말할 것도 없이 서로 간에 진실함과 진솔함, 투명함과 믿음이 중요하다. 다른 사람은 못 믿어도 가족은 믿을 수 있어야 하지 않겠는가? 나는 하루에 꽤 많은 시간을 보내는 회사 역시 이래야 한다고 본다.

직원들이 서로를 믿는 것도 중요하지만, 회사와 직원 사이에도 믿음은 반드시 필요하다. 회사는 직원을 믿고 일을 맡길 수 있어야 하고, 직원 역시 회사가 자신들에게 숨기는 것 없이 공정하게 대하고 있음을 믿을 수 있어야 한다.

가족 같은 기업은
직원의 가족도 소중히 여긴다

누구에게나 가족은 소중하다. 그러니 당연히 직원들도 자신의 가족을 소중히 여길 것이다. 한데 이를 잊어버린 사람이 많은 듯하다. 한국에서 직장을 다니는 사람들의 하소연을 듣다 보면 놀랄 때가 많다.

"금요일 오후 5시 40분쯤 부장님이 제게 서류를 산더미처럼 주면서 말씀하시더군요. '이거 월요일 오전 회의 때 쓸 자료니까, 출근해서 바로 볼 수 있게 정리해서 내 책상 위에 올려놔.' 이건 야근을 하거나 주말에 나와서 일하라는 말밖에 더 됩니까?"

이런 비슷한 사례를 너무 많이 들어서 마치 내가 겪은 것처럼 생생하게 그려질 정도다. 이처럼 자신은 일찍 퇴근해 저녁 시간과 주말을 가족들과 보내면서, 부하 직원들은 야근에 주말근무까지 하게 만드는 상사라면 반성해야 한다.

나 역시 직원의 가족들까지 놓치지 않기 위해 무던히 노력한다. 나는 직원들과 가족사에 대해서도 이야기를 많이 나누는 편이다. 유럽에서는 직장 동료끼리 가족에 대해 이야기하는 것을 꺼리는 분위기이긴 하지만, 이 부분은 사장이 분위기를 어떻게 만들어가느냐에 따라 충분히 달라질 수 있다.

가족 이야기도 내가 먼저 시작하고, 진심 어린 관심을 보이다 보면 자연스레 풀어놓게 되어 있다. 이렇게 직원의 가족에 대한 정보를 알게 되면 더 많은 것을 챙겨줄 수 있다. 아픈 사람이 있다면 몸에 좋은 약이나 음식을 보낼 수도 있고, 가족의 생일이나 중요한 기념일 등을 신경 써줄 수도 있으니 말이다.

그렇다고 꼭 물질적인 무언가를 제공해야만 하는 건 아니다. 나는 최대한 시간을 내서 직원들 전부와 짧게라도 면담을 하는데, 하루는 입사한 지 2주쯤 된 여직원과 이야기를 나누게 되었다. 그녀는 웃으면서 아직 근무 기간이 길지는 않지만 회사가 너무 좋다고 말했다. 하지만 평소보다 어딘가 표정이 좋지 않은 듯해 무슨 일이 있는지를 물었다.

"사실은 오늘 아침에 아이가 열이 좀 많이 났는데, 같이 있어주지 못하는 게 미안해서요."

그 말을 들은 나는 이렇게 권했다.

"아이가 아픈데 지금 일이 손에 잡히나요? 집에 가서 아이와 함께 있어주는 게 어떻겠어요?"

그녀는 내 말을 믿지 못하는 듯했다. 아직 입사한 지 얼마 되지 않다 보니 하루 쉬겠다는 말을 하기도 곤란한 입장이고, 해야 할 일도 많기 때문이란다.

"우리 회사가 그렇게 꽉 막힌 곳은 아니니, 앞으로는 이런 일이 있으면 언제든 말해요. 아이를 돌봐주고 아이가 잠들면 일은 그때 해도 되잖아요. 그러니까 부서장한테 말하고 어서 가 봐요."

그녀는 무척이나 고마워했다. 사실 무척 사소하고도 당연한 배려였을 뿐인데도 말이다. 아이가 많이 아픈데 엄마로서 무슨 일이 손에 잡히겠는가? 어차피 회사에 있어도 신경이 쓰여서 집중하기 힘들 것이다. 차라리 아이 곁에 있어주면서 재택 근무를 할 수 있도록 배려해주는 것이 모두에게도 좋은 일 아닐까?

한번은 스페인 지사장이 마트 측과 중요한 미팅을 앞두고 있었다. 그런데 미팅이 시작되기 전 지사장에게 전화를 걸었더니, 미팅 장소에 도착했어야 할 그가 기차를 타고 집에 가는 중이라고 하는 게 아닌가.

"아이가 아프다고 연락이 왔어요."

그의 이 한마디에 나는 모든 상황을 이해했다. 그리고 당연히 그를 이해했고, 그의 결정이 옳았다고 생각했다. 마트 측에도 상황을 설명하니 흔쾌히 이해해주었다. 물론, 아무래도 유럽 사회는 일보다 가족이 우선이라는 문화가 이미 어느 정도 바탕이 되어 있기 때문이기도 할 것이다.

하지만 그렇다고 해서 직원들이 집에 일이 있을 때마다 자신의 일을 제치고 집으로 갈 수 있다는 뜻은 아니다. 우리 회사는 직원들을 배려하는 기업문화를 갖고 있지만, 그렇다고 해서 결코 일이 쉽거나 단순한 건 아니다. 다른 회사와 비교했을 때도 일이 적지 않은 데다 많은 역량을 필요로 하고 새롭게 도전해야 하는 업무가 많기 때문에 원칙적으로는 회사에서 자신의 업무에 집중하여 최선을 다해 최고 수준으로 마무리하는 게 중요하다.

따라서 어쩌다 한 번씩 집에 큰일이 생겼을 때 이렇게 배려를 해주는 것이다. 만약 집에 정기적 혹은 지속적으로 해결해야 하는 문제가 있다면, 그런 여건에서도 업무에 집중할 수 있는 본인만의 시스템을 만들 수 있도록 코칭을 해주고 있다.

많은 직원이 열심히 일하는 이유는 나 자신을 위해서기도 하지만, 가족의 행복을 지키기 위해서이기도 하다. 그런 직원들의 가족을 소중히 여기지 않고 신경 써주지 않는다면, 그 직원 또한 회사를 진정으로 위할 수 없다. 진정으로 회사를 위하지 않는 직원들만으로 이루어진 회사는 작은 위기조차 이겨내지 못한다. 따라서 직원의 가족도 곧 내 가족이라는 점을 항상 가슴에 새겨야 한다.

시크릿 박스

켈리델리의 기업문화

켈리델리의 기업문화는 총 다섯 가지의 가치로 이루어져 있다. 이것은 내가 직접 만든 게 아니다. 창업 초기부터 내가 줄곧 '우리 회사는 이래야 한다', '모두가 이렇게 했으면 좋겠다'고 말했던 것들이 어느새 자연스럽게 문화로 정착되어 직원들 사이에서 지켜지고 있었다. 이를 기업문화를 관장하는 '사람과 문화(People & Culture)' 팀에서 발견하여 종이에 기록하기 시작했고, 그것들을 다 같이 더 잘 지키자는 뜻에서 켈리델리의 다섯 가지 가치와 각각의 가치를 지키기 위한 행동 지침으로 정리한 것이다.

원래 기업문화는 회사가 만들어진 순간부터 다져나가야 한다. 특히 창업 초창기에 사장이 하는 말이나 행동은 곧 그 회사의 문화로 정착되기 때문에, 리더라면 필히 자신의 일거수일투족에 대해 점검하고, 내가 추구하는 건 무엇인지, 일관되게 그것들을 지키고 있는지를 상시 돌아봐야 한다.

5가지 가치	의미	행동 지침
Totally Together 전적으로 함께	우리는 한 가족이다. 우리는 가족으로서 존재할 때 매우 강해지고, 각자의 특별한 재능에 집중함으로써 함께 성장할 수 있다.	1. 항상 서로를 존중하고 다양성을 장려한다. 2. 가족으로서 함께 일하고 함께 논다. 3. 각자의 강점을 존중한다. 4. 긍정적인 방향으로 성장하고 발전할 수 있도록 항상 서로서로 돕는다. 5. 팀워크를 고취시키는 에너지를 창조한다. 6. 지역과 지구 환경을 존중한다.

Constantly Curious 끊임없는 호기심	우리는 항상 새로운 가능성과 통찰력에 대해 호기심을 가지고, 새롭고 효율적인 일을 추구한다.	1. 항상 질문하고 현실에 안주하지 않는다. 2. 사업가처럼 스마트하게 생각한다. 3. 자신이 얼마나 성장할 수 있을지 끊임없이 호기심을 가진다. 4. 변화를 단순히 받아들이지 말고, 직접 그것을 주도하여 챔피언이 된다. 5. 급진적인 아이디어를 수용한다. 6. 실수를 두려워하지 않는다.
Expertly Excellent 전문적인 완벽함	우리는 항상 가능한 것이나 기대되는 것 그 이상을 해낸다.	1. 결정은 신속히 하고, 계속해서 고쳐나간다. 2. 기대한 것 이상을 해냄으로써 사람들을 놀라게 한다. 3. 평균만으로는 충분하지 않다: 모든 문제에 적극적이고 긍정적으로 도전한다. 4. 성공을 축하한다. 5. 작은 디테일도 놓치지 말고 기한에 맞추어 완벽하게 해낸다. 6. 자신의 분야에서 전문가가 되도록 스스로를 독려한다.
Humbly Honest 겸허하면서 정직하게	우리는 항상 고객과 파트너사 및 우리와 거래하는 모든 사람에게 정직하다. 결코 우리 자신의 뿌리를 잊지 않는다.	1. 항상 모든 사람의 의견을 존중한다. 2. 정치적인 행동 없이 솔직하게 소통한다. 3. 항상 진실되고 올바른 선택과 행동을 한다. 4. 자기 사업인 것처럼 일하고, 자기 돈인 것처럼 쓴다. 5. 자만하지 않는다. 6. 대우받고 싶은 대로 남을 대한다.
Positively Passionate 완전히 열정적으로	우리는 모든 문제를 도전으로 보고, 도전을 즐긴다. 우리는 우리의 일을 사랑할 뿐 아니라, 다른 사람들도 그것들을 사랑하고 행복하게 만든다.	1. 한계를 벽이 아닌 더 나아갈 수 있는 다리로 바라본다. 2. 문제를 혼자 해결하려 하지 말고 팀을 만들어 함께 해결한다. 3. 큰 문제는 작게 나누어 해결한다. 4. 우리가 하는 일에 믿음을 가지고 "절대 안 돼"라는 말은 하지 않는다. 5. 도전 과제가 있음을 기뻐하고 받아들인다. 6. 부정적 행동에 도전한다: 누구도 '컵에 물이 반밖에 없기를' 바라지 않는다.

고객이 행복해야
회사가 존재할 수 있다

사업의 기본은
고객을 행복하게 하는 것이다

모든 사업은 고객이 있어야 존재할 수 있다. 너무 당연한 말 같지만, 이익이나 효율 앞에서 온전히 고객 입장에 서보는 건 생각보다 쉽지 않다.

나는 처음 켈리델리의 아이디어를 떠올렸을 때도 가장 먼저 고객의 입장에서 생각했다.

'초밥 도시락을 이용하는 고객들이 가장 만족하지 못하는 것은 무엇일까?'

바로 '맛'과 '신선도'였다. 기존 초밥 도시락 사업을 하는 업체들은 공장에서 초밥을 만든 후 각 매장으로 배송하고, 이를 진열하여 판매했다. 그냥 생각해도 가장 쉽고 편한 방법이다.

사람들이 즉석에서 초밥을 만들어 판매하는 식당이 아니라 도시락을 이용하는 이유는 물론 '간편'하기 때문일 것이다. 하지만 그렇다고 해서 맛과 신선도를 기꺼이 포기하고 싶은 사람이 있을까? '기꺼이' 포기한다는 건 말도 안 된다. '어쩔 수 없이' 또는 '포기할 수밖에 없으니까' 포기한 것이다. 즉, 포기하지 않고는 이용할 방법이 없기 때문이다.

나는 이런 고객의 마음을 조금 다르게 접근해보았다. 신선도와 맛이 떨어지는 초밥을 도시락으로 사서 먹을 정도의 고객이라면, 정말 초밥을 좋아하는 사람일 가능성이 높지 않을까? 따라서 당연히 더 맛있는 초밥을 먹고 싶어할 것이다.

나 역시 그런 불만이 있었다. 초밥을 그토록 좋아하건만 비싸서 못 사먹을 때도 많았고, 어쩔 수 없이 초밥 도시락을 먹게 되도 맛있는 초밥을 먹지 못하는 현실이 그렇게 안타까울 수가 없었다. 나 또한 초밥 도시락의 고객이었고 항상 고객의 입장에서 생각해보는 버릇이 있었기에 초밥 사업을 시작하기로 마음먹었을 때, 이런 현실이 너무도 쉽게 눈에 들어왔다.

여기에 '건강'도 놓칠 수 없는 요인이었다. 기존 초밥 도시락 제품들은 공장에서 만들어 각지로 보내는 기간, 판매와 이

후 보관 기간을 고려하여 밥알의 수분 증발을 막기 위해서 약품 처리를 한다. 알려지기로는 인체에 무해하다고는 하지만, 아무래도 건강에 좋지만은 않을 것이다. 게다가 고객들이 이런 처리 과정이 있다는 사실을 알게 된다면, 그런 약품 처리가 된 제품과 즉석에서 만든 제품 중 무엇을 택하겠는가?

답은 아주 명쾌했다. 초밥 도시락을 이용하는 고객이 지금도 많지만, 그 수는 앞으로 더 늘어날 것이고, 가격이 조금 더 나가더라도 신선하고 맛있는 도시락이 있다면 기꺼이 지갑을 열 것이다. 나는 이에 대해 확신할 수 있었다.

내가 할 일은 복잡하면서도 간단했다. 과정을 일일이 살피면 무척 복잡한 일이 될 테지만, 이루어야 할 것을 요약하자면 간단했다. 나는 그저 고객에게 더 맛있고 신선한 도시락을 만들어 제공하면 되었다. 더 많이, 더 쉽게 제공하기 위해 마트, 그중에서도 유럽에서 규모가 가장 큰 곳과 계약해야 했고, 더 많은 고객을 접하기 위해 마트 내에서도 주요 통로에 매장을 열어야 했다. 또한 신선함을 알리기 위해서라도 조리 과정을 직접 볼 수 있게 해야 했고, 맛을 위해서는 가장 신선하고 품질이 좋은 재료만을 아낌없이 사용해야 했다.

고객은 절대
싼 것만을 원하지 않는다

사업을 시작하기 전 2년간 마트에서 살다시피 머무르면서 조사한 결과, 나는 고객이 무조건 싼 것만을 찾지는 않는다는 사실을 깨달았다. 사업을 하다 보면 점점 가격 경쟁에 목숨을 거는 경우를 많이 보게 된다. 가장 쉬우면서 즉시 효과를 볼 수 있는 방법이 가격을 조정하는 것이기 때문이다.

하지만 앞뒤 가리지 않고 가격 경쟁을 하다 보면 경쟁사를 이기는 게 아니라 다 같이 망하게 마련이다. 그렇다고 담합을 할 수도 없지 않은가? 그렇다면 방법은 하나다. '무조건 싼 가격'이 아닌 '합리적인 가격'을 제시하면 된다. 그렇다고 합리적인 가격이 꼭 투입된 비용 대비 가격을 뜻하는 건 아니다. 예를 들어 밥알에 온통 금가루를 입힌다면 비용만으로도 수십만 원은 들어갈 것이다. 그 초밥을 비용 대비 가격으로 판다고 생각해보자. 살 사람이 있겠는가? 반대로, 아마추어가 거의 폐기 직전의 재료로 대충 만든 초밥 역시 딱 재료비만 받는다 해도 사려고 하는 사람은 거의 없을 것이다.

그렇기에 합리적인 가격이란, 고객이 '이 상품이라면 이 정도 가격이 아깝지 않다'고 기꺼이 감수할 만한 가격이라 할 수 있다. 하지만 말은 쉬워도 이런 가격을 찾기란 쉽지 않다. 당연히 많은 조사와 준비가 필요하다.

나는 사업을 준비하는 동안 프랑스의 슈퍼마켓과 마트에 존재하는 모든 종류의 초밥 도시락을 빠짐없이 먹어보았다고 장담해도 될 만큼 열심히 맛을 보고 다녔다. 특히 신제품이 나오면 무조건 먹어보았다.

일단 그 도시락들은 저렴했다. 하지만 '가격에 비해' 어떠했느냐고 묻는다면, 솔직히 그 돈을 내고 먹고 싶은 마음이 들지는 않았다. 한국도 그렇지만 프랑스를 비롯한 유럽에서는 초밥이 상당한 고급 음식에 속했고, 일식당의 초밥은 무척 비싸기 때문에 상대적으로 저렴하고 간편한 도시락이 팔렸던 것뿐이었다.

기존 초밥 도시락 제품은 유통기한이 대체로 3일 정도다. 이들의 공정을 살펴보면 공장에서 제품을 만들어 각지의 매장으로 배송하는 데까지만 1~2일이 걸린다. 그러니 진열되자마자 사더라도 이미 만든 지 1~2일 지난 제품을 사는 셈이다. 게다가 그들이 어느 정도로 신선한 재료를 사용하는지 알 수 없지 않은가. 동종업에 종사하는 사람으로서 그들이 가장 신선한 재료만을 사용할 거라 믿고 싶지만, 진실은 알기 어렵다.

나는 켈리델리를 설립한 순간부터 지금까지 재료에 대해서만큼은 절대로 타협하지 않고 있다. 나의 초밥 스승인 야마모토 선생이 장인 특유의 완벽주의로 고르고 고른 최상의 재료만을 사용한다. 또한, 그날 팔리지 않은 제품은 전량 폐기한다. 물론 수백 개의 매장을 모두 관리하는 게 쉽지 않다 보니 간혹 어떤 점주는 전날 팔고 남은 제품을 다음 날 진열하기도 한다. 그런 점주가 적발되면 우리는 계약을 해지한다. 계약서에 분명히 명시되어 있으니 절대로 사정을 봐주는 법이 없다. 이런 사례를 몇 번 접한 다른 점주들은 폐기하지 않은 제품을 파는 행위 같은 건 이제 엄두조차 내지 못한다. 나 또한 그들이 이미 프로로서 인정받으며 버젓한 매장 점주가 되어 수익도 제법 올리고 있는데 재료비 좀 아끼자고 위험을 무릅쓰지는 않을 거라 본다. 지금까지 적자가 나고 있는 매장은 단 한 곳도 없으니 말이다. 물론 여전히 그런 일은 언제든 일어날 수 있기에 불시에 검사하여 강력한 제재를 가하는 것이다.

또한 나는 메뉴를 개발하고 레시피를 짤 때 재료를 아끼지 않는다. 재료를 과하게 사용한다는 게 아니라, '이 정도는 사용해야 맛을 제대로 낼 수 있다' 싶으면 비싼 재료라도 그만큼을 쓴다는 뜻이다. 즉, 재료의 신선도와 음식의 맛 측면에서 켈리델리의 제품은 기존 초밥 도시락들보다 월등했다. 고객이 원하는 것은 '싸지만 신선도와 맛이 떨어지는 제품'이 아님을 알았기에, 그 두 가지 단점을 완벽히 해결한 나는 기존 제품들의 1.5배, 많게는 2배가 넘는 가격을 선정했다. 그리고 그게 충분히 합리적인 금액이었음은 결과가 말해주고 있다.

품질,
그 이상의 가치

앞에서 말했듯이 켈리델리는 일종의 쇼 비즈니스 형태를 띠고 있다. 만약 한국의 피자집에서 이탈리아인 요리사가 반죽부터 토핑, 요리까지 모두 직접 하고 그 모습을 오픈키친 형태로 보여준다고 상상해보자. 아마 맛과 가격이 비슷하더라도 일반 프랜차이즈보다는 사람들이 더 몰릴 것이다. 구경하는 재미가 있기 때문이다. 거기에 맛까지 더 좋다면 두말할 것도 없이 압승이다.

켈리델리도 그렇다. 기존 초밥 도시락 업체는 공장에서 만들어 배달될 뿐만 아니라, 판매하는 사람이 유럽인이다. 물론 유럽인 중에도 초밥 장인이라 할 만한 사람들이 있다. 하지만 보통 유럽인보다 한국인 사범이 태권도를 더 잘 가르칠 거라 믿는 것처럼, 초밥은 아시아인이 더 잘 만들 거라는 인식이 있을 수밖에 없다. 더구나 젓가락을 사용하는 아시아인의 손놀림이 세심하고 손도 작아 더 유리한 것도 사실이다. 또한 매장 하나하나가 그리 넓지 않으므로 일을 할 때 상대적으로 체격이 작은 아시아인들이 적합하기도 했다.

이로써 얻을 수 있는 효과는 무궁무진하다. 우선 고객에게 보는 즐거움을 선사한다. 아직까지도 켈리델리의 고객들은 직원들이 전문가다운 손길로 초밥을 만들고 예쁘게 꾸며 진열하는 모습을 재미있게 구경한다. 그들에게는 색다른 경험인 것이다. 또한 직접 보는 곳에서 만들어 판매한다는 건 그만큼 신선도가 높다는 걸 보여준다. 우리 입장에서는 고객에게 재미있는 쇼를 선보임과 동시에 우리 제품은 기존 초밥 도시락과 품질이 비교도 안 되게 좋다는 사실을 전달할 수 있다. 그래서 나는 현장 직원들에게 "세계 최고의 공연을 한다고 생각하고 쇼를 보여주세요"라고 부탁하곤 했었다.

꼭 제품의 품질을 높이는 것만이 고객을 위하는 방법은 아니다. 쉽게 말해, 품질은 고객이 바라는 가장 기본일 뿐, 그 이상의 가치를 어떻게 더하고 보여주느냐가 곧 사업의 성패를 가른다고 할 수 있다.

끊임없는 메뉴 개발로
새로움에 도전한다

고객에게 제공해야 할 가치에는 '새로움'도 있다. 무엇이든 처음에는 새로워도 계속되면 구식이 되고, 점점 지겨워지게 마련이다. 그래서 나는 늘 '고객에게 어떻게 해야 새로움을 전달할 수 있을지'를 고민해왔다. 켈리델리는 계속해서 새롭게 발전한다는 믿음, 그래서 켈리델리가 만든 음식이라면 언제든 믿고 먹을 수 있다는 믿음을 충족시켜야 한다. 그래야 고객은 기대하게 되고 그 기대가 충족될 때 행복해진다. 이런 연유로 우리는 늘 새로운 메뉴를 개발하는 데 힘을 기울인다.

처음 켈리델리는 약 100여 가지 메뉴로 시작했다. 정확한 비율은 기억나지 않지만, 초밥 스승인 야마모토 선생이 전수해준 정통 메뉴 50여 가지와 내가 만든 새로운 메뉴가 50여 가지였다. 그중에는 지금도 베스트셀러로 계속 팔리는 제품도 있고, 큰 반응을 얻지 못해 폐기한 메뉴도 있다. 하지만 폐기한 메뉴가 있다고 해서 메뉴가 줄지는 않는다. 그 이상으로 계속해서 새로운 메뉴를 개발해내기 때문이다. 또한 신메뉴 개발은 직원들에게도 늘 강조하는 '새로운 도전'이기도 하다. 동시에 고객에게 켈리델리가 고리타분한 곳이 아니라 늘 새로운 곳이라는 인식을 심어주는 '브랜딩' 작업의 일환이기도 하다.

직원의 행복이 가장 중요하다고 강조하는 회사가 늘고 있지만, 그들도 결국 '고객이 있어야 회사가 존재할 수 있다'는 점에는 동의할 것이다. 그렇기에 사업의 출발점은 항상 고객을 행복하게 만드는 것이어야 하고, 사업가는 어떻게 돈을 벌지를 궁리하기 이전에 '어떻게 하면 고객을 행복하게 할 수 있을까?'를 고민하고 실천해야 한다. 고객들이 진정한 행복을 느낀다면 돈은 저절로 따라오게 되어 있기 때문이다.

현장에서는
가맹점주가 사장이다

가맹점주의 만족이 곧
고객만족으로 이어진다

모든 사업이 그렇겠지만, 특히 켈리델리와 같은 프랜차이즈 요식업체는 '현장'이 가장 중요하다. 그래서 나는 본사 직원을 뽑더라도 반드시 한동안 현장에서 일을 해보게 한다. 그래야만 현장의 중요성을 알고, 현장 직원의 고충을 이해할 수 있기 때문이다.

현장이 중요한 이유야 찾아보면 무수히 많겠지만, 쉽게 말해 '현장은 곧 고객과 만나는 접점'이라는 사실로 귀결된다.

고객은 켈리델리의 철학과 이념, 사상, 우리가 고객에게 제공하고자 하는 가치, 추구하는 방향 등을 현장에서만 느낄 수 있다. 아무리 좋은 문화와 가치를 가지고 있다 해도 현장에 녹아들지 않으면 고객은 이를 느끼지 못한다. 다시 말해, 고객은 제품을 구매한 현장을 통해 회사를 평가한다.

사무실 분위기에 가장 큰 영향을 미치는 사람은 누구일까? 당연히 사장일 것이다. 사장이 잔뜩 화가 난 얼굴로 출근해 직원들의 인사를 받는 둥 마는 둥 자기 방으로 들어가 틀어박힌 채 욕설을 뒤섞어 소리를 질러가며 통화를 한다면? 그러고는 별것도 아닌 일로 직원들을 불러다가 혼을 낸다면? 사무실은 숨통이 턱 막히는 분위기로 가득 찰 것이고, 직원들은 신경이 곤두서 일에 집중하기 힘들어지면서, 자연히 성과 또한 오르지 않을 것이다.

그렇다면 현장에서는 누가 이런 분위기에 가장 큰 영향을 미칠까? 현장에서는 가맹점주가 곧 사장이다. 따라서 가맹점주가 웃으면 직원들도 친절하게 고객을 대할 것이고, 가맹점주가 퉁명스러우면 직원들도 고객에게 불친절할 것이다.

가맹점주의 이익을 우선시할 때의 효과는 파파이스의 부활 사례만 보더라도 알 수 있다.

전 세계 26개국에 2천 500여 개의 매장이 있는 글로벌 치킨 프랜차이즈인 파파이스는 한때 어려움에 처했다. 오죽하면 서로 CEO직을 맡지 않으려 하는 바람에 사외이사였던 셰럴 배쳴더라는 여성에게 자리가 돌아갔다. CEO가 된 배쳴더는 매장을 돌아다니던 중 한 곳에서 매장 직원들에게 '고객 서비스가 중요하다'는 점과 '새로운 고객경험 개선 프로젝트를 시행하겠다'는 말을 했다. 그때 한 직원이 "우리 매장에는 옷 걸어둘 곳도 없어요. 그런데 내가 새로운 고객경험 같은 걸 신경쓸 수 있을 것 같아요?"라고 대꾸했다. 그 순간, 배쳴더는 '프랜차이즈 점주와 매장 직원이 파파이스의 실제 고객'임을 깨닫게 되었다고 한다.

그때부터 파파이스는 가맹점주를 대상으로 만족도를 시행하고 각 매장별 수익성 개선 방법을 연구했으며, 기존 점주들에게 새로운 매장 입지를 추천해주는 프로그램을 시행했다. 가맹점주들의 만족도가 상승하자 고객 서비스가 좋아졌고, 파파이스는 조금씩 매출을 회복했다.

이때 대대적인 텔레비전 광고를 병행하면 큰 효과를 볼 거라 믿었지만, 비용이 만만찮았다. 배쳴더는 기존에 각 매장 매출의 3퍼센트씩 걷고 있던 공동마케팅 비용을 4퍼센트로 올리는 방안에 대해 제안했다. 매출의 1퍼센트는 결코 우습게 볼 수 있는 수치가 아니니 보통은 반대하는 게 당연하다. 하지만 놀랍게도 점주들은 "본사가 일단 600만 달러를 투자하면 우리도 공동 마케팅 비용을 4퍼센트로 올리겠다"는 제안을 회사 측에 해왔다.

결국 본사에서는 600만 달러를 투자했고, 점주들도 약속대로 4퍼센트의 공동 마케팅 비용을 납입함으로써 파파이스는 대대적인 텔레비전 광고를 할 수 있었다. 그리고 미국 치킨 프랜차이즈 시장 점유율을 10퍼센트대에서 20퍼센트대로 끌어올리며 화려하게 부활했다.

배첼더는 자신의 리더십을 '집사 리더십'이라는 뜻에서 '스튜어드십(Stewardship)'이라 칭한다. 마치 집사가 집주인을 돕듯이, 가맹점주들이 사업을 잘할 수 있도록 세세하게 도와주는 것을 본인의 역할로 바라본 것이다. 이는 상당히 통찰력이 있는 관점이라 생각한다. 최종 소비자인 고객에 앞서 가맹점주부터 만족시킨다면 저절로 소비자 역시 만족하게 될 것이기 때문이다.

켈리델리만의
현장 직원 조건

켈리델리에서 일하는 사람은 크게 둘로 나뉜다. '본사에서 일하는 사람'과 '매장, 즉 현장에서 일하는 사람'이다.

본사 직원은 대부분 유럽인이다. 이들은 유럽 시장을 잘 아는 유능한 인재들이다. 한편, 현장에서 일하는 사람만큼은 아시아인을 고집한다. 이것이 첫 번째 조건이라면, 두 번째 조건은 '경제적으로 어렵지만 일을 배우고 싶어하는 사람들'이라는 점이다. 왜 이런 조건을 두게 되었을까?

첫 사업에 실패하고 다시 사업에 도전하려 했을 때, 나 역시 식당을 차려볼까 고민한 적이 있었다. 그런데 생각보다 돈이 많이 필요했고, 자본도 경험도 없는 내가 하기에는 어려움이 컸다. 켈리델리가 현장 직원으로 뽑고 있는 아시아인들은 바로 딱 7년 전 나와 같은 조건을 가진 사람들이라 할 수 있다. 다시 말해 자본도, 경험도, 실력도 없지만 누군가가 기회만 주고 잘 가르쳐주기만 하면 정말 열심히 해서 좋은 성과를 낼 수 있다고 자부하는 아시아인들 말이다.

실제로 7년 전 나는 밑바닥에서 다시 시작해야 하는 입장이었고, 그런 내가 지금에 이르기까지 기댈 수 있었던 건 나의 열정과 노력, 그리고 배우고자 하는 의지였다. 그렇기에 의지와 절실함만 있다면 그 누구보다 열정적으로 일을 배우고 충분히 잘 해낼 수 있다는 믿음이 있었다.

그래서 나는 가맹점주가 투자할 돈이 얼마나 있는가보다 일을 배우고 싶은 의욕이 얼마나 있는가를 훨씬 더 중요하게 생각한다. 실제로 돈이 많은 사람이 찾아와 매장 여러 개를 달라고 한 적도 있었지만, 일을 배워서 정말 열심히 해보겠다는 의지가 부족해 보여 거절한 적도 있었다.

하지만 앞서 말한 두 가지 조건이 충족되는 사람이라 하더라도 이들을 설득하는 게 무척이나 힘들었다. 우리가 이들에게 많은 것을 요구하기 때문이 아니라, 오히려 계약 조건이 너무 좋다 보니 믿지 못하겠다고 하는 사람도 있었다. 켈리델리는 본사와 마트에서 매장 오픈 비용 전액과 냉장고와 같은 큰 설치 장비를 제공한다. 그리고 점주에게는 약간의 가맹비와 교육비, 각자 사용할 조리 도구(밥솥, 칼, 도마와 같은 것)들을 준비하게 한다. 보통의 프랜차이즈 업체에 비해 초반에 요구하는 돈이 매우 낮다 보니 믿기 어려워 하는 사람도 있었다.

실제로 스페인 진출 당시 한인들 중 상당수가 나를 사기꾼이라 의심했다고 한다. 당시 스페인의 한인들 중에는 태권도 사범 혹은 한 대형 선박업체의 직원으로 스페인으로 건너왔다가, 태권도의 인기가 떨어지고 그 선박업체가 파산하면서 어려워진 사람이 많았다. 언어가 통하지 않는 데다 자금마저 없다 보니 무언가를 해보기도 어려웠다. 그때 마침 한국에서 익숙하게 접했던 한 프랜차이즈 요식업체가 스페인 진출을 위해 점주를 모집했다고 한다. 그러니 얼마나 많은 사람이 큰 기대를 갖고 몰렸겠는가? 그러나 그때 사업설명회에 참여했던 사람들 대부분은 그 업체에게 '사기를 당했다'고 말한다. 그게 정말 사실인지 아닌지는 알 수 없다. 중요한 건 이들이 그렇게 느꼈다는 것이다.

상황이 이렇다 보니 내가 무슨 말을 해도 이들은 믿지 않았다. 심지어 프랑스 C사 내부에 있는 매장을 견학시켜주겠다 해도 믿는 사람이 많지 않았다. 하지만 이들에게 우리의 가치와 비전, 진심을 계속해서 공유하고 전달한 결과, 함께하겠다는 사람들이 늘어나기 시작했다.

켈리델리의 가맹점은 오픈 과정에서의 부담도 적은 편이지만, 수익 분배에 있어서도 점주의 몫이 꽤 많은 편이다. 내가 늘 강조하는 것이 켈리델리와 파트너사인 마트, 그리고 점주가 모두 윈-윈-윈(Win-Win-Win) 할 수 있는 시스템을 유지해야만 이 비즈니스가 계속될 수 있다는 점이다. 만약 여기서 누구 하나가 과도하게 돈을 벌려고 욕심을 부린다면 시스템은 붕괴되고 비즈니스 역시 성립될 수가 없다. 예를 들어 점주가 재료비를 아끼기 위해 규정을 어기거나, 켈리델리가 재료업체를 통해 커미션을 가져가서 백마진을 취한다거나, 마트가 가맹점의 수수료를 올리겠다고 하는 일이 일어난다면 윈-윈-윈 시스템이 무너질 수밖에 없다. 그래서 이런 행위들에 대해서는 아주 철저히 관리하고 있다. 세 이해관계자 중에서도 가장 적은 자본을 갖고 있는 점주가 가장 크게 '윈'을 하고, 그다음은 마트, 그다음으로 매장을 많이 갖고 있는 켈리델리가 '원' 을 하는 게 가장 합리적이라고 믿기 때문에 점주들의 몫이 업계에서도 높은 수준이다.

물론 이렇게 가맹점주의 이익을 지키려면 우리 역시 여러 면에서 전문성을 발휘해야만 한다. 우선 매출이 충분히 있어야 이들의 수익을 보장해줄 수 있다. 그러려면 끊임없이 고객을 만족시킬 만한 메뉴를 개발해야 하고, 서비스 개선 또한 뒤따라야 한다.

또한 최상의 재료를 사용한다는 철칙을 지키면서도 재료를 낮은 가격으로 제공받을 수 있도록 재료업체와의 협상을 잘 이끌어야 하고, C사를 비롯한 다른 마트들과의 관계도 잘 유지하면서 수수료를 적정선 이상 올리지 않도록 주의해야 한다. 마트 측에서 요구하는 대로 수수료를 올려줬다가는 수익률이 떨어질 수밖에 없다. 수수료가 적정선을 넘어버리면 우리도 결국 가맹점주에게서 받는 수수료를 올릴 수밖에 없고, 그럼 가맹점에서는 재료를 아끼고 전날 남은 재고를 판매하는 사태까지 일어날 가능성이 높다. 맛과 신선도가 떨어지면 먼저 고객이 알아차리고 떠나갈 것이다. 더 심각하게는 혹시라도 전날 팔고 남은 음식을 먹은 고객이 식중독에라도 걸리면 돌이킬 수 없는 타격을 입을 수도 있다. 그럼 가맹점의 이익은 줄고, 본사의 이익도 줄 것이며, 다시 가맹점의 수수료를 올려야 할지도 모른다. 즉, 악순환이 시작되는 것이다.

그래서 앞서 말한 본사, 파트너사인 마트, 그리고 가맹점주와 더불어 직원과 고객까지 상생할 수 있는 '윈-윈-윈-윈-윈' 시스템이 유지되기 위해 노력해야 한다. 이 다섯 개의 축은 긴밀하게 연결되어 있어 어느 하나가 무너지면 나머지도 크게 영향을 받는다. 그리고 나는 그 시작점을, 가맹점주로 대표되는 현장 직원들이라 생각한다. 그들이 행복해야 현장에서 고객을 만족시키고, 또 고객이 만족해야 매출이 오르고 회사도 성장할 수 있기 때문이다. 회사의 매출이 오르고 성장세가 이어져야 재료업체도 재료 납품이 늘면서 성장하게 되며, 마트 측에서도 매출이 오른 만큼 수수료로 가져가는 돈이 커진다. 그렇기에 고객과의 접점인 현장의 행복은 윈-윈-윈-윈-윈을 지켜내는 시작점이자 우리의 생존을 위해 반드시 지켜야 하는 기본 가치다.

이렇게 유럽에서 어렵게 살아가는 아시아인을 획기적인 비즈니스 모델인 윈-윈-윈-윈-윈 시스템을 기반으로 계약을 체결한 후, 철저히 교육을 제공한 효과는 엄청났다. 패배의식에 사로 잡혀 있던 사람들이 교육받은 대로 열심히 하기만 하면 균형 잡힌 삶을 살면서 돈도 벌 수 있다는 믿음을 얻자, 누구보다 열정적으로 일을 했던 것이다.

비즈니스 마인드만으로는
상생이 불가능하다

내가 고객이나 직원, 가맹점주 못지않게, 어떤 의미에서는 그들보다도 더 관계를 잘 유지하려 노력하는 이해관계자가 바로 '파트너사'다. 사업마다 파트너사가 다양하겠지만, 켈리델리의 파트너사는 크게 둘로 나뉜다. 첫째는 C사를 비롯해 우리의 매장이 입점해 있는 마트들, 둘째는 언제나 최상품의 재료를 제공해주는 재료업체들이다.

나는 거래처에게 갑질을 할 생각도 없지만, 반대로 갑질에 휘둘리기도 싫었다. 그래서 처음 C사와 계약하기까지가 그토록 힘겨웠던 것이다. 생각해보면 C사에서 이벤트성으로 일주일 혹은 한 달 정도 매장을 차리고 물건을 팔았던 회사들은 있었지만, 우리처럼 C사의 노조들을 설득해서 매장 형태로 입점해 들어간 회사는 없었다. 즉, 켈리델리는 C사와 '함께' 준비하고 '함께' 시작한 첫 번째 회사였다. 그들은 우리에게 사실상 '투자'를 한 것과 다름없었다. 처음 몇 개의 테스트 매장은 C사가 오픈 비용을 부담했고, 이후로도 한동안은 오픈 비용을 무이자로 빌려주기까지 했다.

이렇게 투자를 받은 입장이라면 더더욱 C사의 입김에 휘둘리는 게 아니냐고 할지도 모르겠다. 아마도 보통은 그럴 것이다. 실제로 그들이 빌려준 비용을 당장 갚으라고 요구한다면 어쩔 수 없었을 뻔했던 시기도 있었으니까.

하지만 나는 처음부터 그들과 우리는 파트너사임을 분명히 했다. 현재 켈리델리는 C사 외에도 다른 대형 마트들과 일을 하고 있는데, 예를 들어 마트와 계약 시 켈리델리의 가맹점주와 현장 직원들이 마트의 시설을 마트 직원들과 동등하게 이용할 수 있도록 해줄 것을 요구했고 이를 계약서에도 명시했다. 기존 입점 업체의 직원들은 탈의실이나 옷을 보관할 사물함이 없어서 자기네 매장 내에서 갈아입고 그 안 어딘가에 물건을 보관했다. 지금도 그들은 그렇게 하고 있다. 하지만 우리는 그럴 수 없었다. 쇼 비즈니스 형태를 살리겠다고 사방이 훤히 공개된 공간을 고집했는데 어디서 옷을 갈아입는단 말인가? 그래서 우리 직원들이 마트 직원들의 탈의실을 이용하게하고 사물함을 준비해줄 것 외에도 마트 직원들이 사용하는 휴게실 등을 동등하게 이용할 수 있게 해달라고 요구했던 것이다.

물론 쉽지 않았다. 그들의 입장도 충분히 이해한다. 내부 직원들을 위한 시설인데 외부 업체 직원들에게 공개한다는 점도 썩 내키지 않았을 테고, 그럴 경우 이미 입점해 있던 다른 업체나 차후 입점할 업체와의 형평성도 문제가 되었을 것이다. 하지만 결국 그들은 나의 요구를 들어주었다.

또한 프랑스는 인종차별이 매우 적은 곳이긴 하지만, 그럼에도 우려했던 일이 터지기도 했다. 조직 혁신 및 조직 행동 분야의 세계적 권위자인 로버트 서튼 교수 역시 그의 저서 『또라이 제로 조직』에서 어딜 가든 소위 '또라이'들은 있다고 밝히지 않았는가? 당연히 마트 직원 중에도 그런 이상한 사람이 있었다. 그들은 알게 모르게 우리 직원을 무시하기도 했고, 계약상 이용할 수 있게 된 곳을 이용하지 못하게 막은 적도 있었다. 단지 '아시아인'이라는 이유로 말이다.

마음 같아서는 그 마트 직원을 찾아가 화도 내고 따지고 싶기도 했다. 하지만 나는 마트 직원들에게 더욱 친절하게, 그렇지만 결코 비굴하지 않게 대했다. 그 직원을 찾아가서도 내가 할 수 있는 최대한으로 정중하게, 인간 대 인간으로서 우리의 뜻을 잘 전달했을 뿐이다. 윈-윈 관계가 유지되기 위해서는 절대로 감정적으로 대처해서는 안 된다. 그래서 현장 직원들을 교육할 때도 혹시라도 화가 나는 일이 있더라도 나는 우리의 미덕인 친절함과 비즈니스 매너를 갖출 것을 요구하고 있고, 나 또한 그렇게 하고 있다.

아마도 이런 일련의 행동들이 그들에게 '동등한 파트너사'라는 인식을 심어주었을 거라 생각한다. 이런 노력 덕에 우리 직원이나 가맹점주들 역시 자신들이 마트의 하청업체나 그들에게 빌붙어 사는 존재가 아님을 명확히 인식하게 되었고, 또한 마트에는 우리가 기존 업체들과는 다르다는 점을 확실하게 인식시킨 계기가 되었다. 그리고 우리도 우리가 원하는 것을 항상 웃으면서 기분 좋게 얻어낼 수 있었다.

물론 소위 '갑'의 위치에 있는 회사에 당당하게 원하는 바를 요구하려면 반드시 그에 합당한 대가를 지불해야만 한다. 우리에게 그 첫 번째는 '위생'이다. 위생 관리는 건강한 음식을 만들기 위해서 반드시 지켜야 하는 것이다. 그다음은 '퀄리티', 즉 '맛'이다. 고객들이 입에 침이 마르도록 칭찬할 수 있을 정도의 맛을 제공해야만 한다. 그다음은 '매출'이다. 돈을 벌지도 못하면서 요구만 한다면 내가 마트 입장이라도 들어주지 않을 것이다. 이 세 가지를 모두 갖추면 자연히 마트도 우리를 프로라고 인정하고 그에 맞게 대우해주지 않겠는가.

또, 퀄리델리가 현장 직원들에게 강조하는 것 중 하나는 마트 직원 못지않게 마트에 대한 애정을 가져야 한다는 것이다. 예를 들어, 나는 2년의 준비 기간에 C사를 자세히 살피고 조사했기에 어지간한 C사 직원보다 더 많은 정보를 알고 있었다. 생각해보면 고객 입장에서는 C사 안에서 일하는 모든 사람이 C사 직원으로 보일 것이다. 나부터도 마트에서 장을 보다가 찾는 물건이 어디 있는지 모르겠으면 일하는 사람 중 아무나 붙잡고 물어보곤 한다. 만약 대답을 하지 못하면 실망하기도 하고, '아니, 여기서 일하는 사람이 왜 그걸 몰라?'라고

속으로 투덜대기도 한다.

그래서 나는 켈리델리의 현장 직원들에게 우리가 입점해 있는 마트에 대해 공부하고 조사할 것을 요구해왔다. 마트의 고객은 곧 우리의 고객이라는 인식을 갖고 누가 뭘 묻더라도 척척 대답해줄 수 있는 수준까지 공부하게 하는 것이다. 물론 그 넓디넓은 곳에 있는 수만 가지 품목을 일일이 다 외울 수는 없지만, 최소한 분류에 따른 위치 정도는 기억하게 한다. 예를 들어 A사의 우유나 B사의 맥주가 정확히 어디에 있는지까지 는 모르더라도 유제품 코너와 주류 코너의 위치만 알려주면 고객이 알아서 찾지 않겠는가?

이는 C사 측에서 매우 좋은 반응을 끌어냈다. 기존 업체 대부분은 고객이 질문을 하면 "잘 모르겠네요" 혹은 "다른 사람에게 물어보세요"라고 대답하기 일쑤였는데, 우리는 대답도 척척 해주고 안내까지 해주니 감동했다고 한다. 이런 노력 역시 C사가 우리를 단순 거래 대상이 아닌, 파트너로 인식하게 만든 계기가 되었다.

글로벌 기업으로
도약하기 위해

가까운 사람의 말일수록
멀리해야 할 때도 있다

첫 사업 실패 후 힘겹게 일어선 내가 다시 사업을 시작한다고 했을 때, 많은 사람이 나를 말렸다. 지난 2년간 내 삶이 어땠는지를 잘 아는, 더 가까운 사람일수록 말리는 데 더욱 적극적이었다. 그 심정은 충분히 이해한다. 그리고 매우 고맙게 생각하고 있기도 하다. 그들이 나를 말린 건 내가 잘되는 게 싫어서가 아니라, 또 실패하면 내가 다시는 일어서지 못할 것을 우려했기 때문임을 잘 이해하기 때문이다.

특히 창업을 준비하던 시기에 켈리델리의 콘셉트에 대해 말했을 때 많은 사람이 내게 '규모를 너무 크게 하지 말라'고 조언하곤 했다.

"초밥을 팔고 싶으면 그냥 작은 초밥집 하나 차리는 게 좋지 않겠어?"

"큰 사업은 한 번도 안 해봤는데 C사 같은 대기업하고 일하면 너무 위험하지 않아?"

이런 말을 정말 귀에 딱지가 앉도록 들었다. 이런 일이 반복되면서 나는 언젠가부터 주변 사람들에게 모든 것을 털어놓지는 않게 되었다. 이야기를 하게 될 때는 미리 선수를 쳤다.

"지금부터 내가 하려는 사업 이야기를 잘 들어줘. 대신 부탁이 있어. 내가 지금 어떤 사업의 시장 조사를 하고 있는데, 성공할지 안 할지, 이 사업을 접어야 할지 말지, 결론부터 말하지는 말아줘. 지금은 이 아이템에 대한 의견을 말해줬으면 좋겠어. 나도 시장 조사가 끝나면 그때 사업을 할지 말지 결정할 거야."

만약 지인들의 말에 흔들렸다면 지금의 켈리델리는 시작조차 하지 못했을 것이고, 나는 기껏해야 서너 개의 매장을 가진 초밥집 사장님이 되어 있지 않을까? 그게 나쁘다는 건 아니지만, 애초에 나의 꿈과는 거리가 멀었다. 나는 처음부터 세계적인 기업을 만들겠다는 큰 꿈을 갖고 있었기 때문이다.

"나는 스타벅스 같은
회사를 만들 거야!"

나는 우선 프랑스, 나아가 유럽, 궁극적으로는 세계 최고의 외식 프랜차이즈 기업을 만들고 싶었다. 아직 갈 길이 멀지만, 나는 켈리델리를 '초밥계의 스타벅스'처럼 만들고자 한다. 이는 내가 스타벅스의 기업문화와 하워드 슐츠(Howard Schultz)의 경영 철학을 보며 깊게 감탄했기 때문이기도 하고, 초밥으로 그런 기업을 만들 수 있다는 믿음이 있기 때문이기도 하다.

사실 내가 글로벌 기업을 만들기로 결심한 이유에 대해서는 명확히 설명하기가 어렵다. 그저 어린 시절부터 꿈꾸었던 '여러 언어를 구사하며 세계 각지를 누비고 싶다'는 꿈이 그 근간이 아닐까 짐작해본다. 또한 고등학교 진학이 좌절된 후 직접 개척해나가는 삶을 살면서 생겨난 도전 정신도 작용했을 것이다. 어쨌든 프랑스에서는 작게 시작하더라도 결국에는 글로벌 기업으로 만들어낼 생각이었다.

물론 모든 사업가가 세계 시장을 겨냥해야만 하는 것은 아니다. 작은 식당 하나를 운영하는 것도 사업이고, 그것 역시 훌륭한 꿈이 될 수 있다. 다만 한국은 자국 시장 자체가 그리 크지 않은 데다가 조금이라도 돈이 되는 사업이라면 너도나도 달려드는 '미투(Me Too) 브랜드 전략' 때문에 금세 경쟁이 치열해진다. 그래서 회사가 어느 정도 성장하고 나면 선택의 기로에 서게 된다. 한국 시장에서 확고한 위치를 가진 탄탄한 기업으로 머물 것이냐, 아니면 더 큰 성장을 위해 세계 시장을 겨냥할 것이냐. 이런 상황에서 해외 시장을 공략하려면 주의해야 할 점이 있다. 당연한 이야기지만, 각 나라마다 문화의 차이와 특수성을 이해하지 못한다면 해외 진출은 독이 될 수도 있다.

유학 경험이
내게 일깨워준 것

나는 다행히도 켈리델리를 시작하기 전부터 다른 나라와의 문화 차이가 결코 무시할 수 없는 중요한 요소임을 잘 알고 있었다. 일본과 프랑스 유학 시절의 경험과 첫 사업을 통해 그 사회에 적응하기 위해서는 반드시 그 문화를 이해하고 존중해야 한다는 사실을 피부로 느껴왔기 때문이다.

흔히들 일본은 '가깝고도 먼 나라'라고 한다. 정말 맞는 말이다. 피부색과 머리색이 같고 지리적으로도 가까운 데다가 같은 한자 문화권이기 때문인지 한국과 유사한 점이 많다. 하지만 직접 겪어보기 전까지는 와 닿지 않을 만큼의 큰 격차도 있다.

일본 유학 초창기 때의 일이다. 어떤 모임에서 한 친구가 다른 학교 남학생들을 소개해준 적이 있다. 그중 한 명이 내가 마음에 들었는지 주말에 영화를 보러 가자고 데이트를 청했다. 당시 거절할 이유가 없었기에 그러기로 했다.

약속이 있던 날, 평소보다 더 꾸미느라 출발이 조금 늦어졌다. 아마도 약속 시간까지 5분이나 10분쯤 더 늦을 듯했다. 뛰어가면 제시간에 맞출 수 있었지만, 기껏 화장도 하고 차려 입었는데 그러고 싶지는 않았다.

그런데 버스에서 내려 부지런히 약속 장소로 가던 중, 저 멀리서 차 한 대가 나타나더니 나를 스쳐 지나갔다. 그때 만나기로 한 남학생이 떠올랐다. 그도 똑같은 차를 몰았기 때문이다. 내심 미안해진 나는 조금 더 걸음을 서둘렀다.

약속 장소에 도착했을 때, 그 남학생은 보이지 않았다. 나는 손거울을 보며 화장을 고치기도 하고 지나가는 사람들을 구경하며 시간을 보냈다. 그렇게 두 시간 가까이 기다린 후에야 나는 아까 스쳐간 차의 주인이 그 남학생일지도 모른다는 생각이 들었다.

나중에 그를 소개시켜준 친구에게 내가 바람을 맞았다고 이야기했다. 그랬더니 친구는 무슨 소리냐는 듯이 말했다.

"무슨 소리야? 약속 시간이 되었는데도 네가 안 보여서 안

오는 줄 알고 갔다는데?"

솔직히 말하자면 정말 황당했고 기분도 나빴다. 한 시간도 아니고 고작 5분 정도 늦은 것뿐인데 기다릴 생각도 안 하고 그냥 가버리다니, 자존심도 상했다.

허나 일본에서 조금 더 생활해본 후에야 나는 그게 일본인의 특성임을 알게 됐다. 그들은 약속 시간을 정말 칼같이 지킨다. 우리나라에서는 10분 정도 늦는 건 예사가 아닌가? 하지만 일본에서는 약속 시간 정각에 자리에 없으면 안 나오는 걸로 생각하는 사람이 많았다. 만약 일본 사람과 사업을 한다면 이때의 경험 때문에라도 나는 약속 시간을 단 1초도 어기지 않을 것이다.

프랑스 유학 시절에도 비슷한 경험을 했다. 프랑스에서는 일본과 반대로, 약속 시간을 정하는 게 의미가 있을까 싶을 정도로 시간 개념이 달랐다. 물론 20여 년이 지난 지금은 이제 프랑스인들도 시간 약속을 잘 지키는 편이지만, 그때만 해도 그랬다. "8시에 저녁이나 먹자" 하고 친구들을 부른 후, 8시부터 천천히 준비를 해도 문제될 게 없었다.

하지만 5분만 늦어도 기다려주지 않는 분위기인 일본에서 몇 년을 지내던 내게 그런 모습은 참기 힘들었고, 나중에는 전략을 바꿨다. 8시에 저녁을 먹기로 했으면 미리 준비해뒀다가 먼저 온 친구들과 먹었고, 프랑스에서 파티의 마지막을 장식

하는 샴페인도 미리 땄다. 만약 9시나 10시쯤 온 친구가 있다면 그들은 저녁도 먹지 못하고 샴페인도 마실 수 없었다. 이런 일이 반복되니 친구들도 나와의 약속은 대체로 시간을 잘 지키게 되었다.

그런데 참 아이러니하게도 계약에 있어서만큼은 프랑스처럼 철저한 나라도 보기 드물다. 프랑스는 사소해 보이는 것마저도 계약서에 작성하고 따진다. 시간에 대한 개념이 부족하고 여유가 넘쳐 보인다고 해서 그들이 일을 대충하는 건 결코 아니라는 의미다. 이런 사실들을 경험적으로 잘 알고 있었기에 프랑스에서 사업을 시작할 때 한결 수월했다. 만약 아무것도 몰랐더라면 계약 단계에서부터 짜증이 폭발해 시작조차 어려웠을지도 모른다.

10개의 나라에 가면
10개의 문화와 만나게 된다

켈리델리 역시 실제로 해외 시장 진출에서 문화 차이를 이해하지 못해 어려움을 겪었던 경험이 몇 번이나 있다. 예를 들어 독일은 가장 진출이 힘들었던 나라 중 하나다. 유럽의 다른 나라에는 본사의 인재 중 적합하다 싶은 사람이 있으면 파견해 일을 진행하기가 수월했다.

하지만 독일은 특이하게도 '독일인' 지사장이 아니면 진행이 어려웠다. 본격적으로 사업을 시작하려면 그 나라의 유통망을 확보해야만 하는데, 독일의 경우 자국인이 아니면 거래를 트기도 힘들었다. 내가 느끼기로는 독일인들은 영어를 사용하는 것을 그리 좋아하지는 않는 듯하다. 그래서 영국과 프랑스에서 유능한 직원을 파견해도 일이 제대로 진행되지 않는 느낌이었다. 결국 독일인 지사장을 뽑아야 했는데, 이것도 만만찮은 일이었다.

나는 시간과 비용이 들더라도 확실한 사람을 뽑자는 주의다. 이는 아무리 급박한 상황이라도 변치 않는 원칙이다. 그렇게 심사숙고해서 뽑아도 함께 일을 해보면 회사의 문화와 맞지 않는 부분이 드러나 서로를 위해 갈라서는 경우가 종종 있다. 하물며 뽑을 때부터 맞지 않는 점이 있다면 어떻겠는가?

사실 이때는 고민이 되긴 했다. 독일에 이미 진출을 했는데 독일인 지사장을 뽑기 전까지는 사업 확장이 어려웠으니 말이다. 그래서 많은 사람을 만나보고 면접도 진행했다. 그 시간이 길어지면서 마음이 약해지기도 했다. 마음에 꼭 드는 사람은 아니어도 100점 만점에 80점 정도 되는 사람도 나타났다. 이때는 이미 독일인 지사장을 뽑기 위해 시간을 보낸 지 1년 가까이 되었을 때였기에 정말 심각하게 고민할 수밖에 없었다.

하지만 결정을 내리기까지 오랜 시간이 걸리지는 않았다. 아무리 당장 그게 최선이고 상황이 긴급하다 해도, 더 멀리 본다면 원칙을 고수하는 게 낫다고 믿기 때문이다. 결국 우리의 기준에 딱 맞는 사람을 뽑는 데까지 1년 반 가까이 걸렸다.

그러는 동안 한 독일인이 우리의 사업 모델을 그대로 벤치마킹해 설립한 회사가 독일 시장을 거의 점령하다시피 해버리고 말았다.

켈리델리는 진출한 모든 나라에서 업계 1위를 차지하고 있지만, 독일에서만큼은 그렇지 못한 데다가 1위 기업과 제법 큰 차이를 보이고 있다. 매장 수로만 따져도 그들이 약 150여 개인데 반해 우리는 고작 20여 개에 불과하다. 프랑스 C사와의 계약 과정에서 설명했듯이 우리는 '을'의 위치에 서려는 게 아니기 때문에 상대적으로 요구 조건이 많다. 반면 우리의 경쟁사들은 마트 측의 일방적인 요구를 대부분 그대로 수용한다. 이렇게 우리의 요구 조건까지 까다롭다 보니 사업을 확장하는 데 어려움이 따를 수밖에 없었다.

독일 시장에서 고전한 이유는 또 있다. 국민소득이 4만 달러가 넘는 나라답게 직접 가본 독일은 고급 차량이 즐비했다. 하지만 막상 사업을 시작하고 나서 알게 된 사실인데, 그들은 차에는 돈을 아낌없이 쓸지언정 먹는 데는 돈을 아끼는 편이었다. 따라서 같은 메뉴라면 맛보다는 양과 가격이 그들이 음식을 선택하는 첫 번째 기준이었다. 이를 몰랐기에 생각보다 반응이 약했을 때 조금 당황하기도 했다.

물론 이를 알았다 하더라도 억지로 밥의 양을 늘리거나 가격을 내리는 일은 없었을 것이다. 사업에서는 융통성도 중요하고 현지화도 중요하지만, 지켜야 할 철칙이라는 것도 있기 때문이다. 가격은 협상하는 게 아니라 제안하는 것이고, 맛은 우리가 무슨 일이 있어도 절대 양보할 수 없는 핵심 가치다.

그리고 이런 뚝심이 최근 들어 빛을 발하기 시작했다. 몇몇 마트에서 자기네 조건을 무조건적으로 수용하는 업체보다 비록 조건은 까다롭더라도 확실한 매출을 올리는 우리와의 계약이 더 이득임을 깨닫기 시작한 것이다. 그 결과, 진출 후 몇 년간 적자만을 기록하던 독일에서도 이제 적게나마 이득이 생기기 시작했다.

문화 차이를 이해하지 못해 어려움을 겪은 것은 영국 진출 때도 마찬가지였다. 영국에서는 시장 점유율을 높이거나 매출을 올리는 데 어려움을 겪은 게 아니라, 계약 자체에 있어 진통을 겪었다.

유럽에서도 영국의 지위는 확고해 보였다. 어떤 의미로는 유럽의 대표 격이 아닌가 싶은 나라가 바로 영국이었다. 그래서 나는 다른 어떤 나라보다도 영국 진출에 의욕적이었다. 특히 프랑스에서의 성공으로 자신감이 가득했던 나는 영국 파트너사들과의 미팅에서도 더욱 힘 있게 설명할 수 있었다. 그래서인지 미팅 자리에서 영국 측 파트너사들은 매우 호의적이고 긍정적이었다.

"어떻게 그런 생각을 다 했어요? 정말 멋진 아이디어예요!"

"우와! 이건 진짜 대박 날 것 같은데요?"

미팅이 끝나고 나오자마자, 우리는 기쁨을 숨기지 못하고 자축했다. 심지어 다음 주에 계약하자는 말까지 나와 실제로 계약서가 오갔다. 그래서 전부터 눈여겨봐둔 사람을 고용해 영국의 지사장 자리를 맡기기까지 했다.

한데 그렇게 긍정적인 반응을 보였던 마트는 그 이후로 감감무소식이었다. 마냥 기다릴 수만은 없었던 우리는 다른 곳들과도 접촉을 시도했다. 재미있는 사실은, 모든 마트가 다 똑같은 반응이었다는 것이다. 첫 미팅 시 그들은 우리의 사업 설명에 환호했다. 극찬이 쏟아졌고, 당장이라도 계약서를 쓸 것 같은 분위기였다. 그러나 미팅 후에는 또 연락 없이 몇 개월이 지났다. 미팅 자리에서는 부정적인 반응을 보여놓고 금방 연락이 와서 계약을 진행됐던 프랑스와는 반대되는 모습이었다.

이런 일이 몇 번이나 반복되자, 그때마다 나 역시 롤러코스터를 타듯 기대와 실망을 반복했고, 좀 지치기도 했다. 높은 연봉을 들여 뽑은 인재를 그냥 둘 수는 없었기에 영국인 지사장은 경험도 쌓을 겸 다른 나라를 몇 군데 거치며 일하게 할 수밖에 없었다. 결국 무려 1년이 넘게 몇 번이나 같은 일을 겪은 후에야 계약할 수 있었다. 만약 영국의 이런 특수성을 미리 알았더라면 그들의 반응에 흔들리지 않고 다음 전략을 시행했을 것이다. 계약서에 서명하기 전까지는 절대 안심하지 않았을 것이고, 연락을 그리 오래 기다리지도 않았을 테니 시간과 비용을 모두 단축했을 가능성이 크다.

지금에야 시행착오였다고 여길 수도 있고 웃고 넘길 추억으로 받아들일 수도 있지만, 만약 프랑스에서 거둔 성공으로 자금이 뒷받침되는 상황이 아니었다면 큰 어려움에 빠졌을지도 모른다. 이 일을 겪은 이후로 우리는 다른 나라에 진출할 때는 좀 더 신중해졌고, 어떤 일이든 계약서를 먼저 쓴 후에 사람을 뽑고 다음 일을 진행하게 되었다.

내가 사업을 하게 될 나라에 대해서 이해하고 공부해야 하는 건 비단 글로벌 기업에만 해당되는 일은 아니다. 한국인이 한국에서 사업을 한다 하더라도, 한국의 어느 지역이냐에 따라 사람들의 성격이나 기질, 문화에는 차이가 난다. 해외로 진출할 경우에는 생소한 곳이니 당연히 더 철저히 조사하는 게 맞지만, 내가 오래 살던 곳은 더 잘 안다고 생각해 쉽게 접근했다가 실패하는 경우도 많다. 내가 익숙한 곳이라 해서 법과 제도, 문화를 모두 완전히 파악하고 있는 건 아니지 않은가.

따라서 내가 새로운 도전을 하는 곳이 자국이든 타국이든 항상 그 토양의 성격에 대해서 지레짐작하지 말고 철저히 분석할 것을 권한다.

다만 여기서 더 당부하고 싶은 게 있다면, 세계화와 현지화 전략이 나의 색깔을 잃어버리면서 동화되는 것은 아니라는 점이다. 나는 늘 '가장 한국적인 것이 가장 세계적인 것'이라 이야기한다.

이런 철학은 사업의 콘셉트뿐 아니라 사무실 문화에도 파고들어 있다. 예를 들어 우리 회사는 사무실에서 신발을 벗고 일한다. 앞에서 이야기했듯이 켈리델리가 처음 시작할 때 사무실을 구하는 대신 우리 집에서 같이 일을 했는데, 우리 집은 한국과 마찬가지로 신발을 벗고 들어와야 했다. 나는 위생적으로도 좋기도 하고, 일하는 데도 훨씬 편하다 여겨 현재 사무실에서도 이런 문화를 정착시켰다. 그런데 이는 유럽 회사에서는 찾아볼 수 없는 문화라 처음에는 다들 황당해했다. 심지어 이를 거부한 직원도 있었으나, 나도 계속해서 신발을 벗은 채 양말만 신고 다니면서 시간을 두고 설득했다. 지금은 그 직원도 그 문화에 익숙해졌을 뿐만 아니라 오히려 지금은 편하다고 좋아한다. 합리적이고 타당한 이유가 있다면 해외에서 사업을 하더라도 한국의 문화를 접목시키고 이를 설득해야 할 필요도 있다고 생각한다.

시크릿 박스

세계 시장의 문을 열기 위한 준비

나는 한국의 요식업계 사업가들로부터 해외 진출에 대한 질문을 참 많이 받는다. 여기서는 글로벌 시장을 공략하기 위해 알면 좋은 기본적인 사항에 대해 이야기하고자 한다.

너무나 당연한 말이지만, 다른 나라에 진출할 때는 자국 시장에서 준비할 때보다 훨씬 많은 조사와 공부를 필요로 한다. 그렇게 사전 준비를 해도 앞서 이야기한 독일과 영국의 사례처럼 어려움을 겪기도 한다. 여기서는 여러 나라에서 시장의 문을 열기 위해 수없이 시행착오를 거치면서 알게 된 것들을 공유하도록 하겠다.

해외 시장 진출을 위한 아주 기본적인 준비

첫째, 그 나라의 국민소득을 먼저 알아본다. 초밥은 재료 자체도 그렇고 이를 운송하고 보관하는 비용 때문에라도 결코 싼 음식이 될 수 없다. 그러니 경제적으로 어려운 나라일수록 초밥 판매량이 적은 게 당연하다. 그러므로 자신이 팔고자 하는 아이템이 어느 정도의 가격으로 팔리고 있으며, 예상 가격이 그 나라의 소득 수준을 보았을 때 기꺼이 지불할 수 있는 수준인지 가늠해보아야 한다.

둘째, 그 나라의 일반적인 고용 조건을 알아본다. 나라마다 정해진 최저 임금이나 근무 시간, 휴가 조건, 1년간 지급하는 월급의 횟수 등이 다르다. 이를 조사해보지 않고 덜컥 진출했다가는 후에 임금이 엄청난 압박으로 다가올 수도 있다.

셋째, 세금을 잘 알아야 한다. 부가가치세만 해도 나라마다 천차만별이라 이에 따라 가격이 달라지고, 가격이 달라지면 판매에도 영향을 미칠 수밖에 없다. 또한 세금은 앞서 말한 연봉과도 관련이 있다. 프랑스의 경우 한 사람을 고용하려면 그 연봉의 두 배 가까이 준비를 해둬야 한다. 세금으로 나가는 비용이 워낙 크기 때문이다.

이런 것들을 알아보기 위해서는 그 나라의 법에 대해서 상세히 알아야 한다. 그래서 나는 직원을 뽑기 전에 그 나라의 변호사와 회계사, 노무사 등을 먼저 만난다. 특히 켈리델리와 같은 요식업이라면 위생법에 대해서 잘 알지 못할 경우, 낭패를 보기 쉽다. 만약 조사 결과, 이런 조건이 너무 까다로워 비용과 시간의 투입이 지나치게 많다면 진출을 다시 고려해봐야 한다.

요식업 종사자라면 '빅맥지수'를 고려해보는 것도 좋다. 거의 모든 나라에 진출해 있는 맥도날드의 대표 메뉴인 빅맥의 가격을 달러로 수치화한 것이 바로 빅맥지수인데, 이 작은 숫자 하나가 많은 정보를 함축한다. 그 나라의 물가와 소득 수준, 외식에 사용하는 돈이 어느 정도인지 정확히는 아니더라도 대략적으로는 알 수 있다. 비슷한 것으로는 스타벅스지수, 일명 '라떼지수' 등이 있지만, 우리는 여전히 빅맥지수를 지표로 삼고 있다.

켈리델리는 무엇을 조사했는가

켈리델리는 어떤 나라에 진출하고자 할 때마다 그 나라에 아시아인은 얼마나 살고 있고 그들은 대체로 어떤 직종에 종사하고 있으며 소득 수준은 어떠한지를 알아본다. 앞에서 말했듯이 켈리델리는 아시아 쇼 비지니스라는 콘셉트를 추구하기 때문에 되도록 아시아인을 뽑는다. 한데 인구 중에 아시아인이 적다면 사람을 뽑는 일부터 어려움이 생길 것이다.

게다가 이들의 직업이나 소득 수준도 우리 사업에 중요한 요인이다. 스페인의 경우 한인들 대부분이 소위 3D 업종에 종사하며 어렵게 살고 있었다. 그런 사람들은 '금전적으로 결코 손해 볼 것 없다'는 점과 '지금보다 훨씬 높은 소득을 보장한다'는 약속만으로도 계약하기가 수월하다. 하지만 네덜란드처럼 아시아인들이 변호사나 금융업 종사자와 같이 고소득 화이트칼라 계층인 경우엔 설득하기가 쉽지 않다. 이미 안정적인 직장에서 높은 소득을 올리는 사람들이 굳이 그 일을 그만두고 아직 진출하기도 전인 초밥 도시락 사업에 뛰어들 이유가 있겠는가?

하지만 나는 네덜란드 진출을 결정했다. 앞서 말한 모든 것들이 만족스러웠고, 네덜란드 진출 자체가 나에게는 하나의 도전 과제처럼 여겨지기도 했다. 이렇게 설득하기 힘든 사람들을 설득하는 데 성공한다면 다른 나라 진출은 훨씬 수월해질 거라고 생각한 것이다.

네덜란드의 화이트칼라 아시아인 중 우리의 사업설명회에 찾아온 사람 대부분은 '나만의 직업을 갖고 싶다'는 생각을 갖고 있었다. 나는 그들에게 원하는 소득을 물어봤다. 원화로 월 500만 원에서 1천 500만 원 정도를 원하는 사람에게는 자신감을 가지고 입점을 허락했다. 켈리델리 점주 중 그 정도 버는 사람은 셀 수 없이 많으니 충분히 가능하다 여겼다. 반면 너무 높은 금액, 예를 들어 월 5천만 원은 벌어야겠다는 사람이 있다면 그들은 우리와 함께할 사람이 아니라 여겼다. 물론 켈리델리의 점주들 중에는 그 이상의 수익을 올리는 사람도 있지만, 그들은 소수에 불과하다. 게다가 그들은 모두 그 누구보다 열심히 일하는 사람들일 뿐 아니라, 여러 개의 매장을 가지고 있다. 따라서 내가 자신 있게 가능하다고 말할 수 있는 상황이 아니었기에 더 이상 설득할 이유가 없었다.

반드시 현장을 보고 판단해야 한다

여기서 반드시 짚고 넘어가야 하는 점이 있다. 궁극적으로는 반드시 책이나 인터넷, 숫자가 아닌 '현장을 보고 판단해야 한다'는 것이다. 앞서 말한 조건들이 다 들어 맞는다 해도 그 나라 사람들의 '라이프스타일'을 직접 관찰하지 않는다면 다 무용지물이 될 수도 있다. 그리고 식습관이나 식문화는 현장에 가서 보는 게 가장 정확하다. 나는 현장에서 다음과 같은 것들을 알아보았다.

- 식당은 얼마나 있는가?
- 밥은 주로 집에서 해 먹는가, 배달을 시키거나 외식을 하는가?
- 식비로는 얼마나 쓰고 있는가?
- 고급 음식점은 얼마나 잘되고 있는가?

식비를 얼마나 쓰는지는 전체 생활비 중 식비가 차지하는 비율인 '엥겔지수'를 보는 것만으로도 어느 정도 파악이 가능하다. 당연히 엥겔지수가 너무 낮다면 요식업계 입장에서 좋은 현상은 아니다. 식비가 차지하는 비중이 낮다는 건 먹거리를 그리 중요하게 여기지 않는다는 의미일 수 있기 때문이다.

앞서 말한 네덜란드도 그런 나라였다. 엥겔지수가 너무 낮았던 것이다. 당연히 많은 사람이 진출을 반대했다. 하지만 직접 가서 본 네덜란드는 조금만 돌아다녀 봐도 부유한 나라임을 알 수 있었고, 고급 식당이 곳곳에 즐비했다. 이들의 엥겔지수가 낮은 이유는 버는 돈이 많아서 먹는 데 쓰는 돈 자체가 적어서는 아니었던 것이다. 그러니 생활비 중 식비의 '비중'은 작아도, 절대적인 '액수'는 훨씬 클 가능성이 높았다.

그렇게 직접 가서 그들의 삶을 관찰해본 후에는 반대를 무릅쓰고 네덜란드 진출을 결정했고, 이는 옳은 선택이었음이 증명되고 있다.

해외 진출을 꿈꾸는 한국인 사업가에게 당부하고 싶은 말

실제로 한국인 사업가 중에는 나에게 해외 진출에 대해 상담을 요청하는 사람들이 꽤 있다. 내가 이들에게 꼭 전하는 말이 있다. 마음만큼은 세계를 바라보더라도 '시작은 작게 해야 한다'는 점이다. 우선 한국을 겨냥해 완벽하게 성공한 후 해외로 진출하는 게 좋다고 본다. 자신만의 명확한 색깔과 콘셉트를 갖추고 자국에서 먼저 성공을 거둔다면 그간 쌓인 경험과 노하우도 무시할 수 없는 수준일 테고, 자금력 또한 갖춰져 있을 것이다. 여기서, 진출하려는 나라의 특징에 맞춰 조금씩 변화를 꾀한다면 성공 가능성이 훨씬 높다.

요식업의 경우라면 그 나라 특유의 싸고 맛있는, 그리고 그 나라 사람들의 입맛에 맞는 재료가 있을 테니 이런 부분을 주 메뉴와 잘 접목하면 된다. 켈리델리의 예를 들면 프랑스에서는 민트와 고수를 사용한 메뉴가 상당한 인기를 누린다. 반면 독일에서는 이런 메뉴들이 외면받는다. 독일에서는 한국의 삭힌 홍어와 비슷한 정어리 요리가 있는데, 이를 활용한 메뉴가 인기다. 이처럼 큰 틀은 유지하되 작은 것들을 그 나라에 맞게 접목시키면 된다.

단, 이 모든 준비가 책상 앞에서만 이루어져서는 안 된다. 세계 시장은 내 집 안방이 아니다. 문을 두드린다고 그냥 열어주지 않는다. 진출하고자 하는 해외 시장이 있다면, 발 빠르게 움직여라. 그 나라에 직접 가서 보고 듣고 느끼고 경험하라. 컴퓨터 앞에서의 100시간보다 직접 찾아가서 경험한 1시간이 더 중요하고 많은 답을 가져다줄 것이다.

PART4

인생에서 성공보다 더 중요한 것

미래를 결정하는 성공 후의 태도

"길이 막혔다면 원점으로 돌아가라.
미로에서 헤매느라 실마리를 찾지 못할 때
다시 처음으로 돌아가면
색다른 발견을 할 수도 있다."

– 쿠니시 요시히코(심리학자)

초심을 지키지 않으면
모든 것을 잃는다

성공했다가도
나락으로 떨어지는 이유

성공한 사람이 나락으로 떨어지기 시작하는 때는 언제일까? 바로 '초심을 잃기 시작한 때'라 할 수 있다. 초심이라는 건 생각보다 지키기 어려워서 매일매일 되새기지 않으면 어느 순간 다른 것들에 가려 보이지 않게 마련이다.

무언가에 도전하는 처음에는 누구나 초심자 특유의 열정과 겸손을 한껏 발휘한다.

"나는 초보니까 아무것도 몰라. 그러니 배워야 하고, 열심히 하는 수밖에 없어."

이게 보통 초심자들의 생각이다. 사업을 하는 사람도 처음에는 정말 겸손한 마음으로 시작한다. 초창기에는 가장 열정적이기 때문에 어지간한 일로는 포기하는 법도 없고, 거드름을 피우지도 않는다.

하지만 문제는 사업이 자리를 잡고 나서부터다. 어느 정도 자신감이 붙으면 이때부터 길이 나뉜다. 어떤 사람은 그럼에도 여전히 초심자의 태도를 유지하지만, 어떤 사람은 조금씩 스스로를 과신하기 시작한다.

그렇다면 '초심을 지킨다'는 건 정확히 무엇을 지킨다는 걸까? 사업이 점차 커지고 확장될수록 당연히 사장의 역할은 세세하게 바뀌게 마련이다. 허나 마음가짐만은 바뀌지 말아야 한다. 특히 그중에서도 열정과 겸손함만큼은 끝까지 지켜야 한다. 실제로 초심을 지키지 못해서 사업에 실패하는 경우도 많이 있다. 처음에는 누구나 잘될 거라는 믿음과 자신감으로 시작하지만, 사업이 어려움에 부딪히면 금방 초창기의 열정과 흥미를 잃어버리기도 한다. 반대로, 돈을 많이 벌게 될 경우 직원들을 대하는 태도가 독선적으로 변하거나 모든 공이 자신의 것이라 생각해서 직원들을 함부로 대하기도 한다. 사람이 떠나가는 순간, 그 사업은 실패라는 결말을 맺을 수밖에 없다.

회사가 커질수록
검소함을 잃지 말아야 한다

초심을 지켜야 하는 것의 일환으로서, 내가 지금까지도 일관되게 항상 강조하는 것이 있다. 바로 '검소함'이다.

가끔 첫 사업을 하던 때를 떠올려본다. 실패의 이유는 정말 많았지만, 만약 평소에 조금만 더 검소한 태도를 유지했더라면 어땠을까 싶다. 그랬더라면 회사에 유보자금이 있었을 것이고, 아낀 돈을 효과가 확실한 곳에 썼을 것이다. 그랬다면 그렇게 참담한 실패는 하지 않았을지도 모른다.

물론 모두 지난 일이고, 이미 지난 일에 '만약'을 가정하는 건 큰 의미가 없다는 점도 잘 안다. 하지만 그때의 경험을 통해 확실히 알게 된 사실 중 하나는 바로 '돈을 버는 것보다 어떻게 쓰느냐가 더 중요하다'는 점이다.

그래서 현재 켈리델리에서는 검소함을 매우 강조한다. 여기서 말하는 검소함이란 무조건 아끼고 적게 써야 한다는 게 아니다. 비용은 되도록 아끼되 우리의 철학을 지켜야만 하는 경우, 그리고 투자가 필요한 경우에는 무조건 아끼기보다 합리적으로 쓸 수 있어야 한다. 예를 들어 큰 프로젝트를 할 때는 수십억 원의 돈이 들어가기도 하는데, 이런 돈까지 무조건 아끼려고 하지는 않는다.

우리가 강조하는 것은 매일매일의 습관이다. 습관에 따라 돈이 새어 나가기도 하고, 고이기도 하기 때문이다. 여기서 중요한 건 우리가 거창한 것을 요구하는 게 아니라, 시간을 절약함으로써 비용을 절약하게 한다는 점이다. 즉, '매일 한 시간을 어떻게 절약할 것인가'를 고민하게 한다.

예를 들어 불필요한 이메일을 보내서 다른 직원이 보게 하는 것도 그 사람의 시간을 빼앗는 행위다. 전화 한 통으로 금방 전달할 수 있는 내용을 장문의 이메일로 작성해서 보내는 행동도 마찬가지다. 특히 이메일과 같은 텍스트로 말을 전달하면 오해가 쌓이는 경우도 종종 있고 급기야 서로 쓸데없는 감정 낭비를 하게 될 수도 있다. 대개 이런 사소한 행위가 회사의 비용을 줄이는 데 영향을 준다는 생각 자체를 못하는 경우도 있는데, 사실 기업에서 가장 많이 들어가는 비용은 인건비, 즉 직원들의 월급이다. 따라서 직원들의 시간을 절약하는 것은 곧 비용을 절약하는 것이다. 이런 연유로 켈리델리에서는 직원들에게 일을 할 때 그냥 일을 처리하는 데 급급해하기보다 조금 더 스마트하고 현명하게 생각할 것을 늘 강조한다.

켈리델리는 글로벌 기업이다 보니 해외 출장 시 호텔 숙박비와 교통비가 꽤 많이 들어간다. 직원들의 월급이나 보너스는 무조건 아껴야 하는 영역이 아니지만, 이런 비용은 충분히 아낄 수 있다면 아껴야 한다. 그래서 출장을 떠날 때는 꼭 최소 한 달 전에 비행기 티켓을 구매하게 한다. 그래야 싼값에 구할 수 있기 때문이다. 그리고 만약 같은 곳을 한 달에 두 번 가야 한다면, 일을 모아서 한번에 1박 2일을 지내고 오게끔 한다.

우리 회사에서 직원들의 불편 사항을 조사해보면 '출장 비용을 늘려줬으면 좋겠다'는 의견도 있다. 켈리델리에서는 출장 시 비행기는 이코노미석을 이용해야 하고, 숙박비도 한정되어 있어 5성급 호텔은 이용할 수 없다. 더구나 두 사람 이상이 함께 출장을 가면 동성끼리는 같은 방을 이용하게 한다. 이는 비용을 아끼기 위해서이기도 하지만, 같은 방에서 지내다 보면 더 가까워질 수 있기 때문이기도 하다.

여기에는 나도 남편도 예외가 없다. 남편은 키가 190센티미터가 넘다 보니 가뜩이나 좁은 이코노미석에 앉으면 보는 사람까지 불편할 지경이다. 그럼에도 우리 둘은 회사 돈으로 비행기를 타야 할 때는 무조건 이코노미석을 이용한다.

숙박 역시 이렇게 해결한다. 예전에 두 명의 여직원과 해외 출장을 간 적이 있는데, 그때도 역시나 방을 하나만 잡았다. 침대가 두 개인 방이었는데, 한 직원이 허리가 좋지 않았기에 침대 하나를 사용하게 했고, 다른 직원과 내가 한 침대를 썼다. 그날 우리는 업무 외적으로도 많은 이야기를 나누었고, 조금 더 가까워질 수 있었다.

그렇다고 무조건 비용을 줄이는 데만 혈안이 되어서는 위험하다. 켈리델리는 업계에서 최고 수준의 연봉을 보장하고 있고, 해마다 열리는 워크숍에는 과감하게 돈을 쓴다. 테마파크를 통째로 빌리기도 하고, 자비로 여행하기에는 다소 부담이 되는 곳을 여행하며 행사를 진행하기도 한다. 이처럼 '쓸 곳에는 쓰고, 아낄 곳에는 아낀다'는 인식을 심어주어야 직원들의 불만을 줄일 수 있다. 즉, 비용을 쓸 때는 검소함의 원칙을 따르되, 회사의 성장을 위해서는 계속해서 투자를 늘려야 한다.

또, 직원들이 검소함을 실천하게 하기 위해 명령이나 지시를 내리고 그것을 지키지 않았다고 해서 혼을 내거나 감정적으로 대해서는 안 된다. 그보다는 왜 그렇게 해야 하는지를 충분히 이해시킨 후, 직원들이 알아서 실천하게끔 이끄는 게 중요하다.

기업가의 리더십에는 크게 세 가지 유형이 있다고 한다.

첫째, 지휘하고 통제한다(Command and Control)
둘째, 믿어주고 바란다(Trust and Hope)
셋째, 믿어주고 점검한다(Trust and Track)

첫 번째는 직원들에게 명령하여 따르게 하는 리더십을 뜻한다. 나는 명령과 지시로 직원들을 움직이게 하는 건 한계가 있다고 여기기에 이는 켈리델리의 리더십과는 거리가 멀다.

두 번째는 직원들을 믿어주면서 '그들이 그 일을 알아서 하겠거니' 하고 바라는 것이다. 나는 직원들을 믿어주는 건 중요하지만 그저 기대만 하고 지켜보는 것은 일종의 '방임'이라 보기에 이 역시 내가 추구하는 리더십은 아니다. 어떤 일을 해내기 위해 알아야 하는 것들과 이해시켜야 하는 부분에 대해서는 직원들에게 충분한 지침을 제공해야 그들도 갈팡질팡하지 않고 행동할 수 있기 때문이다.

세 번째는 직역하면 '믿어주고 점검한다'는 뜻인데, 이는 직원들의 일거수일투족을 감시하고 검사한다는 게 아니라 그저 방임만 하고 있지는 않겠다는 의미다. 내가 추구하는 리더십이 바로 이것이다. 어떤 일을 하고자 할 때는 먼저 직원들에게 왜 우리가 이 일을 해야 하고, 이 일의 의미는 무엇인지 충분히 이해시키고 공감대를 형성해야 한다.

예를 들어, 검소함을 실천하게 하고 싶다면 켈리델리에서 말하는 검소함은 무엇인지, 왜 우리가 이것을 실천해야 하고, 이를 실천하면 회사와 직원들에게 무엇이 좋은지를 충분히 전달해야 한다. 그리고 이를 실천할 때 직원들이 중간에 잘 따라오지 못하거나 의문이 생기면 다시 한번 대화를 통해 충분히 이해시켜야 하고, 그들이 의문을 품거나 궁금해하는 점에 대해서는 충실히 답변을 해야 한다.

이런 식으로 충분한 소통과 대화를 통해 직원들이 켈리델리의 철학과 가치를 이해하게 된다면 그때부터는 알아서 실천하게끔 이끌고 믿어주면 된다.

회사는 돈을 못 벌어서가 아니라 돈을 아끼지 못해 망한다

기업을 경영할 때 검소함이 중요한 이유는 결국 망하지 않기 위해서다. 아무리 매출을 올려 봐야 비용을 관리하지 못하면 회사는 망한다. 실제로 많은 회사가 매출을 올리지 못해서가 아니라, 비용을 아끼지 못해 망하는 것이 현실이다.

이때 사장과 리더의 솔선수범이 정말 중요하다. 직원들은 사장이나 경영자가 평소 보이는 모습을 그대로 따라 하게 되어 있다. 사장인 내가 비용을 아낄 생각조차 하지 않는데 직원들이라고 비용을 아끼겠는가?

어떤 기업에서는 식사를 할 때 사장은 비싼 메뉴를 시키고 직원들은 저렴한 메뉴를 시키는 일도 있다고 한다. 나는 이건 엄연한 '차별'이라 생각한다. 리더가 시간을 아끼기 위해서 전용 비행기를 타거나 다른 시설을 이용하는 건 충분히 이해할 수 있는 일이다. 그러나 이렇게 차별을 하는 행위는 직원들의 불만을 살 수밖에 없다.

'깨진 유리창 효과'에 대해 한 번쯤은 들어봤을 것이다. 무작위로 선출된 여러 지역에 번호판이 없는 차량을 두고 관찰을 했을 때는 누구도 건드리지 않았다. 허나 일단 그 차량의 유리창을 하나 깨뜨려두자 머지않아 그 차량은 폐차가 되어버렸다. 나머지 유리창까지 모조리 깨졌음은 물론이고, 돈이 될 만한 것들은 누군가가 다 떼어가버린 것이다.

회사의 비용 문제도 마찬가지다. 한번 누군가가 비용을 낭비하는 모습을 보면 처음에는 비용을 아끼던 이들도 덩달아 낭비하게 된다. 그렇기에 리더인 사장이 먼저 솔선수범하여 절약하는 모습을 보이는 게 가장 중요하다. 앞에서 이야기했지만, 나는 켈리델리를 시작할 때 고정비용을 아끼기 위해 한동안은 사무실을 따로 구하지 않고 집에서 일했다. 미팅도 집에서 했고, 직원들을 뽑아 집으로 출근시켰다.

나의 이런 태도와 마음가짐은 창업 초기부터 직원들에게 잘 전해졌고, 새로 들어온 직원들에게도 잘 전달되었다. 그렇기에 켈리델리에는 검소함이 작은 곳에까지 투철하게 새겨져 있다. 그리고 이것은 곧 우리의 큰 자산이자 경쟁력이다. 또한 내가 사업 초창기 때의 초심을 지켜내는 한 방법이기도 하다.

장기적인
그림을 그려라

'지금 당장'보다 '장기적으로'
좋은 길을 택한다

창업을 준비하는 이들은 창업 그 자체에만 몰두하는 경향이 있다. 카페를 창업하기로 했다면 카페를 '창업'하는 데에만 초점을 맞추고 '오픈 기념행사' 등에 심혈을 기울이는 식이다.

하지만 모든 사업은 '어떻게 창업을 하느냐'보다 '어떻게 오래 튼튼하게 유지하느냐'가 더 중요하다. 생각해보면 너무나 당연한 말인데도 많은 사람이 이를 잊는다. 그러다 보니 불리한 조건도 덜컥 받아들이고 나중에 후회하는 사람도 많다.

켈리델리가 방송에도 소개될 정도로 성장세를 보이자 우리의 모델을 거의 그대로 따라 하는 곳들이 우후죽순처럼 생겨났는데, 대부분은 수명이 짧았다. 처음부터 창업 자체가 목표라도 되는 양 마트 측과의 계약에서 자신들에게 불리한 조건을 모두 수용한 탓이다. 물론 후발주자로서 진입장벽을 뚫으려면 어쩔 수 없었다는 점도 충분히 이해하지만, 내가 그들의 입장이었다면 그럴 바에 다른 사업을 찾지 않았을까 싶다. 끝이 뻔히 보이는 길이었으니 말이다.

처음부터 장기적인 그림을 그리지 못하면 오래 가는 기업을 만들기 어렵다. 한국의 경우 전체 창업자의 60퍼센트가량이 3년 이내에 폐업을 한다는 조사 결과가 있다. OECD 국가들 중 폐업률이 가장 높다고 한다. 정말 충격적인 수치다.

따라서 창업 단계부터 장기적인 그림을 그릴 줄 알아야 한다. 나는 처음부터 '100년 기업'이 되는 것을 목표로 삼았다. 10년, 20년, 30년, 50년 단위의 장기 계획은 물론이고 연간, 월간, 주간 계획도 꼼꼼하게 세웠다. 물론 급변하는 세상에서 이 계획을 그대로 고수하는 건 절대 불가능하다. 그러므로 반드시 수시로 계획을 확인하고 전략을 수정해나가는 과정이 필요하다.

어쨌든 그에 앞서 '계획을 세운다'는 과정이 있어야만 한다. 그리고 여기서 중요한 건, 지금 당장보다 먼 미래를 내다

본 '장기적'인 계획을 우선시해야 한다는 것이다. 그리고 회사가 어떤 상황에서도 휘청거리지 않을 만큼 튼튼해야 한다. 예를 들어 요식업의 경우 생선 파동, 소고기 파동이 터질 때마다 문을 닫는 회사들이 많이 있다. 나는 이런 파동에도 절대로 흔들리지 않을 수 있을 정도로 내실을 다져야 한다고 생각한다. 그래서 나는 회사의 덩치를 불리는 데는 크게 관심이 없다. 그보다는 작더라도 내실을 갖춘 튼튼한 회사, 즉 '작은 거인(스몰 자이언츠)'이 되길 원한다.

성장보다
더 중요한 것들

켈리델리가 잘되고 나서 우리의 콘셉트를 그대로 따라 한 몇몇 경쟁업체들이 생겨났지만, 나는 이들을 경쟁자로 보지 않는다.

"열 배 잘하면 경쟁 자체가 성립되지 않는다."

이 정도의 자신감을 갖고 있어야만 어떤 업체가 나타나도 우리가 가고자 하는 뚝심을 지켜낼 수 있다고 생각한다.

마트에 지불하는 가맹점의 수수료율만 놓고 보더라도 경쟁업체보다 우리가 훨씬 낮다. 하지만 그것은 우리의 수수료율이 낮은 것이라기보다는 다른 업체의 수수료율이 지나치게 높은 거라 볼 수 있다. 그들은 어떻게든 입점해 마트 내에서의 점유율을 높이는 게 목표다 보니 가맹점에 정상 운영도 버거울 정도의 높은 수수료율을 제시한다. 이는 가맹점주의 부담으로 이어질 수밖에 없다. 그렇게 되면 가맹점주들의 만족도를 떨어뜨리고 결과적으로 고객을 떠나가게 하여 회사가 더욱 어려워지는 악순환을 만들어낸다. 이는 결국 마트 측에도 좋은 일이 아니다.

그런데 우리가 마트에 켈리델리, 마트, 가맹점의 윈-윈-윈 시스템의 중요성을 충분히 잘 설명했음에도, 가장 많은 켈리델리 매장이 입점한 마트에서 A국가의 가맹점 측에 재계약 조건으로 수수료를 대폭 인상할 것을 요구했다. 만약 계산기를 두드려보고 계약 여부를 결정한다면, 그 조건을 받아들이는 게 옳다. 그들이 요구하는 수수료를 주더라도 손해는 보지 않을 것이기 때문이다. 그리고 매장을 얼마나 더 확보하느냐에 따라 이익이 날 수도 있는 상황이었다.

하지만 금전적인 손해가 없다고 해서 정말 손해가 아닌 걸까? 보통 3년마다 한 번씩 재계약을 하는데, 만약 이번에 그 조건을 수용한다면 다음 계약 때도 수수료를 올리게 될 것이다. 그때는 더 많은 매장이 입점한 후일 테니 아마 철수도 더욱 힘들어질 것이고, 급기야 울며 겨자 먹기로 마트의 요구를 받아들이게 될지도 모른다.

그래서 나는 수수료율 인상이 아닌 다른 가치를 제공하겠노라 약속했다. 예를 들어 유럽에는 알레르기 때문에 글루텐(식물의 종자 속에 들어 있는 식물성 단백질의 혼합물)이 들어 있는 음식을 못 먹는 사람이 꽤 많다. 그래서 이들을 위한 '글루텐 프리 초밥'을 개발했다.

나는 A국가 마트 측에 "어떤 업체도 글루텐 프리 초밥을 만들지는 못한다. 우리가 이를 판매하기 시작하면 새로운 시장이 열리는 것이고, 매출이 커질 테니 수수료율을 올리지 않아도 마트 역시 더 많은 돈을 받게 될 것이다"라고 주장했다. 실제로 매출도 올랐고, 글루텐 프리 음식이 필요한 소수의 사람들까지 신경을 썼다는 점에서 켈리델리의 브랜드 이미지에도 좋은 영향을 미쳤다. 하지만 안타깝게도 마트는 '그건 그거고 수수료율 인상은 별개'라 생각하는 듯하다.

결론부터 말하자면, 좀 극단적이긴 하지만 그런 연유로 A국가에서는 사업 철수까지 고려했었다. 이렇게 서서히 죽어가느니 지금 끝내는 게 나을 수도 있다고 판단한 것이다. 그래서 A국가 지사장이 마트 측에 "철수하는 한이 있더라도 그 조건으로는 절대 계약할 수 없다"라고 답했다는 사실을 알았을 때, 그를 탓하기는커녕 응원해주었다. 결과적으로는 우리의 의견을 일부 관철시킬 수 있었다.

경쟁 업체들은 이미 그 이상의 수수료를 내고 있는 상황에서 우리가 너무 예민한 거 아니냐고 하는 사람도 있다. 하지만 처음 창업할 때 내가 가장 중요하게 생각했던 목표 중 하나는 외국에서 어렵게 살아가는 아시아인 점주들의 삶을 바꿔준다는 것이었다. 초기 비용과 수수료율을 낮게 책정한 것도 그런 이유에서였다. 한데 마트의 요구를 받아들인다면 회사 입장에서는 어쩔 수 없이 점주들에게서 받는 수수료율을 높일 수밖에 없다.

"어쨌든 수익이 난다면 장기적으로도 이득 아닌가?"

이렇게 묻는 사람이 있을 수도 있다. 맞는 말이다. 당장 벌어들이는 돈으로만 본다면 말이다. 하지만 높은 수수료율을 유지하다 보면 점주들 중에는 비용을 최대한 아끼기 위해 초밥의 재료를 조금씩 덜 쓴다거나 팔고 남은 것들을 폐기하지 않고 다음 날 다시 파는 사람들도 생길 것이다. 즉, 윈-윈-윈 시스템이 무너지는 것이다. 이는 절대로, 무슨 일이 있어도 용납할 수 없다.

켈리델리는 현재 초밥 도시락 업계에서 압도적인 1위 회사다. 매출액이든 시장 점유율이든, 다른 경쟁업체들을 모두 합친 것보다도 훨씬 높다. 우리가 제품의 퀄리티와 서비스 측면에서 최고 수준이라는 건 이미 고객들도 느끼고 있다. 켈리델리의 도시락 가격이 조금 비싼 편인데도 불구하고 켈리델리의 제품만을 찾는 고객들도 많다. 그리고 재료업체들의 파트너십이 좋다 보니 계속해서 양질의 재료를 합리적인 가격으로 들여온다. 그러니 가장 기본이 되어야 할 '맛'에서도 압도적인 차이를 보일 수밖에 없다.

이런 상황에서 만약 마트의 수수료율 인상 제안을 받아들인다면 윈-윈-윈 시스템이 깨지면서 우리 역시 서서히 현실에 타협하려 하게 될지도 모른다. 이는 오래가는 기업을 만들겠다는 내 결심에 반하는 결과일 뿐 아니라, 브랜딩 측면에서 보더라도 결코 바람직하지 않다.

센강에서 죽었던 내가
다시 새롭게 태어난 순간

사업이 성장하면서 주위의 유혹도 많아졌다. 특히 우리에게 투자를 하겠다는 사람이나 회사의 연락을 점점 자주 받는다. 아예 회사를 인수하겠다는 곳도 많이 나타났고, 업계 1위의 투자 회사에서 고가에 인수하겠다는 제안을 하기도 했다. 물론 그때마다 내 대답은 정해져 있었다.

"팔지 않겠습니다."

사실 회사를 팔면 큰돈을 벌게 될 가능성이 높다. 창업 7년 만에 매출 5천억 원을 달성한 회사의 지분 100퍼센트를 나와 남편이 가지고 있으니, 만약 회사를 판다면 얼마나 큰돈을 벌 수 있겠는가? 아마 평생 호화로운 삶을 즐기며 살아갈 수 있을 것이다.

하지만 나도, 남편도 그런 생각은 아예 하지도 않았다. 되도록 투자를 받지 않으려는 가장 큰 이유는 결정 권한을 투자자가 아닌 나와 남편이 갖기 위해서다. 또, 여전히 회사를 통해 이루고 싶은 것들이 많기 때문이기도 하고, 단순히 돈을 목표로 창업한 게 아니기 때문이기도 하다. 지금 내게 있어 켈리델리는 단순한 회사 그 이상이 되어버렸다.

가족과의 요트 세계 여행을 앞둔 시점에 진행했던 워크숍(앞에서 소개한 켈리델리의 '올핸즈') 때의 일이다. 일정이 끝나는 날, 이제 막 폐회사를 하려 하는데, 갑자기 직원들이 내게 보여줄 게 있다며 미리 준비한 영상을 하나 틀었다. 깜짝 선물과도 같았던 그 영상은 직원들을 인터뷰하고 촬영하여 편집한 것이었다.

영상에서는 직원들에게 질문을 던지고, 답변을 받았다.

"켈리가 없어서 아쉽고 그리울 것 같은 게 있다면?"

이 질문에 어떤 직원은 "나를 볼 때마다 반갑게 인사하고 늘 관심 갖고 칭찬해주던 켈리가 그리울 거야"라고 했다. 그리고 비슷한 답변이 여러 번 나왔다. 나는 정말 직원들을 볼 때마다 반가워서 반기고 관심을 보인 것뿐인데, 그들에게는 그런 내 모습이 정말 좋았던 모양이다.

내게는 다음 질문과 답변이 더 감동적이었다.

"켈리가 없어도 전혀 아쉽거나 그립지 않을 것 같은 게 있다면?"

짓궂게도 이런 질문이었다. 한 직원은 "다 결정된 걸 마지막에 가서 뒤집는 켈리는 전혀 안 그리울 거야"라는 답을 하며 웃었다. 문득 행사 시작을 한 시간 앞두고 수백 개의 좌석 배치를 바꾸는 바람에 그 직원을 고생시켰던 일이 생각났다.

그런데 이 두 번째 질문에 직원들이 내놓은 농담 섞인 답변을 듣고 있노라니 갑자기 가슴 한구석이 뜨거워지는 게 아닌가. 그리고 급기야 눈물이 왈칵 쏟아졌다. 한번 터져 나온 눈물은 멈출 줄을 몰랐다. 함께 보고 있던 남편도, 이벤트를 준비한 직원들도 예상치 못한 일이었다. 심지어 나조차도 예상하지 못했다.

사실 그 눈물은 나에게 기적과도 같은 것이었다. 그토록 눈물이 많았던 나였건만, 수년 전에 흘러가는 센강에서 '영혼이 죽었다'는 느낌을 받은 이후로, 나는 단 한 번도 눈물을 흘려본 적이 없었기 때문이다.

결혼식 때 남편과 지인들이 오로지 나만을 위해 깜짝 이벤트를 준비한 적이 있는데, 지금까지도 생생할 만큼 큰 감동을 받았지만 끝내 눈물은 나오지 않았다. 심지어 그토록 염원하던 아기를 5개월 만에 유산하여 남편이 옆에서 매일 밤 눈물을 흘리는 모습을 지켜보면서도 나는 끝내 눈물을 흘리지 못했다. 슬프지 않아서가 아니었다. 내일 당장 내가 죽을 거란 사실을 알아도 울지는 않았을 것이다. 그만큼 가슴에 큰 구멍이 뚫린 양 살아도 살아 있는 게 아닌 듯한 심정이었으니까. 그런데 그랬던 내가 갑자기 예상하지 못한 순간에 이토록 펑펑 눈물을 쏟게 된 것이다.

순간, 나는 느꼈다. 센강에서 죽어버렸던 나의 영혼은 다시 살아났다. 강바닥에 떨어져 저 멀리 흘러간 나의 영혼은 남편을 만나 함께 켈리델리를 창업하고 아이를 낳고 직원들과 부대끼며 키워오는 동안 서서히 살아났고, 지금 이 순간 완전히 깨어난 것이다.

내가 다시 태어난 순간은 사업자등록을 했을 때도 아니고, 마트와의 계약을 성사시켰을 때도 아닌, 직원들과 함께 허심탄회하게 이야기를 나누는 자리였다는 게 놀라울 따름이었다.

순간, 그 눈물은 남편과 딸이 주는 선물처럼 느껴졌고, 안식년은 직원들이 주는 선물처럼 느껴졌다. 직원들이 이해해준 덕분에 나와 남편, 그리고 딸아이가 함께 1년간 행복한 시간을 보낼 수 있게 되었으니까. 역시 사람의 가슴을 움직이고 적시는 건 결국 함께하는 사람이라는 사실을 내 마음이 여실히 증명해준 것이다.

창업자이자 회장으로서 나는 회사를 만들어내고 키워냈다. 그동안 잘 인식하지 못했지만 그러는 동안 회사 역시 나를 살린 것이다. 그런 회사를 돈 때문에 판다는 건 내게 있을 수 없는 일이다. 그렇기에 100년 넘게 오래오래 살아남는 기업이 되도록 하는 것이 내가 사는 동안 반드시 해내야 하는 과제임을 항상 명심하고 있다.

생각만 해도
가슴이 뛴다면 도전하라

말로만 혁신을
외치고 있지는 않는가

한국에서 회사에 다니는 한 친구가 해준 이야기다. 어느 날 아침, 사장이 직원들을 불러모아 혁신에 대해 강조했고, 다음 기획회의 때 혁신적인 아이디어를 내보라고 요구했다고 한다. 그리고 회의가 있던 날, 그는 아직 업계에서 시도되지 않았던 아이디어를 조심스레 꺼냈다.

그러자 사장이 소리쳤다.

"그건 검증이 안 됐잖아!"

그런데 한번 생각해보자. 이미 검증이 충분히 되어 있다면 혁신적인 아이디어라고 할 수 있을까? 물론 혁신이라고 해서 도박하듯 리스크가 큰 과제들을 아무렇게나 시도해야 하는 건 아니다. 하지만 '검증'이라는 것을 조금씩 해나가는 과정이 아닌 필수 안전장치로만 본다면, 어떠한 혁신도 불가능하다.

내게 이 이야기를 해준 친구는 그 뒤로 회의 때마다 아이디어를 내기가 조심스러워졌다고 한다. 문제는 그렇게 '안정적이고', '검증된' 아이디어를 제시하면 이번에는 또 "그런 뻔한 아이디어를 내서 무엇하느냐"는 질책을 들었다는 것이다. 결국 그 친구는 반복되는 좌절과 분노를 참지 못해, 서른이 조금 넘은 나이에 회사를 나왔다.

이런 비슷한 상황에 대해 들은 게 한두 번이 아니다. 개중에는 몇 번이나 이직을 하다가 어느 회사를 가도 다를 게 없다는 사실을 깨달아 창업을 하기로 마음먹고 내게 멘토링을 요청한 친구들도 있다.

말로는 혁신을 부르짖으면서 막상 혁신하려는 직원들의 도전정신을 죽이는 이런 미련한 행동은 어느 누구에게도 득이 되지 않는다. 그리고 이런 태도는 혁신이라는 것을 너무 거창하게 오인했기 때문이기도 하다. 혹은 혁신의 방법을 모르기 때문에 무조건 위험하다 여기는 것인지도 모른다.

새로운 아이디어를 대하는
오너의 올바른 자세

내가 혁신에 대해 다시 생각하게 된 계기에 대해 소개하고
자 한다. 바로 켈리델리의 브랜드 중 하나인 '딤섬데일리'의
실패였다.

당시 나는 직원들에게 사무실에만 있지 말고 일주일 중 하
루는 밖에서 돌아다닐 것을 권했다. 아이디어와 통찰력은 사
무실에서 나오는 게 아님을 경험상 잘 알고 있었기 때문이다.
처리해야 할 일이 너무 많아 일주일에 한 번은 무리라는 직원
들의 의견이 있어 대신 이 주일에 한 번은 사무실을 벗어나도
록 했다.

그렇게 나온 아이디어 중 하나가 바로 딤섬데일리였다. 단
순히 '초밥 파는 회사'가 아니라 '아시아의 라이프스타일을 유
럽, 나아가 세계에 알린다'는 우리의 비전에도 부합해 보였기
에 흔쾌히 이 아이디어를 받아들였다. 스시데일리로 한창 회
사가 성장해가던 나는 딤섬으로 또 한 번의 '대박'을 준비하기
시작했다.

마침 남편의 친구 중 예일대학교를 거쳐 인시아드(INSEAD,
몇 년째 하버드 경영대학원을 제치고 전 세계 MBA 순위에서 1위를 차지
하고 있는, 프랑스 파리와 가까운 퐁텐블루에 위치한 세계적인 경영대학

원)를 졸업한 한 친구가 딤섬을 워낙 좋아했기에 이 일을 맡기기로 했다. 게다가 유능한 요리사까지 이미 포섭해뒀기에 나는 성공을 의심하지 않았다.

하루는 그 요리사가 개발한, 딤섬데일리의 핵심 메뉴가 될 딤섬을 시식하게 되었다. 막 쪄서 나온 딤섬을 입에 넣고 한 입 깨무는 순간, 나는 더욱더 확신했다. 긴 말도 필요 없이, 그 딤섬은 정말이지 맛있었다.

그때, 딤섬데일리를 담당하게 된 친구가 요리사를 불렀다. 그런데 표정이 심상치 않은 게 아닌가.

"이거 딤섬이 왜 이렇게 커요? 한입에 쏙 들어가질 않잖아요. 원래 이것보다 훨씬 작지 않나요? 보통 크기로 다시 만들어줘요."

듣고 보니 그랬다. 평소 먹던 딤섬보다 조금 큰 느낌이 들었다. 알고 보니 보통 딤섬은 하나에 18그램 정도 나가는데, 그때 먹었던 것은 25그램이 넘었다. 크기로나 무게로나 켈리델리의 초밥 크기와 비슷해, 친구 말대로 한입에 쏙 넣기에는 무리가 있었다. 하지만 좀 크면 어떤가? 이렇게나 맛있는데 말이다.

"그냥 지금 이대로 가자. 한입에 들어가는 것도 좋지만, 이 것도 넣으려고 하면 넣을 수 있는 크기잖아. 그리고 이거 일일이 손으로 다 만들어야 되는데, 크기가 작아지면 만드는 데 손이 너무 많이 갈 거야."

그 친구는 동의하지 않는 듯했지만, 결국 내 말을 따랐다.

결과는 어떻게 되었을까? 딤섬데일리는 실패했다. 그때 친구가 나를 원망하듯 말했다.

"켈리가 크기를 그대로 가자고 해서 그래! 레시피부터 포장 박스까지 전부 다 원래 크기에 맞춰서 준비했는데, 오픈을 앞두고 본인 맘대로 바꿨으니 제대로 되겠어?"

그때 나는 깨달았다. 혁신을 하고 싶다면, 오너가 새로운 아이디어에 피드백을 주는 사람이 되어서는 안 된다는 사실을 말이다.

딤섬데일리의 실패는 친구의 말대로 갑자기 크기를 변경한 탓도 있지만, 그전까지 내가 그토록 강조했던 철저한 준비 과정이 부족했던 탓도 있었다. 예를 들어 스시데일리를 준비할 때는 손님들이 도시락을 사서 언제 먹을지를 고려하느라 냉장고에 시간 단위와 일 단위로 넣어뒀다가 꺼내서 먹어보기도 했다. 맛이 변하지 않고 보관 가능한 시간을 알아보기 위해서였다. 그렇게 직접 다 확인해본 후 그날 팔고 남은 것들은 전부 폐기했고, 손님에게 안내할 때는 적정 유통기한을 함께 알렸다.

하지만 딤섬데일리에서는 이 과정이 생략되었다. 나야 그날 막 만들어서 나온 것을 따뜻할 때 먹었으니 더욱 맛있게 느낄 수밖에 없었겠지만, 손님들은 그렇지 않았으니 당연히 문제가 되었을 것이다. 집까지 가져가는 데도 시간이 걸리고, 집에 도착해서도 어쩌면 냉장고에 보관했다가 하루나 이틀쯤 후에 먹을 수도 있기 때문이다. 그러니 어떻게 내가 먹었던 그 맛이 나올 수 있겠는가.

그 아이디어가
당신의 가슴을 뛰게 하는가

이때의 경험 이후로 나는 직원들이 새로운 아이디어를 내면 격려해주고 그 아이디어를 테스트해볼 수 있도록 지원할 뿐, 결코 평가나 피드백을 하지 않는다. 물론 너무 허황된 아이디어만 아니라면 말이다. 자신들이 찾아와서 꼭 내 의견을 듣고 싶다고 할 때는 의견을 주기도 하지만, 이때도 반드시 덧붙인다.

"지금 제가 하는 말은 온전히 내 의견일 뿐이에요. 그러니까 당신이 생각하기에 내 말이 맞지 않다면 무시해도 됩니다. 제가 말한 걸 하나도 반영하지 않아도 좋으니 당신 뜻대로 하세요."

물론 이렇게 말하는 것만으로 혁신이 이루어지지는 않는다.

아무리 좋은 아이디어도 그냥 머릿속에 두지 말고 반드시 작게라도 시작해봐야 한다. 그렇게 작게 시작한 후 크게 키워내는 것이 중요하다.

나는 직원들이 아이디어를 내면 꼭 물어본다.

"그 아이디어가 가슴을 뛰게 하나요?"

해당 직원이 그렇다고 답하면, 나는 그때부터는 전폭적으로 지지해준다.

예전에 한 대기업에서 혁신이 되지 않는 이유를 들은 적이 있다. 아이디어를 내는 데까지는 비교적 수월하나, 그 이후로 뭔가 할 때마다 다른 팀의 협조를 구하려면 문서를 작성해서 제출하고 대기해야 하는데, 여기에만 몇 달이 걸린다고 한다. 더구나 그 아이디어를 실현하는 데 마케팅이든 자재 구매든 정해진 예산이 있어 그 안에서 해결하느라 혁신이 제한되기도 했다.

그래서 나는 이런 불합리함을 없애기로 했다. 우선 아이디어를 낸 직원에게 함께하고 싶은 사람 서너 명과 팀을 꾸리게 한다. 그리고 이들이 하나의 스타트업 회사를 운영한다는 생각으로 그 아이디어를 실현해볼 수 있도록 지지한다.

또한 마케팅이나 구매 등 아이디어를 실행하는 데 필요한 분야가 있다면 회사 내부의 다른 팀에 협조를 구하는 게 아니라 외주 업체를 이용하게 한다. 이때 비용에 상한선을 그어놓지는 않았다. 대신, 마치 투자 유치를 하듯이 우리를 설득해야 한다.

실제로 최근에 아이디어를 낸 직원이 세 명의 직원과 팀을 꾸려 새로운 프로젝트를 준비하고 있다. 이런 신사업에 대해서는 늘 의견이 분분한 편이다. 그래서 나는 처음 그 아이디어를 낸 직원에게 물어보았다.

"그 사업을 생각하면 가슴이 뛰나요?"

그 직원은 그렇다고 답했다. 그때부터 나는 반대 의견을 내는 직원들에게 이렇게 말해준다.

"본인이 가슴이 뛴다고 하지 않습니까. 그럼 해 봐야죠. 당신도 다른 사람 아이디어에 제동을 걸기 전에 가슴이 뛰는 아이디어를 찾는 데 주력해보세요."

기꺼이 도전하고
실패하라

이렇게 혁신하는 분위기를 정착시키고 싶다면 명심해야 할 것이 있다. 직원들이 마음껏 도전할 수 있는 환경은 '실패를 장려하는 문화'에서만 가능하다는 점이다. 혁신을 위해 무언가를 시도하고 도전하는 직원에게 그 실패에 대한 책임을 물어서는 절대 안 된다. 실패해도 되는 문화를 만들지 않으면 아무리 뛰어난 혁신적인 아이디어가 있어도 직원들도 실행에 옮기기는커녕 입 밖으로도 내지 않으려 하기 때문이다.

보스턴컨설팅그룹이 실시한 조사 자료에 따르면, 글로벌 기업 경영진의 30퍼센트 이상이 '위험을 회피하는 문화가 혁신을 가로막는다'고 답했다고 한다. 많은 회사가 예측 가능성을 지나치게 중시하다 보니 실수나 실패에 관대하지 못한 문화가 만들어지고 있는 것이다. 켈리델리에서 슬로건처럼 쓰는 말 중에 다음과 같은 것이 있다.

Fail Often(자주 실패하라)
Fail Quick(빨리, 금방 실패하라)
Fail Cheap(돈을 적게 들이고 실패하라)

그런데 여기서 명심해야 할 점이 있다. 이렇게 직원들에게 "무조건 해 봐. 실패해도 돼"라고 한다고 해서 그들이 하고 싶은 것을 바로 시도하게 되는 건 아니라는 사실이다. 그렇게 직원들이 용기 있게 행동하기 위해서는 말 그대로 '실패를 해도 오히려 득이 될 수 있다는 것'을 누구나 느낄 수 있을 정도의 분위기가 형성되어야 하고, 제도적인 보장도 필수다.

나는 직원들이 마음껏 실패를 경험해볼 수 있도록 그들에게 더 다양한 일을 맡기기도 하고, 그들이 겪은 실수나 실패에 대해 함께 토론하기도 한다. 때로는 그들에게 우리가 새로운 사업을 한다면 어떤 비즈니스가 좋을지에 대해 질문을 던지기도 한다. 직원들이 고민해 가져온 아이디어가 좋다면 당연히 이를 채택한다.

만약 그 아이디어에 허점이 있다면 그냥 포기하는 게 아니라 이에 대해 함께 논의하는 시간을 갖기도 한다. 직원 입장에서는 며칠간 고민해서 내놓은 아이디어가 채택되지 않는다면 그 자체만으로 하나의 작은 실패일 것이다. 허나 자신이 놓쳤던 점을 나와 다른 동료들과 함께 살펴봄으로써 통찰력과 더 넓은 시야를 얻을 수도 있다.

나는 항상 직원들, 나아가 매장의 점주들에게도 이렇게 말한다.

"항상 이렇게 외치세요. 'She can do, He can do, Why not me(그녀도 하고, 그도 하는데, 왜 나라고 못 하겠어)?'"

"생각해보세요. 켈리도 하는데, 당신이 왜 못 해요? 나도 했으니 당신도 할 수 있어요!"

직원들 중에는 언젠가 자신의 사업을 하기 위해 켈리델리를 떠나는 사람이 있을 수도 있다. 그때 뼈아픈 실패를 겪지 않게 하기 위해서라도 나는 직원들이 우리 회사에 있는 동안

'더 많이, 안전하게 실패를 경험하도록' 장려하고 있다. 그리고 바로 이것이 수많은 직원이 더 높은 연봉과 복지를 마다하고 켈리델리에 남아 있는 이유 중 하나다.

실패하지 않는 것이 가장 큰 실패다. 이 말을 명심하고, 더 많은 실패를 마음껏 경험할 수 있도록 직원들을 장려해보자. 아마 상상 이상으로 회사에 큰 이득이 되어 돌아올 것이다.

내일을 주시하면
내일이 보인다

사장의 의무는
미래를 만드는 것이다

당연한 말이지만, 회사가 살아남고 도태되지 않으려면 더 먼 미래를 볼 수 있어야 한다. 손과 발은 끊임없이 빨리 움직이되 시야는 멀리 둬야 하는 것이다. 그리고 이렇게 먼 곳을 바라보는 건 사장의 몫이다. 물론 혼자서 모든 것을 예측하기란 불가능하지만, 어차피 몇 사람이 모여도 미래를 완전히 예측하는 건 여전히 불가능하다.

다른 사람의 도움을 받을 수 있다면 좋겠지만, 그럴 수 없다면 혼자서라도 대비할 수 있어야 한다. 그리고 이렇게 미래를 그려내는 힘이 바로 '통찰력'이다.

앞서 기업문화가 내비게이션의 역할을 해준다고 설명한 바 있다. 이때 통찰력은 그 목적지를 정해주는 역할을 한다. 제품이 개발되어 시장에 도입되는 때부터 퇴출될 때까지의 시기를 '제품생명주기(Product Life Cycle)'라고 하는데, 점차 이 주기가 짧아지는 추세다. 최근에는 7년 정도까지 줄었다는 기사를 본 적이 있는데, 제품에 따라서는 이보다 훨씬 짧은 경우도 있다. 이런 상황에서 고객의 욕구가 어떻게 변할지 예측해내지 못하면 결국 시장에서 밀려나게 되어 있다.

그럼에도 여전히 많은 사람이 이렇게 말하곤 한다. 이제 세상에 나올 수 있는 건 다 나왔다, 이미 다른 사람이 혁신적인 아이디어를 내고 다 만들어버렸다, 그러므로 더 이상 혁신할 게 없다, 돌아보면 이 시기가 가장 혁신적이었다⋯⋯. 그런데 생각해보면 매 세기마다 사람들은 이런 이야기를 했다. 그러나 혁신은 매 세기마다 이루어졌고, 분명 10년 후의 세상이 지금과 같지는 않을 것이다. 그렇다면 지금 우리가 하는 것이 10년 후 세상에 큰 변화를 가져다줄 수도 있지 않겠는가.

분명 내일은 오늘과 조금 다르고, 모레도 내일과 조금 다르다. 그 단순한 진리를 생각하면 어제 보이지 않았던 것이 오늘 보일 수 있다. 그 작은 틈새를 볼 줄 아는 눈이 곧 통찰력이다.

눈을 뜨고 미래를 바라보면 분명 새로운 아이디어는 나온다. 내일을 주시하면 반드시 내일이 보인다. 따라서 오늘 생각한 무언가가 분명 미래의 어떤 시점에 획기적인 무언가가 될 수도 있는 것이다. 오늘 나에게 절실히 필요했던 무언가가 미래에 많은 이에게 필요한 것이 될 수도 있다. 나는 항상 직원들에게 미래의 누군가에게 필요한 것을 당신이, 그리고 켈리델리가 만들자고 이야기한다.

스티브 잡스는 통찰력 측면에서는 명실상부 따를 자가 없다고 해도 될 만큼 뛰어난 사람이었다. 그는 생전에 "사람들은 자기가 뭘 원하는지도 모른다. 직접 만들어서 보여주기 전까지는……"이라는 말을 남긴 것으로도 유명하다. 자기 자신들도 잘 인식하지 못하는, 사람들 내면에 숨겨진 욕구를 파악해 제품화하여 마케팅까지 완벽하게 해낸 그는 정말 통찰력 그 자체였다고 해도 과언이 아니다.

하지만 보통은 그처럼 해내기 힘들다. 그렇다고 포기할 필요는 없다. 스티브 잡스 역시 타고난 통찰력을 폭발시킨 건 다양한 공부를 통해서였음을 스스로도 인정했으니 말이다. 평범한 사람이 노력한다고 해서 스티브 잡스만큼의 능력을 발휘할수 있을지는 모르겠지만, 모두가 꼭 그 정도 경지에 이르러야하는 건 아니다. 오히려 그 정도로 타고난 사람도 많은 공부를한 후에야 자신의 능력을 발휘할 수 있었으니, 나처럼 평범한 사람은 더 열심히 해야 한다는 뜻으로 받아들이는 편이 낫다.

앞에서도 이야기했지만 나는 사업가로서 능력을 타고난 게 아니다. 그런 내가 지금까지 회사를 이끌고 성장시킬 수 있었던 건 모두 철저한 준비와 공부 덕이었다.

내가 통찰력을 얻기 위해 주로 사용하는 공부법은 특별하지 않다. 성공한 사람들의 책을 읽고, 유명 기업인이나 석학들의 세미나를 찾아가는 것이다. 그들은 보통 사람들보다 훨씬 더 미래를 잘 내다보는 사람들이다. 그들의 말이라고 100퍼센트 옳다고는 할 수 없지만, 최소한 옳을 가능성은 더 높다. 또는 옳지 않다 하더라도 그들이 그런 주장을 하기까지의 치열한 조사 과정과 그로 인한 부산물들에 대해 듣는 것만으로도 가치는 충분하다.

특히 스티브 잡스는 인문학 책을 많이 읽었던 것으로 유명하다. 통찰력을 위해서는 역사 책, 인문학 책을 많이 읽는 게 좋다. 과거를 통해 미래를 배운다는 말은 괜히 나온 게 아니다. 현재는 과거의 총합이라는 말이 있다. 그것은 과거에 현재가 더해지면 미래가 된다는 뜻이기도 하다. 그렇기에 과거에 대해 공부함과 동시에 현 추세에 대해서도 더 많은 것을 보고 들어야 할 필요가 있다.

나는 특히 이런 공부 중에서도 '사람 공부'를 첫손에 꼽는다. 어차피 사업은 다 사람이 하는 것이다. 사람이 만들고, 사람이 팔고, 사람이 산다. 실수를 하는 것도, 성과를 내는 것도 사람이다. 그렇기에 나는 끊임없이 현장에 나가서 고객의 반응을 살피고, 요식업계나 초밥 사업만이 아니라 전반적인 비즈니스 트렌드를 파악하려 노력한다.

단지 도시락이 아니라
라이프스타일을 파는 회사

통찰력은 곧 미래다. 즉, 나의 미래이자 회사의 미래다. 그러니까 통찰력을 발휘할 수 없다면 미래가 없다는 뜻이기도 하다.

나는 항상 최대한 미래를 내다보려 노력한다. 켈리델리가 초밥 도시락을 파는 회사로 알려져 있지만, 사실 초밥 도시락 사업은 켈리델리 브랜드 중 하나인 스시데일리의 사업이다. 따라서 스시데일리가 어려움에 빠져 사라지는 한이 있더라도 켈리델리는 살아남아야 한다. 그리고 내가 보기에 초밥 도시락 사업만으로 20년, 30년을 승승장구하기는 어렵다. 이에 대한 대책을 세우는 것이 바로 내가 해야 할 일이다. 그래서 딤섬데일리도 시도했고, 훈제연어를 파는 사업 또한 스페인 지사에서 시작했다. 이 훈제연어 사업은 반응이 생각보다 좋아

더 키워볼 예정이다. '작게 시작해 확실한 색깔과 콘셉트를 가진 후 해외로 진출하는 전략'대로 진행되고 있는 것이다.

하지만 이렇게 메뉴만 다양화한다고 해서 언제까지 회사가 성장할 수는 없다. 더구나 나는 오로지 성장만을 지향할 마음도 없다. 그보다 중요한 건 우리 회사만의 색깔과 콘셉트를 확고히 하고, 우리만이 할 수 있는 일을 계속해서 하는 것이다.

현재 내가 주력하고 있는 건 '아시아의 라이프스타일을 유럽에 파는 것'이다. 유럽 여러 나라를 수없이 돌아다녔고, 그중 몇 개 나라에서는 기간을 두고 살아보았으며, 유럽에서 아시아 음식으로 사업을 하고 있는 나는 이제 확신할 수 있다.

유럽에서는 아시아에 대한 관심이 점점 커지고 있다. 비단 음식만이 아니다. 아시아의 문화 자체가 뜨고 있다. 수십 년 전 우리가 유럽과 영미권 문화에 열광하고 그들을 동경했던 것처럼, 이제 유럽에서 아시아의 문화를 그렇게 바라보는 사람이 늘고 있다. 이는 하나의 트렌드처럼 자리 잡아가고 있는데, 결코 한순간 스쳐가는 유행은 아니라고 본다. 드라마나 노래로 일어난 한류 열풍과는 조금 다르다. 이들의 일상에 아시아 문화가 스며들고 있는 것이다.

사실 김밥을 먹는다고 해서 한국의 라이프스타일을 알 수 있는 건 아니다. 실제로 한식당에서 밥 따로, 국 따로, 김치 따로 먹는 외국인도 많이 보았다. 이는 밥과 반찬을 같이 먹는 한국의 식문화에 대한 이해가 없기 때문이다.

그런 의미에서 라이프스타일을 판다는 건 한마디로 그들이 한국 사람들이 살아가는 방식과 문화를 이해하고 이것을 자신의 일상에도 활용하게 만든다는 뜻이다. 즉, 나는 한국 사람이 하듯 이들이 한국의 음식을 먹게 하고, 한국의 옷을 입게 하고, 한국인처럼 화장을 하게 만들려고 하는 것이다. 음식으로만 따지자면 '소금 없이, 오로지 간장으로만' 모든 요리를 하게 만드는 것이 목표다. 맛도, 풍미도, 건강에도 소금보다는 간장이 훨씬 뛰어나다는 사실을 알기 때문이다. 이들이 보고 듣고 먹고 마시고 입고 꾸미는 등 일련의 행위를 모두 아시아, 특히 내가 어느 나라보다도 잘 알고 있는 한국처럼 할 때, 이들의 라이프스타일은 한국식이 되는 것이다.

이처럼 아시아의 라이프스타일을 전 세계에 판매하는 회사, 그중 1등 기업이 되는 것이 나의 목표다. 그리고 이 목표는 한순간에 나온 게 아니다. 수많은 공부와 다양한 경험, 직접 살펴본 유럽인들의 생활 모습을 분석한 결과물이다.

좋은 세상이 되도록 노력해야
나와 가족에게도 돌아온다

미래를 만들려면 기본적으로 세상에 대해 관심을 가져야한다. 앞에서 '회사, 직원, 점주, 고객, 파트너사' 이 모두의 행복을 위한 기업을 만드는 게 우리의 목표라고 했었는데, 여기에서 한 발 더 나아가 '전 인류의 행복' 역시 우리가 지켜내야하는 중요한 가치다. 너무 거창하다고 생각할지도 모른다. 하지만 나와 켈리델리가 세상을 완전히 뒤바꾸지는 못하더라도 세상이 더 좋은 쪽으로 변하는 데 작게나마 힘을 실을 수 있다고 생각한다. 그렇게까지 생각해야만 아주 디테일한 부분, 예를 들어 우리가 쓰는 식재료가 어디에서 오는지, 그 식재료를 키우는 농장은 윤리적으로 운영이 되고 있는지 등까지 고려할수 있다.

세상 어느 누구도 혼자서 살아갈 수는 없다. 우리는 알게 모르게 사회의 누군가와 어떤 식으로든 관계를 맺으면서 살아간다. 사업 역시 수많은 사람과 직간접적으로 영향을 주고받는다. 직접적인 이해관계자가 아니더라도 기업 입장에서 결코 무시해서는 안 된다. 당장의 이득을 위해 사회의 질서를 파괴하거나 누군가가 불행해진다면 결국은 세상의 균형이 무너진다. 그리고 그 화살은 다시 회사, 그리고 나와 가족에게 돌아오게 마련이다.

잘 알려져 있듯이 스타벅스는 아무리 품질이 좋고 가격이 저렴하다 해도 노동자의 노동력을 착취하거나 어린아이들에게 일을 시키는 농장의 원두는 이용하지 않는다. 노동자가 일을 했으면 합당한 돈을 받는 게 당연하고, 어린아이들이 고된 노동에 희생되는 일은 없어야 한다는 믿음 때문이다. 이를 지키지 않는 비도덕적인 기업에게 이득을 안겨줄 수는 없다는 게 스타벅스의 철학이다.

나 역시 이에 동의한다. 그리고 전 인류의 행복을 위해서라도 당연히 그렇게 해야만 한다. 그래서 켈리델리에서는 필리핀산 새우를 쓰지 않는다. 값도 싸고 품질도 좋지만, 이 새우를 포획하는 데는 어린아이들의 힘이 투입된다. 아직 뛰어 놀고 공부를 해야 할 아이들이 이른 새벽부터 고된 노동에 시달리는 것이다. 그렇게 고생하고 받는 돈이라고는 하루 먹고살기도 힘들 정도라고 한다. 따라서 단지 더 싸다는 이유만으로 이곳의 새우를 사용하는 건 아이들의 희생을 부추기는 꼴이 된다.

또한 우리가 사용하는 참치는 대서양에서 포획되는 것으로, 솔직히 말하면 태평양에서 잡히는 참치보다 맛이 떨어지는 편이다. '세상에서 가장 맛있는 초밥을 만든다'는 목표에 부합하려면 태평양에서 잡히는 참치를 써야만 한다. 하지만 그 종이

멸종 위기에 처해 있다는 사실을 알고 나서부터는 맛이 조금 떨어지더라도 다른 종을 쓸 수밖에 없었다. 고객에게는 더 맛있는 참치를 제공하지 못해 미안한 마음도 든다. 그러나 이 결정을 번복할 마음이 지금으로서는 전혀 없다.

2016년 봄에 설립한 켈리델리파운데이션은 각 나라에 진출한 켈리델리의 수익 중 일부를 기부해 운영하고 있다. 이름은 켈리델리와 비슷하지만 우리 회사에서 분리하여 별도로 운영하고 있는 재단이다. '지금 당장', '나만' 잘되면 된다는 식의 생각을 버리고 '다 함께 행복해지기 위한' 방안으로 만들었다. 이 재단의 목표는 '세상에 굶는 사람이 없도록 만든다'는 것이다. 그리고 그 목표를 이루기 위해 우리가 가장 강점을 가진 '음식'과 관련하여 방법을 찾고 풀어가는 중이다. 예를 들어 켈리델리파운데이션은 현재 액셀러레이터(Accelerator)로서 재단의 자본으로, 스타트업에 가속장치 역할을 하는 초기 자금과 컨설팅을 제공하고 있다. 이때 투자와 컨설팅의 대상이 되는 기업은 주로 식량의 불평등 문제 등을 해결하는 사회적 기업들이다.

우리가 재단을 세운 것에 대해 이해할 수 없다는 반응을 보이는 사람들도 있었다.

"그냥 개인적으로 기부하면 되잖아."

여기에는 워런 버핏의 이야기가 좋은 답이 될 것이다. 워런 버핏은 이미 차고 넘칠 정도로 재산이 많음에도 계속해서 투자 활동을 한다. 그는 이 투자 활동에 고용 창출 효과는 물론 그 이상의 경제적 효과가 있음을 믿는다.

"1천 명을 고용해 내 초상화 1천 장을 그리게 하고 돈을 줄 수도 있다. 그럼 그들은 소비를 할 것이고, 경기에 도움이 될 것이다. 하지만 과연 아무짝에도 쓸모없는 내 초상화 1천 장을 그리게 하는 것이 의미가 있을까? 같은 돈으로 투자를 한다면 훨씬 큰 경제적 효과를 볼 수 있다."

바로 이런 것이다. 만약 내가 개인적으로 기부한다면 1만 명의 하루 식사를 해결하는 정도에 그칠 수도 있다. 따라서 우리는 더 많은 사람의 끼니를 해결해줄 수 있는 기업들을 발굴하고 발전시키고자 하는 것이다. 한 손이 열 손을 당할 수 없는 법이다. 켈리델리 하나가 수익을 기부하는 것보다 10개, 20개, 100개의 사회적 기업이 사람들을 돕는 편이 훨씬 효과적일 수밖에 없다. 여기에서 더 나아가 이 세상에 배고픔으로 고통받는 사람들이 없어질 수 있도록 하는 게 우리의 목표다. 이를 위해 우리는 음식물 쓰레기를 활용하여 동물들의 사료나 사람들이 먹을 수 있는 식량을 만들어내는 일에도 관여함으로써 전지구적으로 도움이 되는 기업이 되고자 노력하고 있다.

필리핀 아이들의 노동력 착취로 포획한 새우나 멸종 위기의 참치를 사용하지 않는 것, 일회용품의 사용을 줄이고 생강이나 겨자 소스의 낭비를 막는 것, 재단을 운영하는 것, 이 모든 일련의 행위는 앞서 말한 우리의 기업문화이자 가장 중요한 가치인 'Totally Together(전적으로 함께)'를 좀 더 폭넓게, 전 세계를 대상으로 실천하기 위한 노력이기도 하다. 나는 이렇게 모두가 '나'만이 아닌 '세계와 인류'를 위한 마음을 가질 때, 세상은 더 좋은 곳이 되어 나와 가족 그리고 우리 회사에도 돌아오게 된다는 사실을 믿어 의심치 않는다.

기적은 행동하는 자에게
찾아온다

비행기 창밖으로는 언제 봐도 경이로운 장면이 펼쳐진다. 끝없이 펼쳐진 푸른 하늘 위로 하얗게 고개를 들고 있는 뭉게구름……. 나는 지금 말 그대로 구름 위를 날고 있다. 몇 개월 전, 망망대해를 유유히 가르던 요트 위에서 바다를 바라보던 때와 비슷한 심정이다. 이토록 경탄할 만한 일이 가득한 세상에서 살아간다는 것, 그 자체만으로도 기적이라 할 수 있지 않을까?

이 책을 쓰면서 문득 내 삶이 얼마나 많은 기적으로 채워져 있었는지를 깨달았다. 그토록 현명한 어머니와 나를 끔찍이도 아껴주는 가족들 틈에서 태어나고 자란 것도, 일본어와 프랑스어 한 토막도 모르던 내가 일본과 프랑스 두 나라에서 유학을 하고 직장을 구하고 살아간 것도, 비록 실패로 끝났지만 나를 사업가의 길로 인도한 친구와의 첫 사업도, 많은 사람이 안 될 거라고 말하던 상황에서 퀼리델리를 창업해 지금의 위치까지 끌어온 것도, 항상 꿈꾸던 이상형의 남자를 만나 결혼을 하고 세상에서 가장 사랑스러운 딸아이를 갖게 된 것도……. 생각해보면 내 인생에 기적이 아닌 것은 없었다.

하지만 이 기적들 또한 내가 직접 찾기 위해 열심히 움직이지 않았더라면 그저 나를 스쳐 지나갔을 것이다. 즉, 기적은 행동하는 자에게 찾아오는 법이다. 그리고 이렇게 삶의 기적을 적극적으로 이뤄낸 사람은 그러지 못한 사람보다 훨씬 행복감을 많이 느낄 수밖에 없다.

요트 세계 여행 중 만난 스물다섯 살의 폴란드 청년이 생각난다. 그 청년은 5미터 남짓한 작은 배로 대서양을 횡단했다. 5미터짜리 배라는 말이 잘 와 닿지 않을 수도 있다. 참고로 내가 탔던 것은 15미터가 넘는, 제법 안정성이 있는 요트였음에도 가끔 심하게 흔들려서 불안할 때가 있었다. 그러니 5미터짜리 배로 대서양을 건넌다는 건 정말 위험천만한 일이기도 했다.

그는 아마도 크고 작은 위험을 겪었을 것이다. 그럼에도 누구보다도 행복해 보였다. 도대체 무엇이 그를 그렇게 만든 걸까? 이 청년은 자신의 꿈을 위해 기꺼이 몸을 움직였다. 그 역시 새로운 도전 앞에서 불안하고 두려웠을 테고, 여기까지 오는 데 수많은 사람의 반대를 겪었을 것이다. 하지만 그는 포기하지 않았다. 그 결과, 자신만의 기적과 만나 인생의 행복을 마음껏 누릴 수 있게 되었다.

지금까지의 내 삶은 기적 그 자체라고 해도 과언이 아니다. 그렇다면 앞으로의 삶은 어떻게 될까? 어떤 사람은 미래를 생각하면 막막하고 불안하고 우울해진다고까지 하는데, 나는 나의 미래를 상상하는 것만으로도 설렘을 감출 수가 없다. 그만큼 매일매일, 미래의 기적과 만나기 위해 조금씩 움직이고 있기 때문이다.

앞에서도 계속해서 강조했지만, 나는 내가 손을 떼도 별 지장 없이 돌아가는 회사를 만들기 위해 노력 중이다. 그렇게 된다면 가족이나 친구들과 더 많은 시간을 보낼 수 있을 뿐 아니라, 더 나은 사람이 되기 위한 공부도 더 많이 할 수 있다. 또한, 그렇게 쌓은 다양한 경험과 노하우를 많은 사람에게 공유함으로써 '1천 명의 꿈을 이루는 데 도움을 주고 싶다'는 나의 꿈에 쏟을 시간도 더 많이 확보할 수 있다.

경영자이자 세상의 구성원으로서도 더 큰 꿈을 그려가고 있다. 회사, 직원, 가맹점주, 고객, 파트너사와의 윈-윈-윈-

원-윈을 이루는 것이 지금까지의 목표였다면, 이제 더 나아가 '세상을 행복하게 하기 위해' 어떻게 해야 하는가를 고민하고 있다. 내가 만난 기적은 나만의 것이 아니라, 세상과 함께 나누기 위해 존재하기 때문이다. 나는 그저 운이 좀 더 좋았고 조금 더 열정적이었다는 이유로 남들보다 빨리 그 기적과 만난 것뿐이다. 기적이 나에게서 끝나버리면, 더 이상 그 긍정적인 에너지는 생명력을 잃어버린다. 그러니 이제 내가 받은 것을 세상과 나누어야만 한다.

그러기 위해 재단을 설립했고, 내게 조언을 청하는 사람들에게 상황이 허락하는 한 시간을 내주고 있다. 좀 전에 말한 '1천 명의 꿈을 이루는 데 도움을 주고 싶다'는 꿈 또한 이런 목표의 연장선상에 있다. 내게 연락하는 사람의 상당수는 사업과 관련해 조언을 구하고 있으니 이들이 성공한 사업가가 되어 지금의 나처럼 자신이 이루고 배운 것을 세상과 공유한다면, 그 또한 세상에 이로운 일이 되지 않겠는가.

꿈과 관련해서 내가 항상 강조하는 게 있다. 꿈을 생각만 하고 있으면, 그건 머릿속에만 존재하게 된다. 하지만 꿈을 종이에 쓰고 거기에 이루고 싶은 날짜까지 적으면, 그 순간 현실이 된다. 그리고 그것을 매일 볼 수 있도록 가까운 곳에 붙여놓아야 한다.

실제로 지금까지 이렇게 종이에 적었던 꿈을 이루지 못했던 적은 단 한 번도 없었다. 그리고 지금도 개인적인 꿈, 부모님을 위한 꿈, 남편을 위한 꿈, 딸을 위한 꿈, 회사를 위한 꿈(직원들을 위한 꿈), 친구를 위한 꿈, 세상을 위한 꿈을 적고 늘 가까운 곳에 두고 본다. 그리고 이 중에 이룬 것이 있다면 그것을 지우고, 거기에 새로운 꿈을 다시 써 넣는다.

당신이 어디에 있건, 어떤 학교를 나왔건, 나이가 몇 살이건, 어떤 일을 하고 있건 누구나 꿈을 꿀 권리가 있고, 기적과 만날 자격이 있다. 기적은 결코 멀리 있지 않다. 이제는 당신만의 미라클 여정을 만들어가길 기원한다. 행운을 빈다.

◇ 참고도서 ◇

김승호 저,『김밥 파는 CEO』, 황금사자, 2011

로버트 서튼 저, 서영준 역,『또라이 제로 조직』, 이실MBA, 2007

마스다 무네아키 저, 백인수 역,『라이프스타일을 팔다』, 베가북스, 2014

마스다 무네아키 저, 이정환 역,『지적자본론』, 민음사, 2015

월터 아이작슨 저, 안진환 역,『스티브 잡스』, 민음사, 2011

윤태호 글 · 그림,『미생』, 위즈덤하우스, 2013

팀 페리스 저, 최원형 · 윤동준 역,『나는 4시간만 일한다』, 다른상상, 2017

하워드 슐츠 · 조앤 고든 저, 안진환 · 장세환 역,『온워드』, 8.0(에이트포인트), 2011

최정상으로 가는 7가지 부의 시크릿

파리에서 도시락을 파는 여자

초판 1쇄 발행 2017년 10월 23일
초판 17쇄 발행 2021년 4월 14일

개정판 1쇄 발행 2021년 6월 21일
개정판 13쇄 발행 2024년 5월 17일

지은이 켈리 최
펴낸이 김선식

부사장 김은영
콘텐츠사업본부장 박현미
콘텐츠사업4팀장 임소연 **콘텐츠사업4팀** 황정민, 박윤아, 옥다애, 백지윤
마케팅본부장 권장규 **마케팅1팀** 최혜령, 오서영, 문서희 **채널1팀** 박태준
미디어홍보본부장 정명찬 **브랜드관리팀** 안지혜, 오수미, 김은지, 이소영
뉴미디어팀 김민정, 이지은, 홍수경, 서가을
크리에이티브팀 임유나, 박지수, 변승주, 김화정, 장세진, 박장미, 박주현
지식교양팀 이수인, 염아라, 석찬미, 김혜원, 백지은
편집관리팀 조세현, 김호주, 백설희 **저작권팀** 한승빈, 이슬, 윤제희
재무관리팀 하미선, 윤이경, 김재경, 이보람, 임혜정
인사총무팀 강미숙, 지석배, 김혜진, 황종원
제작관리팀 이소현, 김소영, 김진경, 최완규, 이지우, 박예찬
물류관리팀 김형기, 김선민, 주정훈, 김선진, 한유현, 전태연, 양문현, 이민운
외주 스태프 기획·편집 변민아 구성 노준승

펴낸곳 다산북스 **출판등록** 2005년 12월 23일 제313-2005-00277호
주소 경기도 파주시 회동길 490 다산북스 파주사옥 3층
전화 02-702-1724 **팩스** 02-703-2219 **이메일** dasanbooks@dasanbooks.com
홈페이지 www.dasanbooks.com **블로그** blog.naver.com/dasan_books
종이 신승INC **출력** 민언프린텍 **후가공** 제이오엘앤피 **제본** 국일문화사

ISBN 979-11-306-3828-7 (03320)

다산북스(DASANBOOKS)는 독자 여러분의 책에 관한 아이디어와 원고 투고를 기쁜 마음으로 기다리고 있습니다.
책 출간을 원하는 아이디어가 있으신 분은 다산북스 홈페이지 '원고투고'란으로 간단한 개요와 취지, 연락처 등을 보내주세요.
머뭇거리지 말고 문을 두드리세요.